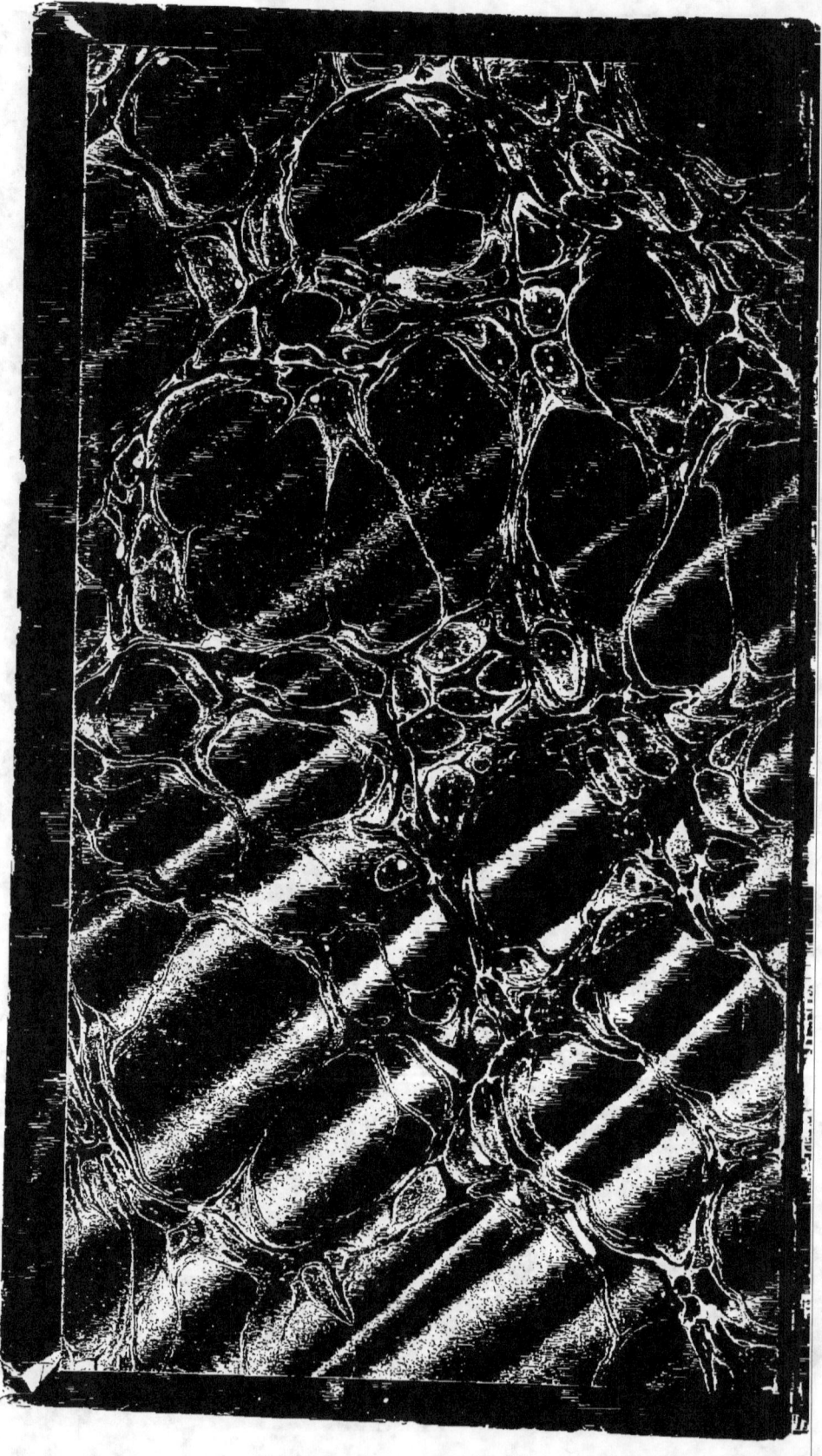

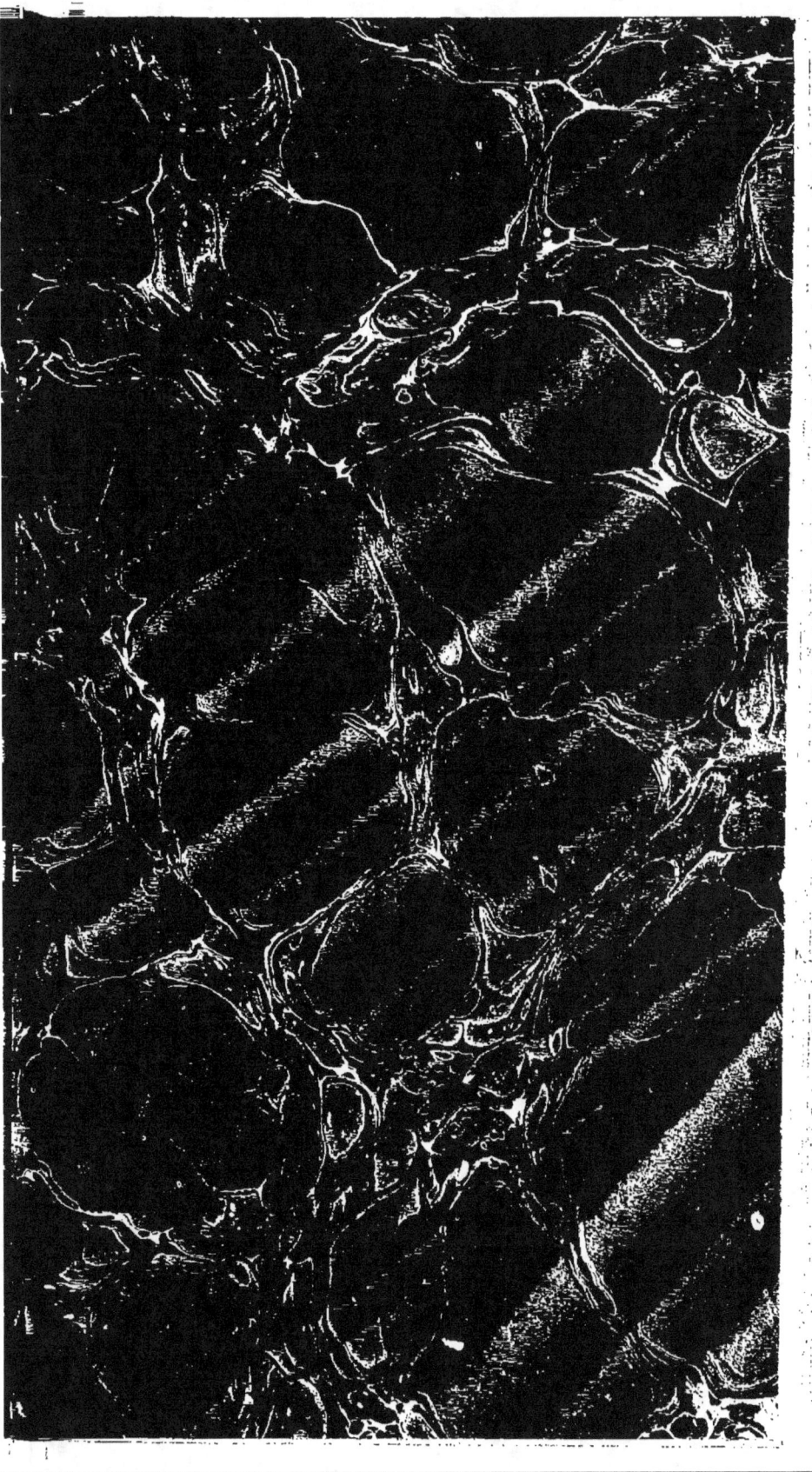

31566

BIBLIOTHÈQUE
INDUSTRIELLE.

ARTS ET MÉTIERS.

BIBLIOTHÈQUE INDUSTRIELLE.

ART DU GÉOMÈTRE ARPENTEUR, ou Traité de géométrie pratique; par M. Guy, 1 vol. in-12 avec planches. 4 fr. 50 c.

MÉTALLURGIE PRATIQUE, par MM. D. et H. 1 vol. in-12 avec planches gravées. 4 fr. 50 c.

ART DU MAITRE DE FORGES, par M. Pelouze, employé dans les forges de Charenton. 2 vol. in-12. 9 fr.

— Atlas avec l'explication des planches. 1 fr.

ART DU CHARPENTIER, par Lepage. 1 vol. in-12 avec planches. 3 fr. 75 c.

ART DU TEINTURIER, suivi de l'Art du Dégraisseur, par M. Bergues. 1 vol. in-12. 3 fr. 75 c.

ART DE FABRIQUER LA PORCELAINE, par F. Bastenaire Daudenart. 2 vol. in-12 avec planches. 9 fr.

GUIDE MANUEL DE L'ÉPICIER DROGUISTE, par M. Isabeau. 1 vol. in-12. 4 fr.

BOTANIQUE DU DROGUISTE ET DU NÉGOCIANT en substances exotiques, traduit de l'anglais de Thomson. 1 vol. in-12. 4 fr. 50 c.

HISTOIRE DESCRIPTIVE DES MACHINES A VAPEUR, traduite de l'anglais de Stuart. 1 vol. in-12 avec planches. 4 fr. 50 c.

PERSPECTIVE PRATIQUE, par M. Isabeau. 1 vol. in-12 avec planches. 3 fr. 25 c.

GUIDE DU VÉTÉRINAIRE ET DU MARÉCHAL FERRANT, traduit de l'anglais de J. Goodwin, enrichi de notes par M. Berger, artiste vétérinaire de la maison du roi. 1 vol. in-12 avec planches. 4 fr. 50 c.

ART DU JARDINIER dans la culture des arbres fruitiers et des plantes potagères, par M. A. Mérault. 1 vol. in-12. 4 fr. 50 c.

CALCULS FAITS A L'USAGE DES INDUSTRIELS en général, et spécialement des mécaniciens, charpentiers, serruriers, pompiers, chaudronniers, etc., par M. Lenoir. 1 vol. in-12. 4 fr. 50 c.

TRAITÉ DES FALSIFICATIONS, par M. Desmarest. 1 vol. in-12. 4 fr. 50 c.

CHIMIE. Traité abrégé de cette science et de ses applications aux arts, par M. Desmarest. 1 vol. in-12 avec planches. 3 fr. 75 c.

ART DE L'ÉBÉNISTE, par M. A. Lepage. 1 vol. in-12 avec planches. 4 fr. 50 c.

ASTRONOMIE ÉLÉMENTAIRE, par M. Quételet. 1 vol. in-12 avec planches. 4 fr. 25 c.

MINÉRALOGIE USUELLE, par M. Drapiez, professeur à Bruxelles. 1 vol. in-12. 4 fr. 50 c.

IMPRIMERIE DE COSSON, RUE SAINT-GERMAIN-DES-PRÉS, N° 9.

L'ART
DE FABRIQUER
LA FAÏENCE,

RECOUVERTE D'UN ÉMAIL OPAQUE BLANC ET COLORÉ;

SUIVI

DE QUELQUES NOTIONS SUR LA PEINTURE
AU GRAND FEU ET A RÉVERBÈRE,

et d'un Vocabulaire des Mots techniques;

Par F. BASTENAIRE-DAUDENART,

EX-PROPRIÉTAIRE DE LA MANUFACTURE DE SAINT-AMAND-LES-EAUX, AUTEUR DE L'ART DE LA VITRIFICATION, DE CELUI DE FABRIQUER LA PORCELAINE, ETC.

> L'industrie des peuples et la prospérité des manufactures sont la richesse la plus sûre d'un État. (COLBERT.)

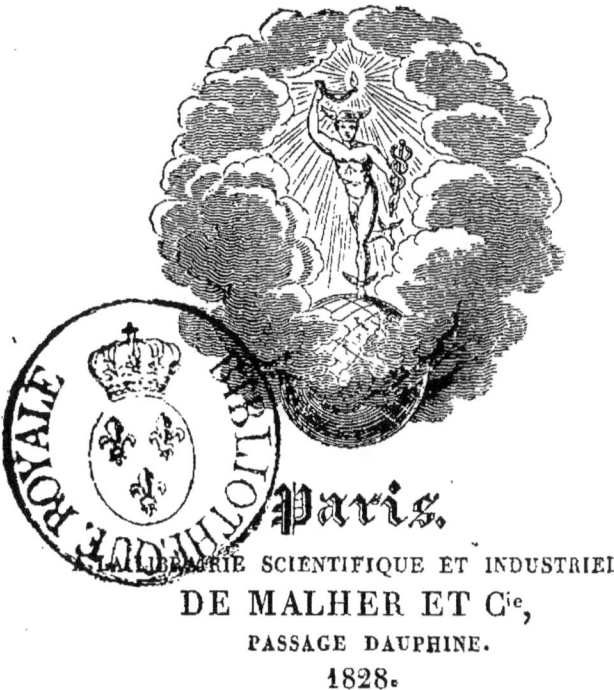

Paris.
A LA LIBRAIRIE SCIENTIFIQUE ET INDUSTRIELLE
DE MALHER ET Cie,
PASSAGE DAUPHINE.
1828.

DISCOURS PRÉLIMINAIRE.

Les Egyptiens passent pour les premiers peuples qui ont eu l'idée de créer une vaisselle en terre cuite, en employant pour opérer cette cuisson la chaleur du soleil. Je ne sais jusqu'à quel point on doit ajouter foi à un semblable récit : quelque brûlans que pussent être les rayons de l'astre qui nous éclaire, jamais à mon sens ils ne le seraient assez pour rendre une terre dure au point de contenir les liquides sans être altérés et sans les laisser passer à travers ses pores. Quoi qu'il en soit, sans nous arrêter à discuter la véracité des historiens à cet égard ou à rechercher si les Egyptiens devaient comme nous avoir recours à l'action d'un feu plus ou moins vif, toujours est-il vrai de dire que l'on s'accorde à regarder ce peuple comme le premier inventeur et celui qui employa le plus anciennement les terres à la confection des vaisselles.

Cet art passa des Egyptiens chez les Grecs ; ceux-ci lui donnèrent plus d'extension et inventèrent le tour vertical, non tel qu'il est de nos jours, mais assez perfectionné pour faire de très-beaux ouvrages dans ce genre. Les Grecs pratiquèrent cet art jusqu'à l'époque de leur décadence : les Romains, dont le génie était plus porté vers les conquêtes que vers les arts, prirent pourtant chez les Grecs ce qu'ils crurent pouvoir servir à leur politique comme à l'augmentation de leur bien-être. Parmi les industries qu'ils enlevèrent aux vaincus, la poterie ne fut pas oubliée. Ils recrutèrent des artistes qui vinrent dans l'ancienne Rome y fabriquer ces beaux vases étrusques qui sont parvenus jusqu'à nous, et qui par la légèreté, l'élégance des formes et la noble simplicité des décors appliqués à leur surface attirent encore l'admiration dans un siècle éclairé où tous les arts sont portés au plus haut point de perfection qu'ils pouvaient espérer d'atteindre.

Tout le monde sait qu'après la chute de l'empire romain, l'Europe tomba dans la plus profonde ignorance. On sent bien que les arts, amis des lumières et de l'indépendance, durent être presque anéantis dans les siècles de barbarie et de vasselage qui suivirent cette époque. Ce ne fut que vers le quinzième siècle que les arts reçurent quelques encouragemens : la renaissance des lettres ramena le goût des belles choses ; l'Italie en fut le berceau, Florence surtout les fit fleurir. Alors, non-seulement les arts libéraux, mais ceux de première nécessité renaquirent sur le continent. La ville de

Faenza et celle de *Castel-Dorante*, situées dans le duché d'Urbino, se disputèrent long-temps la gloire d'avoir érigé la première fabrique de faïence, et donné naissance à ce genre d'industrie; mais il paraît que tout s'accorde pour regarder *Faenza* comme étant véritablement le lieu où ce produit fut régénéré parmi nous. Parmi les preuves qu'on rapporte pour appuyer cette opinion, nous rappelons que le mot *faïence*, qui est resté pour désigner ce genre de produit, semble indiquer assez clairement le lieu de son origine.

Quoi qu'il en soit et pour ne point nous arrêter plus long-temps sur des faits historiques trop souvent contestés, nous dirons que la faïence, sous mille forme de vases, se répandit bientôt dans toute l'Italie : les artistes les plus distingués de ce temps, soit dans la sculpture, soit dans la peinture, se réunirent les premiers pour donner de la grâce, de la majesté et du goût dans le contour des vases, et les derniers pour les embellir de décors précieux dignes de leurs pinceaux. Les Raphaël, les Jules-Romains ne dédaignèrent pas d'exercer leurs talens pour orner des vases de cette matière.

On croit généralement que l'art de la faïencerie fut importé en France dès les premières années du seizième siècle. Un Italien attaché à la personne du duc de Nivernais crut reconnaître sur le sol français des terres qui lui semblaient propres à la confection de ce genre de produit; il en fit des essais dans un petit four qu'il construisit à Nevers. Ses essais furent heureux, et il parvint, au bout de quelque temps et beaucoup de patience, à transplanter cette branche importante d'industrie dans le pays où il s'était fixé.

A peu près à la même époque, la France possédait un de ces génies rares, hardis, entreprenans, et qui ne se rebutent point par les difficultés qu'ils rencontrent dans leurs opérations. Je veux parler de l'immortel Bernard de Palissy, qui le premier fit à Paris des faïences qui sont encore aujourd'hui l'ornement des cabinets qui renferment des objets précieux. Qui croirait que ce grand artiste passa presque les trois quarts de sa vie dans des expériences infructueuses, qu'il y perdit toute sa fortune, qu'il fit plusieurs voyages en Italie jusque dans la ville de Faenza même, afin d'y puiser les documens nécessaires à la réussite de ce qu'il cherchait; et que durant ces voyages il travaillait çà et là où il trouvait à s'occuper de la peinture sur vitraux? Qui croirait, dis-je, qu'après tant de peines, de soins et de dépenses, il parvint à illustrer son nom par des ouvrages en faïence qui sont encore pour nous des modèles digne d'être étudiés pour la vivacité des couleurs émaillées? C'est le propre de tous les hommes laborieux et persévérans, de réussir dans les choses difficiles qu'ils entreprennent; sans cela où serait la récompense de tous les travaux pénibles?

Bernard de Palissy n'avait point de prédécesseur, et ignorait qu'il eût même un contemporain à Nevers, qui s'occupait, mais avec moins de feu, d'enthousiasme et de persévérance, de la même découverte; de sorte qu'il fut réduit à tout inventer: il était donc et tourneur et mouleur et peintre, enfourneur, cuiseur, etc. On conçoit facilement combien de peine lui a dû coûter son entreprise, qu'il n'eût peut-être jamais poussée à bout s'il ne fût allé à la source dont j'ai parlé plus haut. Certainement il fallait un génie comme le sien et qui fût aussi pénétré de son objet pour ne point se décourager par les obstacles sans nombre qu'il rencontrait à chaque pas, et pour faire d'aussi grands sacrifices en faveur d'un art dont il voulait enrichir sa patrie. Aussi je suis heureux de trouver l'occasion de payer un tribut d'éloge à l'homme vraiment grand, vraiment honorable, qui a consacré tous les momens de son existence dans des travaux qui ont puissamment contribué à la prospérité et au bonheur de ses derniers neveux!

On voit dans les mémoires que cet illustre potier nous a laissés, que les plus grandes difficultés qu'il a eu à vaincre sont la construction du fourneau et le moyen d'y distribuer la flamme partout uniformément. Toujours pendant les premières années de ses nombreuses expériences, ses émaux étaient trop ou trop peu cuits; tantôt les couleurs disparaissaient par l'intensité de la chaleur; tantôt elles n'étaient point assez fondues faute de calorique. D'autres fois les différentes natures des terres le rejetaient bien loin du chemin dans lequel il voulait entrer. La pyrotechnie, art si difficile et dont la connaissance est si nécessaire à la propagation du feu dans une certaine capacité où ses degrés doivent monter à une hauteur quelconque, n'était pour ainsi dire encore que dans l'enfance. Par conséquent, nul moyen de ménager les efforts du feu, et encore moins de prévenir les causes des non-résultats. Aujourd'hui même où sans doute les sciences d'observation, telles que la physique et la chimie, ont fait d'immenses progrès, s'il arrive des accidens dans les manufactures de faïence, ce sont presque toujours les fours qui en sont le théâtre: donc à plus forte raison, que d'obstacles invincibles les manipulations du célèbre Bernard devaient-elles rencontrer!

Les vases que Bernard de Palissy nous a laissés consistent en un assez grand nombre de vaisselles, en assiettes et en plats; ils ont ordinairement dans le centre et sur les bords de la circonférence des reptiles ou des poissons en reliefs diversement colorés des teintes qui leur sont naturelles. Ces reliefs étaient le goût du temps; aujourd'hui ils sont passés de mode, mais on recherche avec la plus grande avidité ces espèces de vases, non-seulement parce que les couleurs en sont très-brillantes et que le corps de la terre qui les constitue est fort dur, mais aussi parce qu'ils sortent des mains d'un artiste cher aux arts et aux sciences, qu'il a su cultiver avec succès en nous en ouvrant le chemin. Aussi ces vaisselles sont-elles très-rares.

Après les succès de Bernard de Palissy, plusieurs manufactures se montèrent en France; on quitta les ornemens en bosse des vaisselles parce qu'ils gênaient dans l'usage. On créa une infinité de vases pour tous nos besoins; mais leurs formes ne prirent de l'élégance et de la grâce que depuis un quart de siècle, et c'est même dans un temps plus rapproché de nous que le service de table en faïence blanche recouverte d'un émail opaque s'est montré vraiment digne de figurer honorablement à côté de nos belles porcelaines, par sa blancheur, son éclat et la finesse du travail *.

* J'ai déposé en 1826 dans la collection des produits séramiques de la Manufacture Royale de porcelaine établie

La France possède une grande quantité de manufactures de faïence établies sur tous les divers points de son territoire ; néanmoins elles ont un peu perdu depuis que la *terre de pipe*, ou si l'on veut la faïence recouverte d'un émail transparent, est venue se placer à côté d'elles. La légèreté de cette faïence, l'économie qu'on fait dans sa cuisson en pouvant en introduire une énorme masse dans un four, joint aux impressions en noir ou coloré qu'elle reçoit à sa surface, sont cause que la fabrication de cette faïence, qu'on appelle aussi faïence anglaise, a pris une grande extension au préjudice de la faïence dont nous allons nous entretenir. Cependant jusqu'ici cette dernière a assez bien soutenu la concurrence, et si les manufacturiers veulent ne pas rejeter la plupart des innovations que je propose dans le cours de mon ouvrage, et notamment l'adoption des fours ronds sans voûtes inférieures, la terre de pipe cessera d'être pour eux un sujet d'alarme par rapport aux prix de vente. En effet les économies que l'on ferait alors sur le combustible donneraient naissance à une réduction tellement grande dans le coût des produits, que

à Sèvres près Paris, des vases de faïence blanche recouverte d'un émail opaque, venant de la manufacture de M. de Vandeuvre, dont la beauté surpasse tout ce qu'on a pu jamais voir en ce genre.

la concurrence se trouverait en faveur de ces derniers.

L'Angleterre n'a pas comme la France de manufactures en faïence recouverte d'un émail opaque; mais en revanche elle en a une multitude en terre blanche recouverte d'un vernis transparent et dur. En cela, malgré l'esprit national qui me domine, je ne puis m'empêcher de dire que nous serions peut-être trop heureux si nous pouvions échanger nos fabriques en ce genre contre les leurs. Il faut être vrai avant tout, et sur l'article des poteries, excepté la porcelaine, je pense que nous nous sommes laissé surpasser par nos rivaux d'outre-mer; mais au lieu de nous décourager, cette infériorité doit nous donner de l'émulation. Déjà des produits de ce genre ont paru au Louvre à l'exposition de cette année : ils paraissent résoudre le problème que cette fabrication peut se naturaliser sur notre sol avec nos propres matières. Encore quelques efforts, et tout fait croire à un succès complet.

Je voudrais en finissant cet exposé pouvoir indiquer au lecteur des ouvrages qui traitent de la fabrication dans laquelle nous allons entrer. Malheureusement ils sont fort rares et peu volumineux; cependant quand il s'agit de notions sur l'emploi des terres, je me plais toujours à citer avec assurance l'excellent article de M. Brongniart, directeur général de la Manufacture Royale de porcelaine de Sèvres. Cet article se trouve au mot ARGILE (*Dictionnaire des sciences naturelles*). On peut aussi consulter les Mémoires de Bernard de Palissy, ainsi que le livre de Nery et Kunkel, ouvrage spécialement destiné à l'art de fabriquer le verre, mais dans lequel cependant on trouve plusieurs passages qui sont relatifs à la faïencerie: l'*Encyclopédie méthodique*, le *Dictionnaire des Arts et Métiers*, le *Recueil des Mémoires de l'Académie des Sciences de Paris*, sont des ouvrages qui renferment quelques fragmens épars sur l'art qui nous occupe, mais qui ne peuvent former un corps de doctrine qui puisse guider avec sûreté un manufacturier qui commence à faire le premier pas dans la carrière de la fabrication. Il y aurait de ma part une présomption trop grande si je me flattais d'avoir rempli entièrement cette lacune; du moins j'ai fait mon possible pour que cela soit. C'est aux artistes instruits en cette partie à juger si toutefois j'ai atteint le but.

L'ART
DE FABRIQUER
LA FAÏENCE.

INTRODUCTION.

Des différentes espèces de faïence.

Nous ne connaissons jusqu'ici que deux espèces de faïence proprement dite : la première espèce, ou plutôt celle qui est la plus anciennement connue, est à base de terre calcaire, elle est désignée sous le nom de faïence blanche ou brune. Cette faïence, dont la fabrication remonte à une époque très-reculée, est toujours recouverte d'un émail opaque qui lui communique les couleurs par lesquelles on la distingue. Je pense aussi qu'elle est la plus généralement fabriquée. La seconde espèce est la faïence qu'on nomme terre de pipe, faïence façon anglaise ; ce nom impropre lui vient de ce que les Anglais, nos voisins et nos rivaux dans cette fabrication, l'ont pratiquée en grand les premiers. C'est surtout le célèbre Wedgwood qui a donné à cette fabrication une extension extraordinaire et qui en a fait une branche de commerce très-considérable.

Ces deux espèces de faïence sont aussi classées dans le genre des poteries; car on comprend sous le nom générique de poterie tout objet de terre qui a passé par le feu. Ainsi, rigoureusement parlant, on doit considérer la brique, la tuile et les carreaux comme des poteries grossières. Ensuite viennent les poteries de vaisselle, celle des fourneaux, les pots cuits en grès dits *à beurre*. Après, suit immédiatement une autre espèce de poterie un peu plus fine qu'on nomme poterie de *nerf* ou de Limour. Enfin la faïence recouverte d'émail opaque et celle dite anglaise terre de pipe, qui surpasse en beauté cette dernière, mais non en qualité. Dans ce genre, c'est-à-dire la faïence recouverte d'un émail opaque, il y a une très-grande variété de produits qui se confectionnent sur tous les points de la France, et qui tous ne diffèrent que par leurs couleurs, leurs formes, et par le degré de cuisson auquel ils ont été exposés, et aussi par la nature des terres avec lesquelles on les a confectionnés.

On voit donc qu'en s'élevant toujours vers la perfection, nous arrivons insensiblement à la porcelaine, qui doit être considérée comme une poterie fine, dont les produits plus soignés sont susceptibles de recevoir des décors qui la rendent propre à faire l'ornement des palais les plus somptueux. Nous ne voulons pas dire cependant que ce genre de poterie soit celui qui rende de plus grands services à la société, et qui mérite le plus d'encouragemens; au contraire, je pense que c'est à tort que les gouvernemens ont, à diverses occasions, prodigué de fortes sommes pour exciter les travaux des hommes savans et instruits en chimie, afin de nous faire arriver à la perfection où nous sommes parvenus dans la fabrication de la porcelaine, tout en négligeant, ou plutôt en abandonnant l'artiste à ses propres ressources pour les genres de poteries inférieures. Car il est résulté, par exemple, de cet abandon, que le commerce français réclame en vain depuis long-temps que l'on fabrique sur notre territoire des creusets à l'instar de ceux de Hesse. Bien plus, on ose à peine avouer que nous ne possédons pas une véritable et bonne poterie de vaisselle commune; et tous les jours on entend les chimistes (c'est-à-dire, ceux qui par leur art sont le plus souvent obligés de faire servir cette espèce de poterie à toutes sortes d'usages) se plaindre de ne pas posséder de vaisseaux capables de pouvoir contenir la plupart des acides brûlans, et surtout reprocher aux vases que nous faisons le défaut de se casser par un changement un peu brusque de température.

Il existe pourtant des procédés au moyen desquels on pourrait créer une poterie de vaisselle qui pût présenter toutes les qualités désirées ; mais, soit insouciance de la part des fabricans, qui ont l'écoulement de leurs produits tels qu'ils sont, et dont on se sert faute de mieux; soit que les manipulations, qui, à la vérité, seraient un peu plus compliquées, fussent un obstacle à la vente facile de ces produits, nous sommes obligés, dans bien des occasions, de nous servir des poteries qui ont été fabriquées, sinon à l'étranger, du moins à des distances assez éloignées de la capitale.

Quant à la question qui consiste à savoir s'il ne serait pas possible que les manipulations nouvelles nuisissent à la vente en augmentant le prix des marchandises, il me semble qu'elle doit paraître trop puérile aux yeux des manufacturiers instruits et curieux de la perfection pour qu'ils dussent s'y arrêter. Car, en ne perdant pas de vue l'intérêt particulier, source de la prospérité d'un établissement quelconque, il est permis de croire fermement que la qualité supérieure d'un produit contre-balance son augmentation de prix vis-à-vis d'un autre produit inférieur en bonté. Je sais qu'il faudra attendre que cette supériorité soit connue et appréciée, et que pendant ce temps les magasins s'emplissent, ce qui ne fait point du tout la prospérité du fabricant. Mais enfin, avec un peu de patience la qualité supérieure est constatée, et il vient un moment où l'on est amplement récompensé de ses travaux et de son attente.

Dans les arts, et surtout dans celui que nous traitons, les innovateurs en plusieurs choses essentielles n'ont pas toujours recueilli de suite le fruit des améliorations qu'ils ont apportées dans leur usine. Quelquefois même d'autres en ont joui à leur place ou avant eux, en adoptant les mêmes principes et profitant des avantages, sans encourir les pertes que les essais et les expériences entraînent toujours. C'est pourquoi, sans recommander d'enfouir ses secrets, ou, si l'on veut, ses manières de travailler, parce que cela se rapproche trop de l'égoïsme, et que tout ce qui présente ce caractère doit paraître affreux et anti-social, cependant il est convenable de garder une certaine réserve à communiquer des procédés nouveaux pendant un temps assez long pour permettre au fabricant de récupérer les sommes dépensées à confectionner une plus ou moins considérable quantité de produits et l'intérêt des valeurs qui auraient séjourné long-temps dans le magasin par suite de l'augmentation de prix de ces mêmes produits, jusqu'au moment où ce surcroît de valeur est amplement racheté aux yeux du consommateur par l'appréciation des qualités supérieures des objets.

Voilà le véritable chemin qu'il faut prendre lorsqu'on veut apporter de la perfection dans une marchandise de bas prix. Sans doute on a de la peine à en obtenir un plus élevé, lorsque les améliorations ne sont pas appliquées à la beauté, et qu'elles résident tout entières dans les modifications apportées à la matière et qui ne flattent point les yeux. Dans ce cas, il faut, comme je le disais tout à l'heure, attendre que l'usage ait confirmé généralement la supériorité du produit.

Je suis tenté de croire, et beaucoup de personnes, je pense, seront de mon avis, que la crainte d'augmenter le prix d'une marchandise, en la rendant meilleure, est la principale cause pour laquelle cette marchandise reste dans un état de stagnation, quant aux perfectionnemens qu'elle serait susceptible d'éprouver; et cela est si vrai qu'il n'y a pas fort long-temps que je disais à un manufacturier, qu'il me semblait que tel ou tel objet en faïence réclamait quelqu'addition de terre dans les mélanges afin de les rendre capables de pouvoir supporter alternativement le froid et le chaud sans se fracturer. Eh bien, tout en avouant que cela était exact, il me répondit qu'il ne pouvait le faire, et il basa son raisonnement sur l'impossibilité d'augmenter le prix des objets sans renoncer à la vente. Ainsi donc, lui dis-je, il faut renoncer à l'idée de pouvoir faire de bons produits. Non, dit-il, mais il faut renoncer à l'idée d'en avoir.

Le but que je me suis proposé en citant en passant cette particularité, c'est de faire voir qu'au lieu d'améliorer le corps qui fait la matière dans l'art dont il est ici question, je pense au contraire qu'on serait disposé à l'altérer, si en le faisant on pouvait encore augmenter sa beauté aux dépens de sa bonté. Je ne suis plus surpris que tout le monde se plaigne que les faïences et les poteries d'aujourd'hui ne valent pas celles que faisaient nos aïeux : il faut qu'en dépit de moi je convienne de cette vérité, et je l'avoue ici, c'est même en quelque sorte pour tâcher de rassembler les élémens de cet art important et utile, et former un corps de doctrine à l'aide duquel on puisse réunir la bonté à la solidité, que je me suis déterminé à prendre la plume pour décrire les divers manipulations qui ont lieu dans cette belle branche de notre industrie.

Ma franchise ne doit point déplaire aux manufacturiers dont les produits sont dans le commerce; ils n'ont fait que suivre le torrent. Je suis loin de croire qu'ils ne possèdent pas les connaissances nécessaires pour marcher dans une meilleure route, mais esclaves, ou, si l'on veut, entraînés par le préjugé de la mode, il a fallu qu'ils satisfissent les yeux par des formes élégantes, par des peintures imprimées avec adresse, par des vernis et des émaux très-brillans. Tout cela serait bien, si en portant tous les soins sur ces embellissemens on n'avait pas négligé le principal : je veux dire les parties de l'art qui ont trait à la solidité.

CHAPITRE PREMIER.

Des terres propres à la faïence blanche.

Toutes les terres qui servent à fabriquer la faïence blanche, c'est-à-dire, la poterie recouverte d'un émail blanc opaque, sont composées de silice, d'alumine, de carbonate de chaux, et d'une quantité plus ou moins grande d'oxide de fer; c'est donc la réunion dans des proportions convenables de ces quatre substances qui constitue une terre avec laquelle on peut espérer de donner au commerce des produits capables d'y figurer honorablement.

La nature, si prodigue en composés de toute espèce, nous donne rarement une terre propre à elle seule à former une bonne faïence. Nous sommes obligés, ou de lui ôter des principes dont la présence pourrait faire manquer le but, ou plus souvent encore d'en ajouter d'autres qui apportent dans les mélanges les propriétés nécessaires selon l'objet qu'on se propose.

En général, les terres les plus convenables à la fabrication de l'espèce de faïence que nous traitons ici se nomment, en terme de minéralogie, des terres calcaires ou marnes. Elle se rencontrent presque sur tous les points du globe, mais particulièrement dans les localités qui fournissent des sulfates de chaux (plâtre), ou des carbonates de la même base (pierres à chaux). Ces marnes se trouvent positivement au-dessus de la pierre et par conséquent en dessous de la terre végétale; elles sont disposées en couches plus ou moins épaisses, et à une profondeur du sol qui varie selon les terrains. Quelquefois elles se rencontrent dans une position telle qu'on peut les atteindre avec le fer d'une bêche.

La couleur des marnes varie beaucoup; tantôt elles sont blanches, souvent jaunâtres, quelquefois vertes, grises, bleues, etc., et enfin, il n'est pas rare d'en rencontrer qui sont parsemées de veines d'un jaune tirant sur le rougeâtre.

Le caractère le plus distinctif des marnes est de faire effervescence avec les acides; cela tient essentiellement à la présence du carbonate calcaire qui en fait toujours partie. Plus cette effervescence sera prononcée, plus on devra se persuader que le carbonate y entre pour beaucoup.

On doit bien se pénétrer que la différence de couleur dans ces terres indique souvent une grande différence dans leurs compositions : ainsi, par exemple, une terre jaunâtre est formée d'élémens qui ne se rencontrent pas dans les mêmes proportions que celle des matières composant une terre verte.

La coloration des terres est due à la présence de l'oxide de fer, qui, selon son état d'oxidation, et la quantité dans laquelle il domine, y apporte une teinte différemment modifiée : d'autres oxides métalliques, mais plus rarement et en plus petites quantités, contribuent à faire varier la couleur. Toutes ces circonstances sont dignes de fixer l'attention du manufacturier qui veut agir avec connaissance de cause : c'est pourquoi je voudrais qu'il s'appliquât à la chimie et à la minéralogie, et qu'il en apprît tout ce qui est relatif à son art, ce qui lui permettrait de marcher d'un pas sûr. En effet, sans les connaissances que je lui désire, sur quoi peut-il s'appuyer? Sera-ce sur l'expérience que donne la pratique? mais qui ne sait qu'elle est aveugle lorsqu'elle n'a pas la théorie pour guide! Certainement on aurait raison si l'on disait qu'une théorie sans pratique, particulièrement dans l'art de la faïencerie, est un flambeau dont la clarté ne suffit pas, et qui peut même nous tromper sur le chemin à prendre; mais d'un autre côté les écarts de la théorie ne peuvent durer long-temps; tandis qu'avec toute la pratique possible, des effets d'ailleurs fort naturels peuvent avoir lieu dans la fabrication sans que celui qui la dirige puisse les expliquer. Alors point de perfectionemens possibles : jamais le manufacturier ignorant les principes de la chimie ne fera d'innovations, ou elles seront dues au hasard, ou pour mieux dire à la multiplicité des essais.

On rencontre quelquefois dans la nature des terrains dans lesquels les espèces de terre que je viens d'indiquer plus haut se trouvent confondues et mélangées de manière à faire croire que ces terres peuvent servir seules à la fabrication de la faïence. J'ai même vu des fabriques où elles étaient employées; mais je puis assurer que de telles découvertes sont de véritables calamités, et je crois qu'en m'exprimant ainsi je ne donne pas encore toute l'idée des malheurs qui peuvent les suivre si le manufacturier n'est pas éclairé par la science. Figurez-vous bien, en effet, qu'une terre peut changer de nature à la profondeur de quelques mètres, et alors que fera le fabricant? Cela est aisé à deviner; il hésitera long-temps au milieu des tâtonnemens ruieux jusqu'à ce que le hasard vienne encore le favoriser; ou bien les pertes ne feront que s'accroître chaque jour, et il vient un moment où, toutes les ressources étant épuisées, il faut abandonner une entreprise qui n'a produit que la ruine de celui qui l'a tentée.

On voit donc de quelle importance il est de

se prémunir contre un pareil désastre qu'on ne peut éviter qu'en s'entourant de toutes les connaissances nécessaires à cet art. Parmi celles qui sont le plus essentielles, l'analyse des terres occupe le premier rang; elle a pour objet spécial la décomposition et la séparation des parties qui constituent une terre; opération qui fait connaître à quelle classe elle appartient et dans quelle proportion chaque corps y est contenu. Voici les fruits inappréciables qu'on peut en retirer.

Je suppose qu'on veuille établir une manufacture de faïence blanche, et qu'on possède autour de l'établissement futur des masses considérables de terre qu'on croit pouvoir servir à cet objet. Pour procéder méthodiquement, et pour arriver avec sûreté au but qu'on se propose, on doit se procurer un morceau de terre toute préparée, provenant d'un établissement en activité, ou mieux encore un fragment qui aurait été séparé d'un vase de terre non cuit (car toutes les pièces tournées ne vont pas au four; un léger accident suffit pour en casser dans les ateliers). On se procure, dis-je, un tel morceau de terre; on aura soin pour cela de choisir une manufacture qui fasse de bons produits et qui soit la moins éloignée du lieu où l'on veut s'établir. On fait l'analyse de cette terre, et l'on voit distinctement les parties qui la composent; ensuite on prend de la terre dont on prétend se servir dans sa fabrique, on fait aussi l'analyse de celle-ci, on compare les produits des deux décompositions, et l'on voit s'ils se rapprochent. Dans le cas où (et c'est presque toujours) il existe une différence, on remarque sur quelles substances cette différence porte; si, par exemple, c'est sur la silice, sur l'alumine, ou sur le carbonate de chaux.

On doit se rappeler que j'ai dit que les terres ou marnes n'étaient pas composées régulièrement; que tantôt c'était le carbonate de chaux ou l'alumine ou la silice qui dominait. Or si, dans votre terre analysée comparativement avec la terre d'une fabrique quelconque, vous trouviez qu'il manque pour que la vôtre soit semblable une certaine quantité de l'une ou de l'autre des substances désignées, il vous est loisible de remédier à cet inconvénient par un moyen fort simple : c'est d'y ajouter une terre qui contienne en excès le corps manquant, et vous vous trouverez alors dans les proportions convenables.

Je sens fort bien qu'un tel procédé, quoiqu'il ne soit pas ce qu'on appelle illicite, n'est pas dans les principes d'une exacte probité, et que s'emparer, au refus du propriétaire de vous communiquer sa composition, d'un morceau de terre si petit qu'il soit appartenant à une autre fabrique, n'est pas un moyen louable : d'ailleurs il faut toujours corrompre en quelque sorte un ouvrier pour se procurer cet échantillon, et cela suffit pour dégoûter d'employer ce moyen. C'est pourquoi j'ai fait, avant de publier cet ouvrage, de grands travaux sur cette partie, et je donnerai dans l'article du mélange des terres propres à la faïence, une série de compositions qui pourront suffire pour toutes les espèces de faïences que nous traiterons ici; de sorte l'on pourra, j'espère, sans sortir de mon livre, trouver tout ce qui est relatif à la fabrication, et qu'on se trouvera par là exempt d'avoir recours à des expédiens qui peuvent répugner à la délicatesse.

Il est donc démontré, et il ne faut pas perdre de vue que, pour faire la faïence blanche, il faut avoir des terres éminemment calcaires ; la raison théorique de cette préférence sera développée lorsque nous parlerons des émaux qui doivent la recouvrir.

La faïence brune et blanche, c'est-à-dire celle dont les pièces sont enduites d'un émail brun à l'extérieur et d'un émail blanc à l'intérieur, n'est pas faite avec une composition de terre dans laquelle doive dominer le carbonate de chaux ; car cette espèce de faïence servant à la confection de beaucoup de vases qui doivent aller sur le feu, tels que *maraboux*, casserolles, etc, le carbonate de chaux viendrait ici fort mal à propos et ferait manquer le but, parce qu'il possède la mauvaise propriété de ne pouvoir supporter le passage du froid au chaud, et qu'en outre il communique cette imperfection aux mélanges de bonnes terres dans lesquels il est introduit dans une trop forte proportion. Il faut donc ne pas le bannir entièrement de la faïence brune, où il convient sous quelques rapports que j'aurai soin de faire connaître en leur lieu; mais il faut être réservé sur son emploi.

En conséquence, lorsqu'on a en vue la fabrication de la faïence brune, on ne doit pas espérer trouver dans les carrières de terre calcaire, les terres qui peuvent convenir à cet usage, et l'on est alors forcé d'avoir recours à une autre terre qu'on nomme argile, ou terre plastique.

Il existe également une assez grande variété dans les argiles plastiques : toutes sont propres à entrer comme partie constituante dans les compositions de terre à faïence brune, excepté cependant celles dans lesquelles se trouveraient abondamment des pyrites ou sulfure de fer. Dans ce cas, on devrait tâcher de se procurer une argile qui serait pure de ce composé métallique; et comme il pourrait arriver cependant que, quelques recherches que l'on pût faire, les environs de la manufacture n'en présentassent pas d'autres, et qu'on ne doit pas renoncer, par suite de cet inconvénient, à l'érection d'un établissement, nous indiquerons les moyens de nous débarrasser en grande partie des pyrites de fer sulfurées par les *lavages* et les *passages* au tamis de métal d'un tissu plus ou moins serré.

Très-ordinairement dans la faïence brune, on se sert des argiles que les minéralogistes ont nommées smectique et figuline; elles sont onctueuses, douces au toucher, se dissolvent très-bien dans l'eau, et forment une pâte liante et susceptible de s'allonger en un *colombin* assez long sans se diviser. Ces argiles sont plus ou moins fusibles, mais en général elles le sont; elles doivent cette propriété à la quantité d'oxide de fer qu'elles recèlent, ou bien encore au carbonate de chaux qui s'y trouve contenu. Leurs couleurs varient par les mêmes raisons et les mêmes causes; c'est ainsi qu'on en voit de grises, de bleues ardoises, de rougeâtres marbrées et veinées d'une couleur rouge foncé; quelquefois on en rencontre qui sont tout-à-fait rouges. Ces argiles ne font point effervescence avec les acides.

D'après cela il sera aisé de reconnaître si une argile appartient à cette classe, et de conclure par conséquent si elle est propre à l'objet dont il est ici question.

Ces argiles se rencontrent assez abondamment dans la nature, mais pas avec autant de profusion que les terres calcaires ; les terrains des environs de Paris en renferment une grande quantité. Elles s'extraient du sein de la terre par le moyen de puits qu'on pratique sur divers points : les ouvriers y descendent dans des baquets ou des tonneaux qui servent à monter les terres. Le mécanisme employé à cet effet consiste tout uniment dans un arbre horizontal appuyé par les extrémités sur deux poteaux en bois, ayant une rainure dans laquelle viennent s'emboîter les extrémités du tourniquet. Vers une de ces extrémités, est attachée une grosse corde de chanvre qui passe à travers le diamètre, et se termine par un nœud. Ensuite une espèce de manche en forme d'angle est emboîté à l'extrémité du tourniquet et fait fonction de levier. C'est en faisant tourner cet arbre dans les rainures des poteaux, que la corde qui serpente autour du tourniquet enlève le baquet.

Ce mode de mécanisme laisse beaucoup à désirer sous bien des rapports; le plus important c'est que les ouvriers qui descendent dans les puits par le moyen de cet informe instrument, ne sont pas en sûreté. Je suis même étonné que les malheurs ne soient pas plus fréquens : les chutes qui ont lieu coûtent presque toujours la vie à celui qui en est la victime, ou au moins la perte de quelques membres, ce qu'on pourrait éviter avec un nouveau mode d'engrenage. Je me propose d'en donner le modèle dans l'art du potier de terre, qui doit être imprimé après celui-ci. J'ai pensé qu'il aurait été mieux placé dans cet art, attendu que le potier ne pouvait se servir d'autres terres que celles appartenant à la classe des argiles figulines, et qu'en conséquence, le moyen de les extraire pour ses manipulations lui appartenait plus directement. En effet, le faïencier, quoiqu'il ne puisse s'en passer, attendu que les gasettes sont faites avec cette terre, et qu'elle entre, comme on vient de le voir, dans la faïence brune, cependant l'usage qu'il en fait est si restreint comparativement au potier de terre, qu'il peut se la procurer de plus loin, et l'acheter de la main des autres.

Les faïences fines dites anglaises, ou terre de pipe, sont faites avec des terres argileuses réfractaires et le silex calciné. Ces terres ne diffèrent des figulines, ou terre des potiers, que par cette seule propriété (d'être réfractaires), car elles sont de même douces au toucher, formant une pâte très-liante avec l'eau, ayant un retrait et une dureté semblable, lorsqu'elles ont éprouvé 20 à 25 degrés de chaleur au pyromètre de

Wedgwood. Elles sont formées, comme les figulines, de silice, d'alumine, d'oxide de fer, et même de carbonate de chaux, mais dans des proportions différentes. Leur couleur suit la même règle, excepté que dans les argiles réfractaires il en existe qui sont presque noires, et qui étant cuites deviennent d'un beau blanc.

Cette espèce de terre n'est pas aussi commune que l'autre; on la retire du sein de la terre par des procédés à peu près semblables à ceux indiqués : on emploie la plus pure aux arts dont les produits doivent avoir de la blancheur, et le reste est réservé pour la brique, la tuile, les pots de grès, etc., etc.

Il existe bien peu d'endroits où l'une ou l'autre des terres dont nous venons de parler ne soit employée, ou tout au moins ne soit connue. Les puits qu'on est dans l'habitude de creuser dans tous les pays pour se procurer de l'eau, en ont fait découvrir presque sur toutes les localités : cependant je vais indiquer ici quelques-uns des pays d'où l'on tire les terres qui sont généralement en usage dans les manufactures de faïence et terre de pipe. Nous ne parlerons de cette dernière espèce d'argile qu'en ce qu'elle nous sert à faire les gasettes à cuire les vaisselles de faïence.

Pour la faïence blanche recouverte d'un émail opaque, on se sert à Paris de quatre espèces de terre, savoir : de terre blanche, qui n'est que de la marne éminemment calcaire, au point qu'elle fait chaux après avoir été calcinée, et qu'elle a la propriété de se dissoudre presque entièrement dans l'acide nitrique avec une grande effervescence. Cette marne se rencontre pour ainsi dire aux portes de Paris, à la barrière du Combat, à Ménilmontant, près de Belleville ; on en voit aussi beaucoup à Montmartre, à Argenteuil-sur-Seine, etc.

Cette terre existe dans les carrières à plâtre immédiatement au-dessus du sulfate de chaux ; elle est quelquefois disposée en couches horizontales de l'épaisseur de 4 à 5 décimètres en s'étendant sur une surface très-prolongée. Les exploiteurs de carrières la retirent lorsqu'ils veulent travailler à l'air libre. C'est là que les fabricans de faïence de la capitale viennent s'approvisionner de terre blanche ; elle revient à 8 francs le tombereau de deux chevaux.

Les carrières de carbonate de chaux ou pierres à chaux recèlent aussi une très-bonne marne propre à la faïence blanche. C'est ainsi qu'on en trouve à Montrouge, au Bourg-la-Reine où il y a trois manufactures, à Gentilly, au-dessus de la barrière de Fontainebleau, à Villejuif, etc.

La seconde espèce de terre qui entre dans la composition de la faïence de Paris est une terre verte qui contient moins de carbonate de chaux que la marne proprement dite, mais davantage d'alumine et d'oxide de fer : ce dernier y domine à tel point qu'il lui procure une grande fusibilité. Cette terre, nommée terre verte par les fabricans, se trouve aussi dans les carrières de pierres à plâtre et de carbonate calcaire; mais elle ne touche pas à la pierre, elle est gisante au-dessus de la marne blanche, elle se vend le même prix.

La troisième espèce de terre qui fait partie de la faïence est une terre jaune qui ressemble à du sable gras : on la nomme communément à Paris terre à four; elle est composée de silice, d'alumine, de fer et de carbonate de chaux; il s'y rencontre une espèce de silex en rognons qui se dépose au fond du *gâchoire* où on lave les terres. Cette terre se rencontre à la barrière de Pic-Puce, au Bourg-la-Reine, à Villejuif; elle n'accompagne pas, comme les deux autres, les sulfates ni les carbonates de chaux. Elle touche presqu'à la surface du sol, et se trouve pour ainsi dire partout. Elle se vend 5 francs le tombereau.

Il y a des manufactures qui, outre les trois espèces de terre que je viens de faire connaître pour la faïence blanche, en introduisent encore une autre, qui est de l'argile figuline ou terre glaise : c'est celle qui se tire par les puits dont j'ai parlé. Les ouvriers coupent cette argile au sein de la terre avec de gros tranchans en fer ; ils en forment des mottes qui ont environ 34 centimètres de long sur 18 centimètres de large ; chaque motte peut peser entre 17 à 20 kilogrammes ; le fer, comme je l'ai dit, se trouve quelquefois dans cette terre à l'état de sulfure. Nous nous étendrons sur cet article lorsque nous parlerons des étuis ou gasettes, parce qu'alors cette question deviendra très-importante.

Les lieux qui fournissent cette terre aux manufacturiers de Paris sont : Vaugirard, Vanvres, Arcueil, Gentilly, et la barrière de Fontainebleau où une grande quantité de puits sont établis. Cette terre ne se vend pas au tombereau, mais à la *voie*. La voie est composée de 50 mottes, et varie de prix selon sa qualité ; on peut cependant établir un prix moyen qui peut être évalué de 8 à 10 francs les 50 mottes.

Nonobstant les terres que nous venons de décrire, on se sert encore dans les manufactures d'un sable jaune qu'on appelle sable de Belleville, parce qu'on le prend dans cet endroit. Il rend de grands services dans une fabrique de faïence, mais il n'entre point dans les mélanges de terre. Il est utile en ce qu'on s'en sert pour tapisser le fond des *fosses* dans lesquelles on coule les terres passées par le tamis. Il a encore différens autres usages que je ferai connaître à mesure que les occasions s'en présenteront.

Nous n'avons pas l'habitude de mettre de la terre blanche marneuse dans la faïence brune, mais en revanche nous introduisons une assez grande quantité de terre argileuse figuline à veines rouges.

Dans les faïences dites terre de pipe, il n'entre pas du tout de terre calcaire. La pâte est une combinaison d'alumine et de silice, dans des proportions convenables, et que je ferai connaître en son lieu dans un autre ouvrage. Les terres propres à ce genre d'industrie se trouvent dans différens endroits tels qu'à Montereau, où il y a plusieurs manufactures. On rencontre encore cette terre argileuse réfractaire, à Savignies près de Beauvais, dans la forêt de Dreux; aux environs de Douay, à Forge-les-Eaux; dans la Champagne, aux environs de Villenthrode; dans la Bourgogne, à la Valteuse; près du Montay, département de Saône-et-Loire; en Angleterre, en Saxe, en Belgique, près de la ville de Mons, où il y a une manufacture que j'ai eu le plaisir de visiter plusieurs fois, enfin à Endennes, entre Namur et Huy, où il y a aussi plusieurs fabriques.

Tout le monde sait que dans le genre de ces faïences fines on en fait de noires, de rouges, de jaunes, et enfin d'une couleur marbrée de différentes nuances. Ces diverses faïences ne sont qu'une variété de la même espèce; plusieurs en effet n'ont les couleurs qu'à la superficie. Le noir par exemple et le rouge font corps avec la terre; c'est ce qu'on peut voir dans la cassure. On fabrique avec succès de cette dernière faïence à Sarreguemine.

Toutes ces teintes sont données à la faïence par des oxides métalliques colorans; il n'est pas de notre objet de nous étendre davantage sur cette fabrication, ayant formé le plan de ne traiter ici que les faïences recouvertes d'un émail opaque.

Ayant fait connaître toutes les terres alumineuses réfractaires, alumineuses figulines, fusibles, et marneuses calcaires, je dois, pour les rendre reconnaissables aux manufacturiers qui voudraient les distinguer de suite, autrement que par le coup d'œil qui est souvent trompeur, leur donner les résultats des analyses que j'ai faites sur ces diverses substances. Je décrirai ensuite la manière de faire ces analyses. Si un fabricant, en les répétant sur des terres que le hasard ou les recherches lui auraient fait découvrir, obtient dans son travail les mêmes résultats qu'il verra ci-après, il peut en conclure qu'elles sont bonnes à fabriquer de la faïence.

Cependant, je dois observer qu'il ne faut pas être sur les analyses d'une rigidité absolue (j'entends pour l'objet dont il est ici question), car on peut fort bien faire de la bonne et belle faïence avec une terre dans laquelle il entre un peu plus ou un peu moins de telle ou telle substance. Dans les marnes blanches, rouges ou bleuâtres, par exemple, il pourrait arriver que l'une ou l'autre, quoique bien analysée ne s'accordât point avec celle que je donne ici pour type, et qui pourtant a la même couleur : mais je prie de faire attention que l'on ne devrait rien conclure de cette différence ; car les marnes et les terres bonnes pour former la composition principale, c'est-à-dire celle avec laquelle on doit tourner ou mouler les pièces; pourront, lorsqu'elles seront mélangées, donner une composition analogue à celle que je donne. Cela viendrait, comme je l'ai déjà dit, de ce que l'une apporterait en plus ce que l'autre apporterait en moins, bien que chacune analysée n'eût pas donné des résultats strictement convenables.

Au reste la nature n'a pas toujours isolé les terres; elles sont au contraire très-souvent confondues. Or donc, il suffit de faire l'analyse sur une terre collective, si toutefois je puis m'exprimer ainsi, et vous voyez à l'instant même ce qu'il faut ajouter ou ce qu'il faut extraire. Quant au dernier cas, ce ne seraient que des corps un peu volumineux, tels que du gros sable, des graviers ou pyrites, qu'on pourrait supprimer en les retenant sur le tamis. Car il ne faut pas songer à séparer des terres les substances fines et divisées. Voici quelques analyses :

La terre blanche ou marne est composée de

Silice	34 parties.
Alumine	30
Carbonate de chaux	20
Oxide fer	4
Eau	12
Egalent	100

La terre verte calcaire est composée de

Silice	57 parties.
Alumine	18
Carbonate de chaux	10
Oxide de fer	7
Eau	8
Egalent	100

La terre jaune est composée de

Silice	65 parties.
Alumine	9
Carbonate de chaux	12
Oxide de fer	6
Eau	8
Egalent	100

L'argile figuline des environs de Paris est composée d'après M. Gazeran, de

Silice	63 parties.
Alumine	32
Carbonate de chaux et oxide de fer	5
Egalent	100

L'argile réfractaire d'abondant près la forêt de Dreux, est composée, d'après M. Vauquelin, de

Silice	43 parties.
Alumine	33
Carbonate de chaux	3
Oxide de fer	1
Eau	18
Egalent	98

La terre de Forge-les-Eaux, d'après le même savant, est composée de

Silice	63 parties.
Alumine	16
Carbonate de chaux	1
Oxide de fer	8
Eau	10
Egalent	98

Quant aux terres toutes préparées et propres à confectionner les vaisselles de faïence, je puis dire que j'ai fait autant d'analyses qu'il y a de manufactures dans Paris, car j'ai analysé les terres de chacune d'elles; il y a plus, j'ai poussé ces sortes d'expériences sur toutes les terres que j'ai pu me procurer des fabriques dont les produits sont très estimés dans le commerce, et j'ai trouvé que partout, les terres variaient dans leurs compositions. Ces différences, il est vrai, ne sont pas assez sensibles pour amener des résultats désavantageux; cependant j'ai remarqué qu'il y avait des manufactures dans lesquelles les produits étaient supérieurs à bien d'autres, et cela tenait, autant que j'ai pu m'en assurer, à la différence des principes élémentaires contenus dans la terre mélangée ou la composition.

Une chose qui doit paraître extraordinaire aux personnes qui ne sont pas versées dans les connaissances chimiques et surtout minéralogiques, c'est de voir qu'un manufacturier de faïence n'est pas sûr de toujours travailler avec les mêmes terres, quoiqu'il les prenne toujours aux mêmes carrières. J'ai eu occasion de me convaincre plusieurs fois de cette vérité, car ayant analysé un morceau de terre pris dans une grande quantité que j'avais fait confectioner, je remarquai cette analyse et je fis déposer ces terres à la cave après une siccité convenable. On rentra d'autres terres qui avaient été prises aux mêmes lieux, et j'en fis remplir des *fosses*, en observant d'y mettre les mêmes proportions que dans la première.

Je fis sur cette nouvelle terre différentes analyses, et de quelque manière que je m'y sois pris, les résultats ne furent plus les mêmes. Je concluai de là que les terres qu'on avait enlevées n'étaient plus de la nature des premières, ou qu'elles avaient subi des modifications antérieures, qui avaient altéré et changé leurs principes constituans.

Certainement de semblables changemens dans les terres ne sont pas assez marquans pour entraîner des pertes graves, parce que nous avons la ressource des mélanges, mais cela ne laisserait pas que de déranger un fabricant qui ne s'en apercevrait point dès les premières fournées : un *trésaillage* dans l'émail, un *picotage* dans le milieu des pièces, un *gauchiment* trop général, sont pour lui des avant-coureurs de mauvais pronostics. C'est à lui dès lors de chercher de suite les causes de ces effets, et, dans cette recherche, c'est la terre qui occupe la première l'attention du manufacturier intelligent, comme étant la matière qui peut plutôt causer la différence remarquée dans les produits.

J'aime à m'appesantir sur toutes ces considérations, parce que d'elles dépend la prospérité ou la ruine d'un établissement. On croirait, au premier aperçu, que rien n'est plus facile que la fabrication de la faïence, parce que les manufactures en effet ne sont pas rares; mais la vérité est que je ne pense pas qu'il y ait beaucoup d'arts industriels qui soient plus difficiles et pour lesquels il faille réunir autant de connaissances et de jugement. Il ne faut que le choix d'une terre peu convenable à la faïence pour compléter la ruine d'un nouvel établissement. On dit que les manufactures ne sont pas rares; il est vrai: mais si tous ceux qui ont entrepris ces sortes d'usines sans s'être munis de toutes les notions scientifiques qu'il faut pour y réussir, et qui par suite de leur ignorance se sont ruinés, étaient encore existans, le nombre des fabriques serait immense. Cette industrie a cela de défectueux, c'est qu'une fois tombé il est bien difficile, pour ne pas dire impossible de se relever, car souvent toutes les ressources se sont évanouies en efforts superflus.

On voit donc de quelle importance il est de faire un bon choix dans les terres qui doivent servir à la confection des produits qu'on veut créer dans une faïencerie. Pour bien mettre sur la voie, je n'ai rien de mieux à faire que de donner ici les proportions des substances qu'une terre propre à la faïence doit contenir. En conséquence, toutes celles qu'on rencontrera dans la nature (mais ce serait ici l'effet du hasard) qui seront composées dans ces mêmes proportions, pourront servir à la fabrication de la faïence, avec la précaution de leur appliquer l'émail classé sous le n° 1. (*Voyez* l'article des émaux.)

Voici l'analyse de la terre dont je viens de parler, bien entendu que c'est pour une faïence blanche recouverte d'un émail blanc opaque.

Silice	58
Alumine et fer	35
Carbonate de chaux	7
Égalent	100

D'après toutes ces données, je pense que les plus grandes difficultés seront aplanies, car c'est beaucoup de savoir qu'une terre, pour être bonne à la faïence, à besoin, sur 100 parties, d'en avoir 58 de silice, 35 d'alumine et 7 de chaux.

Il existe un bien petit nombre de terres, ou plutôt il n'en existe pas qui ne comportent chacune dans leur combinaison quelques-unes des substances qu'on vient de nommer ; mais la différence qui existe entre elles, c'est que ces substances ne s'y trouvent pas dans les mêmes proportions; la variété des proportions dans tous les corps de la nature est immense, et cette variété se fait surtout sentir dans les minéraux qui font l'objet de notre étude.

Lors donc qu'on aura formé le dessein d'établir une manufacture de faïence, on devra examiner avec le plus grand soin toutes les espèces de terres qu'on pourra rencontrer dans les environs du lieu où l'établissement doit être érigé. Je suis persuadé d'avance que ces terres présenteront à l'analyse des différences sensibles comparées aux proportions que j'ai fait voir ici plus haut : tantôt ce sera la silice qui dominera ; d'autres fois ce sera l'alumine, puis le carbonate de chaux ou le fer. Mais ces différences ne peuvent arrêter, puisque nous avons à notre disposition des moyens d'amélioration infaillibles. Si la nature, en effet, se montre tellement avare des terres composées comme il faut qu'elles le soient pour nous servir sans addition ni retranchement dans l'art de la faïencerie, nous ferons en sorte de corriger la nature, et nous y parviendrons avec de la patience, et surtout de la persévérance.

Pour arriver au but, on assemble, mais séparément, les trois, quatre ou cinq espèces de terres qu'on s'est procurées ; on commence par faire l'analyse de celle dont on augure le mieux ; on note avec soin les quantités des différentes substances qu'on a pu trouver, et l'on recommence une nouvelle analyse sur une autre terre, et ainsi de suite.

Lorsque toutes les analyses sont faites, on

compare les produits, et l'on dit : celle-ci me donne tant de parties de silice, d'alumine et de chaux ; celle-là me fournit plus de silice et moins d'alumine, avec la même quantité ou plus ou moins de chaux : une autre m'offre encore des résultats qui ne sont pas les mêmes. Finalement, en supposant que l'on mît toutes ces terres par parties égales pour en former un seul mélange, on voit de suite, par une opération arithmétique, pour combien la silice, l'alumine et le carbonate de chaux y entreraient. Prenons pour exemple les quatre terres qui entrent dans la composition de la terre à faïence que l'on fait à Paris, et dont j'ai donné les analyses plus haut, page 27. On trouvera, d'après les parties qui les constituent, qu'un mélange de ces terres par portion égale serait composé de silice, 54,75 ; alumine, 22,50 ; carbonate de chaux, 10,50 ; fer, 4,25 ; eau, 7 ; perte, 1 ; égalent 100.

On voit donc par cet exposé que ces quatre terres ne doivent pas entrer dans les mélanges dans les mêmes quantités, puisque la chaux y est dominante, attendu qu'elle entre pour 10,50 sur 100, proportion qui serait exagérée. Quant à la silice, nous la voyons figurer pour 54, au lieu de 58 ; mais cette différence dans ce corps ne peut nous nuire sensiblement ; d'ailleurs le *gâchage* et le *tamisage* nous débarrasseront sans doute de cet excédant. Nous n'en pouvons dire autant relativement à l'alumine ; on voit qu'elle n'est ici que pour 22,50, tandis que dans la terre composée elle y est pour 35. Cette différence est trop essentielle pour ne pas chercher à augmenter la proportion de cette terre, qui, si elle n'était pas en quantité suffisante, pourrait ne nous apporter que des résultats fâcheux.

Rien n'est aussi aisé que de corriger ce défaut et d'apporter dans le mélange l'harmonie qui doit y régner. La première chose sur laquelle on doit s'appesantir, c'est de distinguer les terres analysées qui apportent en plus les substances que d'autres apportent en moins, et d'augmenter la portion de l'une tout en diminuant celle de l'autre. Ainsi, par exemple, nous avons vu qu'avec un mélange égal des quatre terres que nous avons analysées, nous en obtenons une dans laquelle il se trouve trop de chaux et pas assez d'alumine. Eh bien, la première idée qui doit naître ici pour rendre cette terre convenable, c'est d'augmenter la portion de celle qui apporte le plus d'alumine, et de diminuer un peu celle qui donne trop de carbonate de chaux, et le tout deviendra conforme aux principes de l'art *.

L'opération arithmétique par laquelle on par-

* Voyez pour avoir une idée distincte de la nature et des propriétés de la silice, de l'alumine, et du carbonate de chaux, l'*Art de la vitrification*, pag. 85, 101 et 103.

vient à déterminer dans quelles proportions les diverses terres que l'on a à sa disposition doivent être mélangées, lorsque l'on connaît leur composition, pour en former une bonne, repose sur des règles trop simples pour que j'en donne ici la marche. Seulement j'observerai que, pour arriver promptement à un résultat précis et clair, il faut diviser tous les produits de chaque substance en autant d'unités que vous avez de terres à mélanger. Par ce calcul, vous voyez de suite si, en les amenant par partie égale, vous arrivez à la formation d'une terre propre à la faïence, en prenant pour point de comparaison celle que j'ai donnée plus haut. Si vous y voyez des différences, comme il est probable, vous rétablissez l'accord par une addition ou une soustraction de l'une ou de l'autre des terres qui en paraîtrait susceptible.

CHAPITRE II.

Manière de faire l'analyse des terres.

Savoir faire une analyse exacte de toutes les espèces de terres, est une chose qu'aucun manufacturier, dans la partie de la faïencerie, ne devrait ignorer. On a vu jusqu'ici que la nature nous donne bien rarement les terres toutes mélangées et propres à cette fabrication. Elles sont au contraire souvent, pour ne pas dire toujours, l'ouvrage de l'homme industrieux : mais pour que ce dernier soit conduit par un guide sûr et infaillible, il ne doit marcher qu'environné des lumières de la science. L'une des principales opérations que la science indique comme devant être faites sur les terres, c'est l'analyse ; elle vous donne autant qu'elle est bien faite la connaissance exacte, comme on a pu le voir, de toutes les substances composant un mélange terreux, et vous fait apprécier au juste dans quelles proportions il doit entrer dans la composition de la faïence.

Pour effectuer une analyse, on doit avoir un petit fourneau de fusion (pl. 1, fig. 1), qu'on trouvera chez tous les fournalistes, ou qu'on fera soi-même sous une cheminée qui tire bien. Cette construction est fort simple ; c'est tout uniment une petite tour ronde ou carrée de 16 à 18 centimètres de diamètre, avec un cendrier dans le bas et une petite grille serrée qui sépare le cendrier d'avec l'intérieur du fourneau. On pratique une porte à environ 1 décimètre, à partir de la grille sur le devant, et l'on applique sur la partie supérieure, qui doit former une espèce de dôme, un tuyau en tôle ou en terre qui se prolonge dans la cheminée sous laquelle on a placé le fourneau. La chose la plus essentielle à observer ici, c'est de faire en sorte que l'air ne puisse arriver dans le fourneau que par le cendrier : sans cela on ne pourrait obtenir qu'un faible degré de chaleur, parce que la colonne d'air qui pénétrerait sans passer par le foyer ne servirait pas à alimenter la combustion et refroidirait l'intérieur du fourneau.

Pour ce qui est des terres, lorsqu'on les a trouvées, on les laisse parfaitement sécher avant tout autre préparation ; ensuite on réduit en une poudre impalpable ces diverses terres, mais toujours séparément, en prenant la précaution surtout de bien nettoyer le mortier et le pilon qui viennent de servir à en pulvériser une, avant d'en soumettre une autre à la pulvérisation : on ne peut à cet égard avoir trop de soins. C'est de l'extrême propreté que dépend tout le succès de l'opération.

Pour apprécier la quantité d'eau que peut contenir une terre, on en pèse, lorsqu'elle est pulvérisée, un volume quelconque, 100 grammes, par exemple, qu'on introduit dans un creuset de platine; on place celui-ci sur un *fromage* ou morceau de brique un peu épais qui repose sur la grille du fourneau de fusion, et l'on fait du feu, en jetant autour du creuset des morceaux de charbon de bois allumés. On continue à remettre du charbon l'espace d'une demi-heure, au bout de laquelle on retire le creuset, qu'on laisse refroidir : ensuite on en prend la poudre et on la pèse de nouveau; on voit de combien elle a diminué en poids. La différence entre le nombre de grammes trouvés avant la calcination et ceux qu'on a reconnus après, en négligeant les fractions pour ne pas compliquer son analyse, forme le poids de l'eau qui était contenue dans la terre.

Après avoir apprécié la quantité d'eau qui peut se trouver dans une terre et avoir remplacé cette eau évaporée par une égale quantité, on mélange ces cent grammes de terre avec le double de son poids de sous-carbonate de soude desséché et mis en poudre fine; on passe le tout par un tamis de soie à plusieurs reprises afin que le mélange soit plus intime; ensuite on met le mélange dans un creuset de platine et l'on chauffe comme on l'a fait pour effectuer l'évaporation de l'eau, avec la différence cependant qu'il faut ici beaucoup de précaution dans la manière d'administrer le feu. D'abord on doit aller bien doucement pour commencer, de peur que le mélange, entrant tout à coup en effervescence, ne soit projeté au dehors du creuset, ce qui serait cause qu'il faudrait indubitablement recommencer l'opération. On évitera cet inconvénient en faisant un feu doux et gradué. On peut retirer le creuset après trois quarts d'heure d'un feu assez violent, mais surtout vers la fin.

Lorsque le creuset est ramené à la température de l'atmosphère on en détache avec un outil d'acier toute la matière qu'il contient; on la pulvérise de nouveau jusqu'à ce que la poudre soit impalpable, puis on met cette poudre dans une capsule de porcelaine, et l'on verse dedans un excès d'acide hydrochlorique; on pose la capsule sur un *bain de sable*. A l'aide de cette chaleur toutes les substances comprises dans la terre et qui sont susceptibles de dissolution se dissolvent en effet. La silice seule qui par sa nature n'est point attaquable par l'acide hydrochlorique, se précipite dans le fond de la capsule. On continue de chauffer jusqu'à ce que le tout présente une masse pâteuse; alors on retire la capsule du bain de sable, et l'on verse de l'eau bien claire dessus à plusieurs reprises; on décante cette eau et on la fait passer au travers d'un filtre en papier *joseph* posé dans un entonnoir de verre. Toute la silice contenue dans la terre demeure sur le filtre tendu, et les autres substances, telles que l'alumine, le carbonate de chaux et le fer, sont en suspension dans l'eau qui a passé par le filtre *.

On retire le filtre sur lequel se trouve la silice et on le fait sécher à une douce chaleur. Lorsqu'on est persuadé qu'il n'y a plus aucune parcelle d'humidité, on l'enlève du filtre et on le pèse: son poids indique la quantité de silice contenue dans la terre analysée.

La seconde substance qu'on doit retirer du composé après la silice c'est l'alumine y compris le fer (je dirai ici plus bas la raison pour laquelle je fais précipiter le fer avec l'alumine). Pour effectuer cette séparation, on verse dans la liqueur restante un dixième à peu près de son volume d'ammoniaque liquide; tout à coup on voit se former un nuage blanc et floconneux;

* Je sais bien qu'il peut encore s'y rencontrer d'autres substances, telles que de la baryte et de la magnésie, mais les petites quantités qui peuvent exister ne nous nuisent en rien dans nos opérations; en conséquence, c'eût été rendre l'analyse plus longue et plus difficile sans rien apporter de profitable.

on remue le vase avec force (ce doit être une carafe de cristal ou de verre), ou bien l'on agite l'eau avec un tube de verre, et l'on filtre encore cette eau par un papier *joseph* dans un autre vase; toute l'alumine s'arrête sur le filtre et forme une espèce de gelée assez volumineuse. Lorsque le filtre n'égoutte plus on le retire et on le fait sécher de même qu'on a fait pour la silice, à l'exception qu'il ne serait pas mal, après que l'alumine est retirée du filtre, de la passer à un léger coup de feu dans un creuset, afin de volatiliser une certaine quantité d'ammoniaque qui s'est unie avec elle dans la précipitation, ce qui pourrait la faire augmenter de poids.

La présence du fer se fait remarquer dans l'alumine en donnant à cette dernière terre une coloration plus ou moins brune, selon que le fer y est en plus ou moins grande quantité.

Nous avons encore la chaux à retirer de la liqueur qui a passé au travers du filtre sur lequel nous avons recueilli l'alumine; nous l'obtenons en versant dedans une dissolution de sous-carbonate de potasse; aussitôt l'introduction du sous-carbonate, on voit l'eau qui blanchit et prend la couleur du lait plus ou moins diaphane, en raison de la quantité de carbonate de chaux contenu dans la terre. On filtre de même et l'on sèche.

Si l'analyse a été bien faite, si l'on n'a rien

laissé sur les filtres, et si le feu a été convenable pour opérer la parfaite dissolution de toutes les parties de la terre soumise à l'analyse, on doit retrouver les cent grammes primitifs, diversement répartis dans les trois substances que nous venons de désigner.

J'ai indiqué à dessein le creuset de platine pour faire les analyses, parce que les creusets de terre, quelque bons qu'ils soient, se laissent toujours corroder par l'alcali qu'on mélange avec la terre. En effet, dans la fusion générale des matières, cet alcali exerce sur les parois intérieures du creuset sa puissance dissolvante aussi-bien que sur les molécules de la terre qu'il contient, et de là naissent des augmentations de poids qui deviennent très-embarrassantes dans les calculs. C'est surtout la silice et l'alumine qui se trouvent augmentées, car pour le carbonate de chaux, il ne fait point et ne peut faire parties des terres à creusets, attendu que sa présence les rendrait impropres à la confection d'un tel produit, par la raison que ces creusets deviendraient trop fusibles. D'après cela il est donc vrai de dire qu'il n'est guère possible, à la rigueur, de faire une analyse exacte dans un creuset de terre. C'est pourquoi je recommande soigneusement celui de platine; et, quoiqu'il soit cher, son prix élevé ne doit point arrêter celui qui veut marcher d'un pas sûr.

Cependant, si toutefois l'on n'avait pour objet que de reconnaître la quantité de carbonate de chaux que peut contenir une terre quelconque, alors on pourrait sans inconvénient se servir d'un creuset de Hesse, qui sont les meilleurs que nous ayons. Certainement on n'a point à craindre ici l'augmentation de la substance qu'on recherche, puisque le creuset n'en contient pas, ou pour mieux dire n'en contient qu'un atome; en conséquence on peut espérer d'obtenir des résultats aussi heureux qu'avec un creuset de platine.

Le carbonate de chaux étant le corps qui nuit le plus à la faïence blanche, quand il s'y trouve en excès (quoique cependant il lui soit nécessaire dans de certaines proportions) mérite de la part du manufacturier une attention toute particulière : il faut rejeter sans réserve toutes les terres qui le contiennent trop abondamment.

J'ai dit tout à l'heure, en parlant de l'alumine et du fer, que j'expliquerais les raisons pour lesquelles je faisais précipiter ensemble ces deux substances ; 1° c'est pour mettre l'analyse à la portée d'un plus grand nombre de personnes, parce que la séparation du fer de l'alumine demande une opération de plus, et qu'il faut autant que possible, simplifier le travail. 2° C'est que l'oxide de fer n'est pas assez abondant dans les terres pu-

laissé sur les filtres, et si le feu a été convenable pour opérer la parfaite dissolution de toutes les parties de la terre soumise à l'analyse, on doit retrouver les cent grammes primitifs, diversement répartis dans les trois substances que nous venons de désigner.

J'ai indiqué à dessein le creuset de platine pour faire les analyses, parce que les creusets de terre, quelque bons qu'ils soient, se laissent toujours corroder par l'alcali qu'on mélange avec la terre. En effet, dans la fusion générale des matières, cet alcali exerce sur les parois intérieures du creuset sa puissance dissolvante aussi-bien que sur les molécules de la terre qu'il contient, et de là naissent des augmentations de poids qui deviennent très-embarrassantes dans les calculs. C'est surtout la silice et l'alumine qui se trouvent augmentées, car pour le carbonate de chaux, il ne fait point et ne peut faire parties des terres à creusets, attendu que sa présence les rendrait impropres à la confection d'un tel produit, par la raison que ces creusets deviendraient trop fusibles. D'après cela il est donc vrai de dire qu'il n'est guère possible, à la rigueur, de faire une analyse exacte dans un creuset de terre. C'est pourquoi je recommande soigneusement celui de platine; et, quoiqu'il soit cher, son prix élevé ne doit point arrêter celui qui veut marcher d'un pas sûr.

Cependant, si toutefois l'on n'avait pour objet que de reconnaître la quantité de carbonate de chaux que peut contenir une terre quelconque, alors on pourrait sans inconvénient se servir d'un creuset de Hesse, qui sont les meilleurs que nous ayons. Certainement on n'a point à craindre ici l'augmentation de la substance qu'on recherche, puisque le creuset n'en contient pas, ou pour mieux dire n'en contient qu'un atome; en conséquence on peut espérer d'obtenir des résultats aussi heureux qu'avec un creuset de platine.

Le carbonate de chaux étant le corps qui nuit le plus à la faïence blanche, quand il s'y trouve en excès (quoique cependant il lui soit nécessaire dans de certaines proportions) mérite de la part du manufacturier une attention toute particulière : il faut rejeter sans réserve toutes les terres qui le contiennent trop abondamment.

J'ai dit tout à l'heure, en parlant de l'alumine et du fer, que j'expliquerais les raisons pour lesquelles je faisais précipiter ensemble ces deux substances ; 1° c'est pour mettre l'analyse à la portée d'un plus grand nombre de personnes, parce que la séparation du fer de l'alumine demande une opération de plus, et qu'il faut autant que possible, simplifier le travail. 2° C'est que l'oxide de fer n'est pas assez abondant dans les terres purement calcaires, pour nuire à la faïence blanche d'une manière sensible. D'ailleurs nous possédons un autre moyen beaucoup plus simple de nous assurer de la trop grande quantité de fer qu'elles peuvent contenir, c'est de les faire passer au feu; alors elles deviendront rouges ou brunes et nous les rejetterons; ou, si nous les adoptons, ce sera en petite dose, de peur d'une coloration trop forte, et seulement lorsque les autres terres contiendront une assez grande quantité d'alumine avec laquelle elles peuvent être mélangées. M. Le Baillif, dont les connaissances en chimie sont fort étendues et à qui la physique doit plusieurs instrumens précieux, a bien voulu me communiquer une méthode aussi simple qu'ingénieuse, pour s'assurer de la fusibilité d'une terre quelconque par le moyen du chalumeau. Je dois dire ici que j'ai eu toutes les peines du monde à obtenir de lui la permission de le citer comme auteur de ce procédé. Sa modestie, aussi grande que son savoir, me défendait de le faire connaître; mais la reconnaissance que les arts lui doivent pour ses heureuses découvertes, parlait trop haut; j'ai cru devoir rompre le silence imposé, et payer autant qu'il était en moi la dette de la société.

Voici la méthode de M. Le Baillif, pour s'assurer de la fusibilité des terres.

On introduit dans la paume de la main gauche une très-petite quantité de la terre dont on veut essayer la fusibilité; on la broie avec une goutte d'eau et la lame d'un couteau d'ivoire ou d'acier. Lorsque la terre est bien divisée, on l'étend sur un petit morceau de papier auquel on donne la forme d'un ruban, et sur lequel on a eu soin d'appliquer une légère couche d'huile ou d'un corps gras quelconque. Cette précaution est de rigueur; sans elle la terre pourrait tellement adhérer au papier qu'on aurait beaucoup de peine à l'en détacher.

Lorsque cette préparation est terminée, le papier couvert d'huile et d'une couche très-mince de terre, est posé sur un morceau de tôle qu'on place au-dessus d'une lampe; dès que la chaleur a traversé la tôle et se fait sentir au papier, on voit la terre se lever par écailles : alors on fait tomber rudement les écailles dans un verre de montre, elles se divisent par le choc en une infinité de petites parties.

D'un autre côté, on délaie un atome, pour ainsi dire, de terre très-réfractaire, on en prend une parcelle au bout d'une aiguille de platine garnie d'un manche très-mince, on cherche des yeux le morceau de terre écaillée qui présente la figure la plus avantageuse à l'opération, on le prend avec l'extrémité de l'aiguille sur laquelle se trouve la terre apyre, on les met en contact, et au même instant l'union a lieu. Cela fait, vous prenez le chalumeau de la main droite, tandis que vous tenez de la main gauche l'aiguille de platine armée du petit morceau de terre écaillée; vous présentez d'abord à la flamme de la lampe, le milieu du corps de l'aiguille, vous la rougissez afin que la chaleur puisse se communiquer à l'extrémité de l'aiguille à laquelle se trouve la terre : vous tirez vers vous l'aiguille, et vous faites passer par gradation le morceau de terre dans le milieu de la flamme : alors il reçoit une cuisson assez forte pour être présenté au jet du chalumeau, sans craindre de le faire éclater par une chaleur trop brusque.

Cependant, il faut encore une certaine précaution avant de lui appliquer toute la chaleur qu'il est susceptible de recevoir. Ainsi donc, vous l'approchez peu à peu du jet de la flamme bleue que donne le chalumeau, et là, lorsque vous jugez l'échauffement assez fort, vous le mettez positivement au plus ardent coup de feu, et c'est d'après la résistance que la terre offre, que vous prononcez quel est son degré de fusibilité. Cette méthode est infaillible; car les terres fusibles s'y forment en globules en moins d'une minute et demie, et les terres réfractaires s'y convertissent en une porcelaine plus ou moins transparente et plus ou moins blanche, selon la nature et la pureté de la terre.

Ce qui fait le grand mérite de cette méthode, c'est la simplicité jointe à la célérité avec laquelle on opère; deux circonstances qui méritent certainement l'approbation de tous ceux qui se livrent à ce genre d'étude.

Je sais bien que cette manière de travailler sur les terres ne peut pas être appelée une analyse proprement dite; aussi je ne la donne pas pour telle : la différence est grande entre ces deux opérations. Par l'analyse on reconnaît non-seulement les proportions des parties constituantes des corps, mais aussi quelle est la nature des substances qui les composent, tandis que par l'essai au chalumeau on ne peut juger que de la fusibilité ou de la qualité apyre d'une terre, sans pouvoir discerner positivement le nombre des principes constituans ni leur nature. Cependant cette expérience met grandement sur la voie, car une fois familiarisé avec la connaissance des propriétés d'un corps composé, on sait sans beaucoup de tâtonnemens à quelle substance on doit attribuer la fusibilité de ce corps, et on reconnaît avec assez de précision la cause qui produit la coloration. Ainsi donc d'après l'opération au chalumeau, à la manière de M. Le Baillif, on peut déjà prononcer jusqu'à un certain point sur la composition d'une terre quelconque; cependant l'analyse dont nous nous sommes entretenus en premier lieu fournira des documens plus précis, et c'est à elle qu'il faudra recourir toutes les fois qu'on voudra se rendre un compte exact des élémens qui composent une substance minérale.

CHAPITRE III.

Des terres qui conviennent à la faïence brune.

Nous appelons faïence brune celle dont l'extérieur des vases est empreint d'une couleur brune qui varie du marron au noir le plus foncé. Je ne dirai pas pour l'instant comment on obtient cette coloration ; je me réserve de l'expliquer en son lieu. En conséquence, je ne m'arrêterai ici qu'aux questions qui sont relatives aux terres qui peuvent être propres à cette espèce de faïence.

L'usage de la faïence brune est presque aussi répandu que celui de la faïence blanche : à l'exception du service de table dont cette dernière s'est presque exclusivement emparé depuis que le luxe a fait tant de progrès, cette faïence brune est généralement employée dans tous nos besoins ; on voit même encore souvent des assiettes et des plats de cette faïence figurer sur la table des bourgeois dans les campagnes et les petites villes ; et ce qui fait donner la préférence à cette espèce de faïence, c'est qu'elle peut souffrir assez bien le passage du froid au chaud sans se fracturer, au point qu'on en fabrique des vases qui n'ont pas d'autre usage que d'aller sur le feu nu, tels sont les cafetières, casseroles, maraboux, etc.

On doit sentir que, s'il existe une aussi grande différence entre les produits de ces deux espèces de fabrication, ces faïences ne la doivent qu'à la manière dont elles sont composées. A la première vue, il semblerait qu'il ne doit y avoir aucun rapport entre elles quant aux diverses substances qui les constituent. Cependant je puis assurer qu'à l'exception d'une seule, ce sont les mêmes terres dont on se sert pour la faïence blanche qui forment ensuite la faïence brune. De ces quatre terres, celle que nous avons nommée marne blanche, et qui nous a produit à l'analyse, silice 34 parties, alumine 30, carbonate de chaux 20, est la seule à exclure de la faïence brune, à cause de la grande quantité de carbonate de chaux qu'elle contient.

Il ne faut pas croire pourtant que, si l'on ne faisait qu'ôter la marne blanche, et que l'on conservât les trois autres terres dans les mêmes proportions, on pût en faire de la bonne faïence brune; on serait certainement dans une grande erreur. Il faut apporter bien d'autres modifications à la terre propre à la faïence blanche, que celle qui consiste à retrancher un des élémens de cette terre, pour la rendre convenable à faire de la faïence brune. Il faut encore modifier les combinaisons des élémens constituans, et les distribuer de manière à ce que l'alumine y entre pour une plus grande quantité, et que la proportion du carbonate de chaux diminue en même temps.

D'après cela, ayant donné les proportions dans lesquelles une terre pour la faïence blanche recouverte d'un émail opaque doit être composée (page 32), de même je vais donner, d'après une analyse exacte, le nombre et la nature des parties qui constituent une terre à faïence brune : elle doit avoir de silice 57 parties, alumine et fer 38 parties, carbonate de chaux 5 parties, égalent 100.

On devra donc éloigner de cette composition toutes les terres qui se trouveront éminemment calcaires, et les remplacer par d'autres qui contiendront plus d'alumine.

Je sais bien qu'en introduisant une plus grande quantité de terres alumineuses qui sont souvent colorées en rouge et en bleu par l'oxide de fer, vous rendrez le *biscuit* de votre faïence beaucoup moins beau en ce qu'il se ressentira fortement de la présence de cet oxide; mais qu'à cela ne tienne : l'émail brun, ou plutôt la couleur *manganèsée* que nous appliquons sur les surfaces extérieures des pièces, nous dispense de l'obligation d'avoir un *biscuit* aussi beau que celui de la faïence blanche, et quant à l'émail opaque que l'on met dans l'intérieur de ces mêmes pièces, il n'a pas besoin de flatter les yeux par une grande blancheur, qui d'ailleurs se trouve toujours rehaussée par l'éclat et la couleur du brun qui tranchent d'une manière sensible.

Pour peu qu'on fasse attention aux morceaux des vases cassés appartenant à la faïence brune, on remarquera sur-le-champ que la cassure est éminemment rougeâtre : cela doit être, puisque les terres qui en forment le corps, quoique les mêmes que celles avec lesquelles on compose la faïence blanche, à l'exception d'une terre blanche calcaire, sont mises dans des proportions très-différentes.

Il est essentiellement de notre sujet, ce me semble, de faire connaître les causes qui rendent la faïence brune plus propre à souffrir alternativement le chaud et le froid que la faïence blanche. D'abord on sentira de suite que l'éloignement d'une grande partie de la chaux carbonatée y entre pour beaucoup ; l'alumine, qui de son côté vient en plus, ne contribue pas peu à produire cet effet. Mais ce qui achève d'amener cette diversité, c'est que la silice ou sable qui entre ici, est dans un état de division moins complète que la silice ou sable qui se trouve dans les terres propres à la faïence blanche. Il ne faut, pour être convaincu de ce que j'avance, que considérer la composition de la terre avec laquelle on fabrique les poteries de vaisselle qui vont au feu sous le nom de marmites, casseroles, etc. Il ne faut aussi que jeter la vue sur les poêles qu'on sait être sans cesse en contact avec la chaleur. Dans toutes les terres qui servent à confectionner ces produits, on introduit une quantité assez notable de sable brut tiré purement et simplement des carrières qui le contiennent. On sent assez que cette espèce de silice n'est pas aussi divisée que celle qui se trouve combinée avec ces terres, quelques rudes qu'elles soient au toucher.

C'est à la présence d'une plus grande quantité de silice, et surtout dans un état plus grossier, qu'est due la faculté que possède la faïence brune, de pouvoir servir à tous les usages du feu ; aussi les plats et les assiettes contenant des alimens peuvent-ils se servir à table sur des charbons incandescens contenus dans des réchauds, sans que ces pièces souffrent une altération sensible. On ne pourrait pas impunément le faire avec la faïence blanche.

Une chose très-importante et à laquelle le manufacturier doit prendre beaucoup d'attention, c'est d'éviter autant qu'il lui est possible d'introduire dans ses mélanges des terres alumineuses contenant des pyrites de fer sulfuré. Cette introduction peut se faire, mais encore à un certain degré, dans les poteries de grosse vaisselle, c'est-à-dire de vaisselle commune; mais en général elle devrait être interdite dans la faïence brune; voici pourquoi:

Les pyrites de fer sulfuré qu'on rencontre dans certaines terres alumineuses ou argiles plastiques, ne sont point entièrement décomposées au four, et tout le soufre n'en est pas volatilisé, parce que le feu dans l'opération de la cuisson en biscuit, et même en émail, n'est pas assez fort pour cela. Conséquemment l'acide sulfureux, produit par le soufre du sulfure, demeure encore pour une petite partie dans la terre, et de là vient que les vases dans lesquels on fait chauffer des liquides usuels, donnent à ces liquides un goût nauséabond assez insupportable. Cet inconvénient se fait particulièrement remarquer dans les faïences brunes que l'on fabrique dans la capitale, où les manufacturiers se fournissent de terres provenant des puits de Vaugirard, de Vanvres, de Gentilly, etc., et dans lesquelles le sulfate de fer est assez abondamment répandu sous forme de pyrites qui ont quelquefois l'éclat de l'or, particularité qui est due à la présence du soufre.

On pourrait croire d'abord que le lavage et le tamisage des terres peuvent obvier à cet inconvénient; mais qu'on ne s'y trompe pas, car tout en avouant qu'une grande partie des pyrites demeure sur le tamis, il faut cependant convenir que celles qui se divisent jusqu'à l'infini dans les manipulations du *gâchage*, coulent avec la terre et apportent l'imperfection dont je parle ; non que je veuille pour cela déprécier les faïences brunes qui se font à Paris ; je suis loin d'avoir une telle pensée, et j'avoue au contraire que sous plusieurs rapports elles égalent toutes celles qui se fabriquent au dehors. Je sais que ce défaut n'a échappé à aucun des manufacturiers de cette grande cité, et que les connaissances nécessaires pour l'éviter sont très-certainement à leur portée, mais la pénurie des terres propres à éloigner cet effet est et sera toujours un obstacle à cette amélioration. En citant les faïences de Paris, je n'ai prétendu qu'engager le manufacturier commerçant à faire un bon choix dans les terres qui peuvent se trouver à sa disposition, et non rabaisser un produit quelconque.

CHAPITRE IV.

De la manière de mélanger les terres et de les gâcher.

Il serait difficile d'assigner des proportions fixes pour le mélange des terres qui pussent convenir généralement à toutes les manufactures. Ecrivant sur un point du globe qui m'est familier sous le rapport des terres propres à la faïence qu'il renferme, j'ai pu faire assez bien les essais nécessaires, tant en petit qu'en grand, sur les diverses terres qu'il contient pour être en état de discerner celles qui sont convenables pour la faïence ; en même temps j'ai suivi à quelque chose près la pratique des manufactures qui confectionnent sur ce point depuis long-temps avant moi. On n'aura pas de peine, je le pense, à se ranger à mon avis lorsqu'on se rappellera tout ce que j'ai dit relativement à la grande variété qui existe dans toutes les espèces de terres. Je donnerai sans doute de la manière la plus exacte les quantités de chaque terre qu'il faut mélanger ensemble pour former une composition propre à la faïence blanche et brune de Paris, parce que je fabrique sur les lieux ; parce que je me sers des terres qui sont dans les environs et pour ainsi dire aux portes de la ville; mais puis-je répondre de ces compositions sans risquer d'induire en erreur le manufacturier qui voudra s'établir à cinquante lieues de l'endroit où elles sont usitées, et qui n'aura à sa disposition que des terres différemment combinées, et par conséquent d'une autre nature que celles dont on fait usage ici?

A cela je dirai que c'est pour tâcher d'éloigner du sein d'une fabrique les non-réussites que j'ai tant insisté et que j'insiste encore ici sur l'obligation de faire des analyses; c'est la seule marche qui puisse faire arriver au but désiré. J'ai donné, comme on a pu le voir d'après l'analyse, la composition d'une terre préparée pour la faïence blanche et brune. C'est toujours à cette composition qu'il en faut revenir, si l'on veut s'épargner bien des désagrémens. Je renvoie là-dessus à tout ce que j'ai dit jusqu'à présent relativement aux terres.

Composition de la faïence blanche de Paris.

Terre blanche ou marne calcaire de la barrière du Combat	12 part.
Terre verte de la même barrière	12
Terre jaune de la barrière de Pic-Puce	10

CHAPITRE IV.

De la manière de mélanger les terres et de les gâcher.

Il serait difficile d'assigner des proportions fixes pour le mélange des terres qui pussent convenir généralement à toutes les manufactures. Ecrivant sur un point du globe qui m'est familier sous le rapport des terres propres à la faïence qu'il renferme, j'ai pu faire assez bien les essais nécessaires, tant en petit qu'en grand, sur les diverses terres qu'il contient pour être en état de discerner celles qui sont convenables pour la faïence ; en même temps j'ai suivi à quelque chose près la pratique des manufactures qui confectionnent sur ce point depuis long-temps avant moi. On n'aura pas de peine, je le pense, à se ranger à mon avis lorsqu'on se rappellera tout ce que j'ai dit relativement à la grande variété qui existe dans toutes les espèces de terres. Je donnerai sans doute de la manière la plus exacte les quantités de chaque terre qu'il faut mélanger ensemble pour former une composition propre à la faïence blanche et brune de Paris, parce que je fabrique sur les lieux ; parce que je me sers des terres qui sont dans les environs et pour ainsi dire aux portes de la ville; mais puis-je répondre de ces compositions sans risquer d'induire en erreur le manufacturier qui voudra s'établir à cinquante lieues de l'endroit où elles sont usitées, et qui n'aura à sa disposition que des terres différemment combinées, et par conséquent d'une autre nature que celles dont on fait usage ici?

A cela je dirai que c'est pour tâcher d'éloigner du sein d'une fabrique les non-réussites que j'ai tant insisté et que j'insiste encore ici sur l'obligation de faire des analyses; c'est la seule marche qui puisse faire arriver au but désiré. J'ai donné, comme on a pu le voir d'après l'analyse, la composition d'une terre préparée pour la faïence blanche et brune. C'est toujours à cette composition qu'il en faut revenir, si l'on veut s'épargner bien des désagrémens. Je renvoie là-dessus à tout ce que j'ai dit jusqu'à présent relativement aux terres.

Composition de la faïence blanche de Paris.

Terre blanche ou marne calcaire de la barrière du Combat	12	part.
Terre verte de la même barrière	12	
Terre jaune de la barrière de Pic-Puce	10	

Terre d'Arcueil de la barrière
Fontainebleau   6

Autre composition.

Terre blanche	3	part
Terre verte	4	
Terre jaune de Pic-Puce	2	
Terre d'Arcueil	1	

Autre composition.

Terre blanche	4	part.
Terre verte	3	
Terre jaune de Pic-Puce	1	
Terre d'Arcueil	$\frac{1}{2}$	

Composition d'une terre pour la faïence brune.

Terre verte	4	part.
Terre jaune de Pic-Puce	2	
Terre d'Arcueil	1	

Autre composition.

Terre verte	3	part.
Terre jaune de Pic-Puce	2	
Terre d'Arcueil	1	

Autre composition.

Terre verte	5	part.
Terre jaune de Pic-Puce	3	
Terre d'Arcueil	2	

Voilà les compositions de terre qui peuvent

servir à la fabrication de la faïence de Paris ; mais je dois observer que, dans le nombre des manufacturiers qui font confectionner dans cette ville, il en existe qui ne composent pas tout-à-fait ainsi ; chacun a sa manière de préparation qu'il tient devers lui et qu'il croit la meilleure. Cependant les modifications qu'ils apportent sont bien légères et ne reposent que sur l'introduction d'une plus grande quantité d'une terre par rapport à l'autre; mais au fond toutes les compositions reviennent, à peu de chose près, au même quant aux parties constituantes, et la nuance est si peu sensible, qu'elle n'apporte pas de différence dans les résultats.

Une chose dont il faut bien se donner de garde, c'est de ne pas prendre toutes les terres blanches, vertes et jaunes pour des terres semblables à celles dont nous nous servons à Paris ; car si quelqu'un allait découvrir des terres qui, par leur couleur, ressemblassent à celles que je viens d'indiquer, que sur ce rapprochement il conçût l'idée de composer une terre d'après les proportions que nous avons indiquées, et qu'il crût pouvoir en faire de la faïence, je serais bien surpris s'il parvenait à ses desseins. On me demandera alors comment s'y prendre ? Je le répéterai, en faisant l'analyse de ces terres. Je vous ai donné ce moyen aussi clairement qu'il m'a été possible; voyez et comparez.

Lors donc qu'on aura rencontré les terres convenables à la faïence, qu'on s'en sera convaincu d'une manière incontestable par la voie de l'analyse, on en fera de gros amas, qu'on placera au milieu d'une grande cour et à l'air libre; la pluie, la gelée, le soleil et le mauvais temps ne feront que la bonnifier. Après en avoir fait ainsi des tas assez considérables, on se prépare à en faire les mélanges; pour y parvenir, il faut un *gâchoir* et des *fosses*.

Le gâchoir est un assemblage de fortes planches en chêne formant un carré long ayant 1 mètre 60 centimètres de côté, et une profondeur d'environ 1 mètre 30 centimètres. Cet assemblage de planches est élevé à 9 décimètres du sol. Il est soutenu sur quatre gros poteaux ou tronçons d'arbres qui sont enfoncés dans le sol à 32 centimètres. Les planches épaisses qui forment ce carré doivent être jointes ensemble à rainure et fortement chevillées, afin que les côtés et le fond puissent tenir l'eau sans la perdre.

A 20 centimètres du fond du gâchoir, on pratique un trou dans une des planches; à ce trou on adapte une *chantepleure* du diamètre de 12 millimètres; c'est par là que s'écoule la terre lorsqu'elle est bien gâchée et mélangée.

Les *fosses* sont des carrés longs aussi en planches et dans lesquels on fait arriver les terres au sortir du gâchoir pour en effectuer la dessiccation.

Pour faire ces fosses, on creuse une excavation en terre d'une profondeur de 1 mètre, 30 centimètres sur une largeur indéterminée, mais communément de 6 à 7 mètres et d'une largeur de 4 à 5. Lorsque l'excavation est terminée et que l'on s'est assuré d'un parfait niveau dans toute l'étendue de la fosse, on enfonce des pieux de bois d'un décimètre carré aux quatre coins de la fosse; on en met aussi de distance en distance sur les parois de la fosse, et l'on cloue fortement des planches en chêne sur ces pieux sans y laisser d'intervalle. Il faut avoir soin que la dernière planche du haut surpasse le sol de 8 centimètres. Il est aisé de voir que, si nous recommandons de garnir la fosse de planches, c'est afin de préserver la terre de toutes les ordures qui pourraient altérer sa pureté.

Après que les planches sont clouées sur les poteaux, on maçonne le fond de la fosse avec des briques mises de champ. Mais il ne faut point se servir de plâtre pour cette maçonnerie; l'argile bien délayée en *coulis* suffit pour cela.

Dans les manufactures où les travaux vont un peu en grand, on ne se contente pas d'avoir une fosse; on en fait trois ou quatre, et même jusqu'à six. Mais on fait en sorte de les rassem-

Lors donc qu'on aura rencontré les terres convenables à la faïence, qu'on s'en sera convaincu d'une manière incontestable par la voie de l'analyse, on en fera de gros amas, qu'on placera au milieu d'une grande cour et à l'air libre; la pluie, la gelée, le soleil et le mauvais temps ne feront que la bonnifier. Après en avoir fait ainsi des tas assez considérables, on se prépare à en faire les mélanges; pour y parvenir, il faut un *gâchoir* et des *fosses*.

Le gâchoir est un assemblage de fortes planches en chêne formant un carré long ayant 1 mètre 60 centimètres de côté, et une profondeur d'environ 1 mètre 30 centimètres. Cet assemblage de planches est élevé à 9 décimètres du sol. Il est soutenu sur quatre gros poteaux ou tronçons d'arbres qui sont enfoncés dans le sol à 32 centimètres. Les planches épaisses qui forment ce carré doivent être jointes ensemble à rainure et fortement chevillées, afin que les côtés et le fond puissent tenir l'eau sans la perdre.

A 20 centimètres du fond du gâchoir, on pratique un trou dans une des planches; à ce trou on adapte une *chantepleure* du diamètre de 12 millimètres; c'est par là que s'écoule la terre lorsqu'elle est bien gâchée et mélangée.

Les *fosses* sont des carrés longs aussi en planches et dans lesquels on fait arriver les terres au sortir du gâchoir pour en effectuer la dessiccation.

Pour faire ces fosses, on creuse une excavation en terre d'une profondeur de 1 mètre, 30 centimètres sur une largeur indéterminée, mais communément de 6 à 7 mètres et d'une largeur de 4 à 5. Lorsque l'excavation est terminée et que l'on s'est assuré d'un parfait niveau dans toute l'étendue de la fosse, on enfonce des pieux de bois d'un décimètre carré aux quatre coins de la fosse ; on en met aussi de distance en distance sur les parois de la fosse, et l'on cloue fortement des planches en chêne sur ces pieux sans y laisser d'intervalle. Il faut avoir soin que la dernière planche du haut surpasse le sol de 8 centimètres. Il est aisé de voir que, si nous recommandons de garnir la fosse de planches, c'est afin de préserver la terre de toutes les ordures qui pourraient altérer sa pureté.

Après que les planches sont clouées sur les poteaux, on maçonne le fond de la fosse avec des briques mises de champ. Mais il ne faut point se servir de plâtre pour cette maçonnerie; l'argile bien délayée en *coulis* suffit pour cela.

Dans les manufactures où les travaux vont un peu en grand, on ne se contente pas d'avoir une fosse ; on en fait trois ou quatre, et même jusqu'à six. Mais on fait en sorte de les rassembles proche du gâchoir, et presque se tenant, l'une à l'autre, et n'ayant qu'une petite voie pour pouvoir circuler à l'entour.

Aux quatre coins des fosses, on pratique un petit puits d'un diamètre de 32 centimètres sur une profondeur d'à peu près 48 centimètres. Ces puits sont creusés de manière à ce que du côté de la fosse il n'y ait que les parois des planches qui établissent la séparation. On fait des trous dans ces planches vis-à-vis les puits, comme pour y mettre un bouchon de liége; on les place en commençant par le haut et les descendant jusque vers à peu près 30 centimètres du fond. Ce puits sert à recevoir l'eau qui surnage la terre au bout de quelques jours qu'elle est déposée dans la fosse. Pour cela, on ôte le premier bouchon qui se trouve au niveau de la terre, et toute l'eau qui est par-dessus tombe dans le puits. On ôte cette eau avec un seau au fur et à mesure qu'elle remplit cette espèce de puits.

Le gâchoir, ainsi que les fosses, étant terminés, on se munit de râbles, qui sont de longues barres de bois en rond, semblables à ceux dont les bateliers se servent pour faire avancer leur barque; ils sont garnis par l'extrémité qui délaie la terre d'une espèce de petit treillage en fer, afin de mieux diviser les morceaux qui sont un peu volumineux.

Surtout, ce qu'il ne faut pas manquer d'avoir,

c'est une pompe contiguë au gâchoir et qui soit abondante en eau. C'est la plus grande incommodité que l'on puisse éprouver que de manquer d'eau dans une manufacture de faïence.

Toutes les dispositions étant bien prises, on se prépare à gâcher les terres. On commence par emplir le gâchoir d'eau jusqu'à moitié, ensuite on prend une mesure quelconque, soit une manne, une brouette ou une hotte : la dernière est préférable. On met des hottées de terre blanche, verte et jaune dans la proportion que j'ai indiquée en son lieu; on continue à introduire de la terre jusqu'à ce que l'eau vienne à 20 ou 24 centimètres des bords de l'intérieur du gâchoir; puis on laisse tremper le tout quelques heures, au bout desquelles deux ou trois ouvriers vigoureux et munis d'un râble, comme je l'ai dit, viennent remuer, tourner, lever, enfoncer cette terre dans tous les sens et la rendre comme de la bouillie claire; après quoi on tire la broche qui bouche la *chantepleure*, et on laisse couler dans le tamis à travers duquel la fine terre passe et se rend dans un grand baquet placé en dessous. A ce baquet est appliqué sur le ventre et dans le bas un tuyau en plomb qui va rendre la terre liquide dans un conduit en bois qui la décharge dans la fosse.

Lorsque la terre liquide est épuisée jusqu'au marc, on remet de nouvelle eau, et l'on recommence à gâcher, puis à tamiser; ensuite on introduit d'autres terres, et l'on fait la même opération jusqu'à ce que la fosse soit pleine. Arrivé là, on place le conduit de bois sur une autre fosse, que l'on emplit comme la précédente, ainsi de suite *.

Après qu'on a rempli sept à huit fois le gâchoir, il s'est fait dans le fond un amas assez considérable de gravier, de pyrites, de petits cailloux, dont il est bon de se débarrasser. En conséquence, un ouvrier gâcheur y descend, et là, avec une pelle, il ôte toute cette ordure et la pose à côté du gâchoir, où un autre ouvrier la prend et va la porter dans un coin où elle ne puisse gêner en rien le passage. Je dois recommander de la propreté dans tout ce qui est relatif à la terre. Les opérations préliminaires qu'on fait avec elle sont déjà assez sales pour ne point en augmenter la malpropreté faute de soins; d'ailleurs les terres destinées à la confection des pièces se ressentent toujours de la négligence que les ouvriers mettent à ne point se tenir proprement. Ces préceptes, quoiqu'ils puis-

---

* Je sais qu'il existe une autre manière de tremper ou gâcher les terres, c'est celle qui se pratique par le moyen d'un mécanisme. J'en ferai mention lorsque je traiterai dans un autre ouvrage, l'*Art de fabriquer les faïences dites terres de-pipe*.

sent paraître minutieux, ne sont pas les moins bons à suivre.

Je dois une explication au sujet du tamis concernant la largeur du tissu. Le tissu sera de crin ou de métal, cela dépendra de la volonté du fabricant, mais ce qui ne peut pas dépendre de sa volonté sans déroger aux principes ou aux bonnes manières de travailler, c'est de donner à son tamis un tissu large ou bien un tissu serré. Comme tous les manufacturiers ne suivent pas la même marche à cet égard, je dois tracer celle que je crois la meilleure, en l'appuyant sur des raisons qui pourront être goûtées ou rejetées par le lecteur judicieux et compétent.

Lorsque le tissu du tamis à passer la terre est large, je sais que l'on apporte par là de l'economie dans les manipulations ; d'abord on peut faire le diamètre de la chantepleure beaucoup plus grand, parce que le tamis saura toujours se débarrasser au fur et à mesure de la terre qui coulera dedans ; de cette conséquence il en découlera beaucoup d'autres : 1° le gâchoir sera plutôt vide et par là à même de recevoir d'autres terres brutes ; 2° la fosse se trouvera remplie en un espace de temps infiniment moindre ; 3° on pourra passer la terre en forme de bouillie plus épaisse, ce qui certainement n'est pas le moins avantageux sous le rapport très-essentiel de la dessiccation. Tout cela, à la vérité, a beaucoup d'importance; mais voyons maintenant ce que disent les manufacturiers amateurs d'un tissu serré.

Un tissu serré dans le tamis, disent-ils, donne une terre d'une grande finesse, d'une parfaite homogénéité, et avec laquelle on confectionne des pièces qui ont un fini et une délicatesse que n'ont pas celles faites avec une terre passée par un tamis à large tissu. De plus, on n'éprouve pas autant de gauchiment dans les ateliers, et surtout dans les fours, la terre, vu l'intimité de sa combinaison, ne se tourmente presque point: jamais on ne voit cet amas de petits points blancs à la surface des pièces après qu'elles ont été tournassées, ce qui décèle la présence du carbonate de chaux non délayé, présence dont le moindre inconvénient est d'apporter une infinité d'écaillages partiels qui dégradent les produits. Enfin le manufacturier, entiché d'un tamis serré, trouvera, quoi qu'on lui dise, des raisons pour faire prévaloir sa manière. Mais moi, qui me crois sans préjugés à cet égard, et dont le but, en mettant le faible fruit de mes recherches au grand jour de l'impression, est d'instruire le jeune manufacturier, celui enfin qui n'a point encore eu le temps de se faire une routine souvent mauvaise; et qui, une fois adoptée, ne peut plus être abandonnée aisément, je dois dire sans prévention ce que je pense relativement à la grosseur que doit avoir le tissu du tamis.

Un tamis avec un tissu trop large apporte certes des inconvéniens réels, et que le manufacturier que je viens de faire parler a signalés en partie. Sans doute il ne faut pas, pour que les opérations aillent plus vite, négliger la solidité et la beauté des produits, car de la préparation de la terre dépend tout le succès de la fabrication ; façon, cuisson, blanc d'émail, tout est perdu quand la matière première sur laquelle on a travaillé est de mauvaise qualité. Mais, d'un autre côté, il ne faut pas non plus, parce que mon tamis sera trop serré, que mes manipulations préliminaires se prolongent à l'infini ; il me faut autre chose que de l'eau dans mes fosses. J'ai besoin que la terre y entre aussi pour une grande partie ; sans cela, je ne recueillerais presque rien, et tel n'est pas mon but. Je fais de la faïence, et non de la porcelaine ; en conséquence, je n'ai pas besoin d'avoir une terre d'une aussi grande finesse.

Voilà comme je pense ; et, d'après cela, je recommande un tamis d'un tissu moyen, c'est-à-dire un tamis dans lequel coule la terre délayée dans l'eau, au point que cette dernière en soit saturée, et que l'écoulement ayant lieu par une chantepleure d'un diamètre de 12 millimètres, le tamis, suffisamment *dandiné* contre un poteau de bois ou les parrois du baquet, ne se remplisse jamais, et qu'au contraire il se vide au fur et à mesure que la terre y entre, sauf à ôter de temps en temps le marc qui bouche les mailles du tissu, comme cela se fait toujours.

Pendant le temps qu'on remplit une fosse, il faut avoir le soin de remuer souvent la terre liquide qu'elle contient; cela se fait avec une grande gaule, à l'extrémité de laquelle on ajoute un bout de planche. Cette opération a pour objet de mélanger parfaitement les terres, car on doit se figurer que celles qui sont plus pesantes, telles que les sables fins, par exemple, se rassemblent les premiers au fond de la fosse, et forment presque une couche séparée des terres qui sont naturellement plus légères. De là il résulterait que, si on ne remuait pas, comme je viens de le dire, de temps à autre la terre des fosses, on en aurait de plusieurs sortes et de différente densité, ce qui certainement amènerait de très-mauvais résultats: on peut les éviter en faisant agir la planche fixée au bout de la gaule dans tous les sens de la fosse, et en prenant la précaution de ramener au-dessus les parties qui sont dessous. Il faut que cette manipulation se fasse particulièrement aux endroits qui avoisinent le conduit par où s'écoule la terre en venant du baquet dans lequel le tamis la laisse tomber.

Il y a de certaines terres qui demandent un épluchage avant de les introduire dans le gâchoir. Ce sont celles qui contiennent de grosses pyrites ou des rognons de silex, quelquefois des pierres calcaires assez volumineuses. Il est bon d'extraire ces sortes de corps, puisqu'ils ne peuvent se délayer et qu'ils diminuent les proportions des parties en tenant la place d'un volume qui ne compte pour rien dans la masse.

Les terres qui sont en mottes, telles que les terres argileuses, brunes, grises et bleues, doivent se diviser par petits morceaux avant d'être mises dans le gâchoir : sans cette précaution, elles seraient les dernières à se délayer, et de là résulterait que le mélange manquerait d'être parfaitement intime ; car ces dernières portions étant les seules qui restent au fond du gâchoir, attendu que les autres terres marneuses se délayent avec facilité, comparativement aux terres argileuses, il arrive que, sur la fin de l'opération, il ne demeure plus qu'une seule espèce de terre. Il est vrai de dire qu'en *touillant* fréquemment le mélange dans les fosses, on obvie à cet inconvénient, mais on peut le prévenir en divisant les terres fortes et argileuses en menues parties.

Quant aux terres argileuses figulines qui entrent dans les faïences de Paris, on est dispensé de les diviser mécaniquement, lorsqu'au sortir des puits par lesquels on les retire du sein de la terre, on les expose au contact d'un soleil ardent. Dans cet état, l'humidité s'en échappe promptement; le retrait se faisant partout d'une manière inégale, la masse se fend sur tous les points, et au bout de quatre à cinq jours la terre tombe presque en poussière.

Lorsque toutes les fosses sont remplies, et qu'on a eu le soin de bien les remuer, afin que les mélanges soient parfaits autant que possible, on les abandonne à elles-mêmes, sans cependant les négliger; car quand on voit que l'eau surnage la terre, on ôte les bouchons des planches qui y correspondent, et on en remplit les petits puits, qu'on vide au même instant. Cela doit se faire jusqu'à ce que l'eau ne surnage plus la terre; alors on la laisse venir en consistance de bouillie très-épaisse.

Il faut que les fosses soient éloignées de tous tas d'ordures, des bâtimens, et surtout des murailles, qui, en se dégradant, pourraient projeter dans les terres des corps, tels que des petits morceaux de plâtre, de chaux, de cailloux, qui nuiraient essentiellement aux produits. Ces corps étrangers ne sont pas toujours visibles à l'œil de l'ouvrier qui relève la terre, ils demeurent donc dans la masse. Voici les inconvéniens qu'ils amènent:

Les corps étrangers qui se rencontrent dans

une terre à faïence diminuent en proportion qu'elle passe par plus de mains ; d'abord, celui qui les recueille de la fosse et qui les met dans les *renversoires* sous les hangars, en trouve et les jette; celui qui prépare les terres dans la cave avant de les porter aux tourneurs, en trouve encore et fait de même ; le tourneur, en macérant et broyant sa terre, avant d'en confectionner les pièces, fait disparaître avec soin tous les corps étrangers qu'il rencontre ; tout cela n'empêche pas qu'il n'en remarque encore en *ébauchant* et en *tournassant*, et qu'en définitif il en reste toujours dans l'intérieur des pièces.

Toute pièce quelconque de faïence dans la terre de laquelle il se trouve un corps étranger, (qui n'a pas besoin d'être fort gros pour cela), est une pièce perdue. Que ce soit du plâtre ou du carbonate de chaux, ou un petit caillou sujet à la décomposition, il n'importe; le vase en faïence ne réussira pas, ou sera d'une nature très-inférieure. Voici pourquoi:

Le plâtre et la chaux, étant renfermés dans les épaisseurs des pièces de faïence, reçoivent le coup de feu de calcination par la cuisson de cette dernière. Il s'est fait un dégagement des deux côtés, soit de l'eau du côté du plâtre, soit de l'acide carbonique dans la chaux, ou petit caillou carbonaté. Or on sait que le plâtre, après avoir été calciné, reprend peu à peu son eau de cristallisation, et que la chaux attire l'acide carbonique de l'air. Ces corps, en recevant le fluides dont nous parlons, augmentent de volume, et par conséquent occupent plus d'espace, ce qui fait crever la partie des pièces qui correspondent à ces corps, et de là des déchets inévitables. Ce ne serait encore qu'un demi-mal, si cet effet avait lieu en *biscuit;* mais ce dernier ne séjourne pas assez long-temps dans les ateliers pour donner naissance aux *boursouflures:* car, quoique cet effet soit certain, il faut encore un laps de temps assez long pour qu'il ait lieu. Conséquemment, les pièces de faïence qui en sont atteintes passent donc toujours en émail avant cette époque, et la perte est alors d'autant plus grande que toutes les manipulations ont été terminées. On voit par là de combien de précautions on doit s'entourer pour tout ce qui a rapport à la terre.

Comme il faudrait attendre trop long-temps si l'on prétendait laisser la terre dans les fosses jusqu'au moment de les déposer dans la cave, et que d'ailleurs les bords et le dessus seraient encroûtés, avant que le fond ne fût arrivé à un état de consistance suffisante, on a recours à des moyens fort simples et très-expéditifs. A cet effet, on élève non loin des fosses des hangars longs et étroits, recouverts en planches. Ces hangars sont ouverts par les côtés latéraux, et garnis de planches, de distance en distance, sur lesquelles on place les renversoirs remplis de terre molle.

Les renversoirs, dans quelques fabriques, sont de grands vases en plâtre, ayant la forme d'une énorme jatte creuse, du diamètre de 5o centimètres, et d'une épaisseur de 8 centimètres. Dans d'autres manufactures, et ce sont toujours celles où l'on fabrique de grandes pièces, on se sert de tous les vases plats qui se trouvent en déchet dans le *biscuit*. Cette dernière méthode me paraît préférable à la première, au point que j'aimerais mieux confectionner des renversoirs si le déchet ne m'en donnait pas assez, que d'avoir recours au plâtre. Car les vases-renversoirs faits avec cette substance, se détériorent à la longue, et il vient un moment où il s'en détache des parcelles qui nuisent et causent les désagrémens que j'ai signalés plus haut.

Quoi qu'il en soit, lorsque la terre d'une fosse paraît assez ferme on l'entame par un coin, et l'on prend la terre avec une palette de bois; on la met dans les renversoirs qu'on porte sur les rayons des hangars.

Avant de mettre la terre dans le renversoir, on a soin de saupoudrer le fond de ce dernier avec du sable bien fin, pour que la terre n'y adhère point. Il faut cependant être bien réservé sur cet article, et ne pas introduire une quantité trop forte de sable, de peur que cette substance venant à dominer, ne produise un mauvais effet, surtout dans la faïence blanche. Enfin, lorsqu'un des coins de la fosse est vide, un ouvrier y descend, et trois hommes s'occupent de ce travail. D'abord un ouvrier est employé à introduire la terre dans les renversoirs; il s'arrange de manière à en mettre le plus qu'il est possible: pour cela il lui donne la forme d'un cône très-élevé; un second ouvrier est occupé à préparer les renversoirs, à les saupoudrer de sable, à les prendre lorsqu'ils sont remplis, et les porter sur le bord de la fosse, tandis qu'un troisième vient sans cesse quérir ces renversoirs garnis de terre, et va les poser sur les planches ou rayons des hangars.

Lorsqu'on est sur la fin de l'enlèvement des terres d'une fosse, les premières portions qu'on a retirées commencent à sécher dans les renversoirs : de peur que les terres ne deviennent trop dures, un ouvrier les enlève, les met dans une brouette, et va les jeter dans la cave, par un soupirail qui donne sur la cour.

A l'égard de la dessiccation des terres, il y a des manufacturiers qui font construire de longues murailles non loin des fosses et exposées au midi. Il se servent pour cela de pierres calcaires spongieuses, ensuite ils les font enduire d'une couche de plâtre bien tamisé et de l'épaisseur de 40 centimètres ; au pied de ces murailles, et à 9 décimètres de leur base, ils font un carrelage en briques mises de champ et proprement maçonnées. C'est sur ces murailles que les ouvriers *plaquent* les terres au sortir des fosses ; elles n'y sont pas plus de 5 à 6 heures, qu'une multitude de ces espèces de pains de terre qui y ont été collés tombent sur le carrelage ; l'ouvrier les ramasse et les recole du côté qui n'a pas touché le mur : de cette manière, laquelle est beaucoup plus expéditive que la méthode des renversoirs, en peu de jours on peut se procurer une assez grande quantité de terre ; mais pour être fidèle au principe de propreté, je pense que ce moyen, malgré les avantages qu'il semble présenter et qu'il présente réellement du côté de la célérité et de la dessiccation, a néamoins quelque inconvénient. D'abord, les surfaces des murailles recouvertes en plâtre, qui sont souvent imbibées d'humidité, doivent se décomposer promptement ; des morceaux plus ou moins gros sont susceptibles de s'en détacher et de se mêler à la terre, quelques précautions d'ailleurs que l'on prenne pour prévenir cet accident.

Peut-être me mettra-t-on en avant qu'on a soin de réparer souvent ces murailles, et même de les reconstruire en entier, aussitôt qu'elles ont une certaine ancienneté; mais c'est encore une raison de plus pour conseiller de faire préférablement usage de renversoirs; car, que d'ordure les plâtres, les débris de décombres n'amènent-ils pas dans les momens de semblables constructions et reconstructions qui ont lieu aux environs des fosses? Encore un coup chacun peut suivre la-dessus la règle qu'il s'est tracée, ou qu'il voudra se tracer; je dis qu'il s'est tracée parce que je connais des manufacturiers qui ont adopté ce mode de dessiccation; mais tout semble cependant justifier la préférence qu'on doit accorder aux renversoirs.

Les terres qu'on ôtées des renversoirs est qu'on a fait glisser dans la cave par le soupirail, sont arrangées dans cette cave en gros tas, contre les murs qu'on a soin de bien nettoyer auparavant; on met tous les pains les uns sur les autres jusqu'à la voûte, en ne laissant dans cette enceinte qu'une petite ruelle et un espace d'un mètre à un mètre et demi carré, pour fournir un emplacement au marcheur de terre dont il sera question lorsque nous parlerons de la terre propre à être tournée.

Je ne dois pas terminer l'article des terres sans parler de la marche qu'il faut suivre pour en être toujours suffisamment fourni; car rien n'est pénible comme de manquer de terre préparée dans une manufacture de faïence.

La cour du manufacturier doit toujours être amplement garnie de terres brutes de toutes les espèces dont il a besoin : il se ressouviendra que j'ai dit, qu'étant exposées à l'air libre, les intempéries des saisons, au lieu de leur nuire, ne faisaient que les bonifier. En conséquence, il est donc de son intérêt d'en avoir toujours une grande quantité d'avance, et faire en sorte de ne donner à gâcher que des terres qui ont séjourné au moins une année au milieu de la cour.

On commence à remplir toutes les fosses dans le courant du mois d'avril et les premiers jours de mai. Si le temps se montre favorable, on le fait avant le mois d'avril, c'est-à-dire dans la dernière quinzaine de mars. Comme on remplit les fosses alternativement, les premières qui le sont commencent à avancer en dessication lorsqu'on travaille aux dernières. Souvent on lève une fosse tandis qu'on en charge une autre; et, lorsqu'on y met de l'activité et qu'on est secondé par un été sec, on peut compter qu'on est approvisionné pour tout l'hiver. Il n'est pas mal, dans les premières années d'un établissement, de faire de grands efforts afin de confectionner une plus grande quantité de terre que celle dont on a besoin pour passer la mauvaise saison, parce que, et il est bon de le dire en passant, plus une terre séjourne dans la cave, et plus elle acquiert de bonnes qualités : il se fait en elle, pendant le temps qu'elle a été déposée, une certaine fermentation qui lui communique des propriétés qu'elle n'avait pas avant de l'avoir subie.

La bonification de la terre se fait surtout remarquer par une souplesse extrême; elle se tourne, elle se lève sur la girelle du tourneur avec une grande facilité; de plus, cette terre se tourmente moins au coup de feu, c'est-à-dire que les pièces ne se gauchissent pas aussi communément, ce qui certes n'est pas à dédaigner.

D'ailleurs, il est non-seulement utile pour la bonne réussite et la correction des ouvrages, d'avoir dans ses caves de la terre d'une année d'avance, tandis que les fosses sont encore pleines, et qu'avec la belle saison elles en fournissent pour l'année qui doit venir; mais en outre il est très-important de ne pas être exposé, si la vente se fait bien et qu'il y ait lieu à augmenter la fabrication, de manquer de matière première. On ne peut d'un côté satisfaire aux demandes; on perd l'occasion d'augmenter les bénéfices, souvent même on est forcé de renvoyé des tourneurs, ou plus souvent ils vous quittent pour aller dans d'autres établissemens où ils trouveront de la terre à travailler. C'est donc pour éviter tous ces désagrémens qu'il faut avoir une quantité suffisante de fosses, quantité basée sur l'emploi et la consommation des terres qui se fait dans les ateliers. Cette question mérite d'être considérée par le fabricant avec une attention toute particulière. Je parle d'après ma propre expérience.

CHAPITRE V.

Des fours propres à cuire la faïence.

Les fours sont sans doute, après le choix des terres, ce qu'il y a de plus essentiel et en même temps de plus épineux dans la fabrication de la faïence, car on auroit beau posséder des terres, et les avoir d'une qualité excellente, si les fours sont réellement mauvais, s'ils ne sont pas construits d'après les principes reconnus les meilleurs, s'ils n'ont pas un tirage parfait, s'ils cuisent inégalement, on ne parviendra jamais à faire des produits tels qu'on les désire.

Il y a plusieurs manières de construire les fours : tantôt ils sont carrés, tantôt ils sont en forme d'ovale, d'autres fois ils sont ronds.

Dans ceux qui sont carrés il n'y a qu'un *allandier*, c'est-à-dire qu'un endroit par où on met le combustible (fig. 2, planche 1).

Dans ceux qui sont en forme d'ovale, je propose d'y faire deux *allandiers* qui se trouveront opposés l'un à l'autre (fig. 3), et dans les fours ronds, on pratique jusqu'à trois *allandiers* (fig. 4).

La question des fours et des diverses formes qu'ils doivent affecter pour donner les meilleurs résultats, est trop importante pour que je passe légèrement sur cet article. Si le mauvais choix des terres a causé la ruine de plus d'un établissement qui commençait, la mauvaise construction des fours a souvent empêché leur prospérité, en ne donnant que des réussites partielles; de telles fabriques ont long-temps végété, jusqu'à ce que des corrections dans la bâtisse des fours, ou une reconstruction totale sur de nouveaux plans, eussent enfin amené ce qu'on désirait.

Il n'y a pas plus de trente ou quarante ans qu'on faisait encore tous les fours à faïence d'une forme carrée avec un allandier; je connais même encore aujourd'hui des manufacturiers attachés aux vieilles routines, qui n'ont pas abandonné cette vicieuse méthode pour la construction des fours à faïence; il est vrai de dire que quelques-uns ne confectionnent que des faïences brunes, et qu'ayant besoin de cuire en échappade sur des tuiles, la forme carrée leur est plus avantageuse: mais enfin, pourquoi un seul allandier placé à l'extrémité du four vers la porte? pourquoi n'en pas mettre deux opposés dans leur direction? et pourquoi, surtout, ne pas tout-à-fait bannir la forme carrée? Je vais démontrer les inconvéniens d'un four carré, n'ayant qu'un allandier.

Le four carré a ordinairement jusqu'à 4 mètres

de longueur, et quelquefois davantage. La largeur est de deux mètres 60 à 80 centimètres; on voit donc, d'après ces proportions, qu'un tel four forme un carré long dans l'intérieur. L'aire de ce four, ou si l'on veut, le premier plancher sur lequel on pose les marchandises, est une voûte percée de 36 à 40 *carnaux* qui correspondent intérieurement dans une chambre à feu. C'est par ces carnaux que la flamme du combustible jeté dans la chambre à feu, qu'on nomme aussi enfer, pénètre dans le four pour cuire la faïence. La hauteur du four, à compter du premier plancher ou aire, pour arriver au milieu du centre de la voûte supérieure qui ferme le four, a quelquefois jusqu'à 5 mètres et 5 mètres et demi.

Une fois ces dimensions bien conçues, comment peut-on se figurer que la flamme qui ne sort que d'un seul endroit se trouvant en devant sur la longueur, puisse parcourir toute l'étendue de la voûte inférieure et y distribuer également la chaleur? Cela certes est difficile à concevoir, et encore plus à avoir lieu. J'ai vu marcher ces fours; mon intérêt m'a plusieurs fois forcé de rester auprès, pendant toute une cuisson qui dure 24 à 28 heures, et j'ai pu me convaincre par moi-même de combien de fatigue étoit accompagnée une semblable opération. Encore, s'il n'étoit question que d'introduire du bois dans l'allandier, et que la flamme, au sortir de celui-ci, pût parcourir tout le four en venant distribuer la chaleur partout également, on pourrait peut-être s'en tenir à une semblable construction; bien que le combustible ne soit pas employé avec toute l'économie possible; mais il y a autre chose de plus disgracieux : tantôt le devant du four cuit trop vite, tantôt c'est le derrière, une autre fois c'est le côté gauche, ou bien c'est le côté droit. En conséquence de toutes ces variations dans le coup de feu, il faut donc jeter du bois sous le four partout où il est nécessaire d'amener la flamme. Mais outre que l'ouvrier, dans cette manipulation, souffre considérablement de la grande chaleur qui vient de l'allandier et qui le suffoque (chaleur en pure perte pour le four), il arrive qu'en jetant du bois, celui-ci ne va pas toujours où l'on veut qu'il soit placé, et souvent il tombe sur le blanc d'émail qui est sous la voûte; cela cause toujours la révivification du plomb et de l'étain, et même les inconvéniens dont il sera question à l'article de *l'émail blanc*.

Les fours carrés présentent encore d'autres imperfections; c'est que dans l'intérieur du four, les angles absorbent une grande quantité de calorique au détriment du centre, sans cependant que ces angles soient sensiblement chauds puisqu'il arrive quelquefois, et je dirai même souvent, que les produits de l'intérieur se ressentent d'un petit coup de feu de trop, tandis que ceux des coins sont à peine cuits dans le bas, et cela parce que les angles sont des figures qui ne propagent pas le calorique, et qui, au lieu de le réfléchir, l'absorbent sans profit. Je ne crois pas que cette vérité puisse être contestée par aucun manufacturier. Aussi les fours carrés commencent-ils à disparaître peu à peu, et partout dans les nouvelles fabriques on a adopté des fours à forme ovale (ou au moins avec les coins coupés et arrondis) si ce sont des faïences brunes que l'on confectionne, et avec une forme tout-à-fait circulaire si ce sont des faïences blanches.

Je propose de plus, dans les fours longs et ovales pour les faïences brunes, d'y pratiquer deux allandiers; il y en aurait un par-devant, comme cela se fait toujours, et l'autre que je veux introduire serait placé à l'opposé de ce dernier, c'est-à-dire dans le derrière du four. Par ce moyen la flamme se trouvera divisée, les deux jets qui viendront des deux extrémités de la longueur du four sous la voûte, se réuniront dans le milieu, et là se trouvant en trop grand volume pour le passage des carnaux du milieu, il faudra bien nécessairement que les deux côtés en aient leur part; d'autant que l'absence des angles fera monter la flamme circulairement jusque dans le haut du four, ce qui ne peut manquer de donner une cuisson beaucoup plus régulière.

En effet, il ne peut échapper à la sagacité de personne qu'un four long doit cuire avec plus d'harmonie lorsque la flamme arrive par deux points pris aux endroits les plus éloignés du centre que lorsque la chaleur ne vient que de l'un de ces deux points. Il est constant que l'air entrant par les deux extrémités aura moins de violence et passera avec plus de régularité que lorsqu'il s'engouffre dans une seule issue. Qu'on ne s'y trompe point, c'est cette impétuosité avec laquelle l'air pénètre par l'allandier au travers du combustible qui cause toutes les avaries qu'éprouvent les cuissons dans des fours carrés construits à l'ancienne méthode; car, qu'on fasse bien attention, on se convaincra que l'état de l'atmosphère entre pour beaucoup et joue un grand rôle sur la manière dont le feu marche dans ces fours. Si l'air est chargé de vapeurs et qu'il soit pesant, à peine si le fond ou derrière du four devient rouge; on se fatigue en vain, on jette du bois dans l'extrémité la plus reculée, au risque de *griller* la marchandise, et souvent rien n'y fait : bien plus, quelquefois on monte sur la voûte supérieure, on lance des *feudons* de bois dans les carnaux afin d'y attirer la flamme, et ce n'est qu'après des travaux pénibles qu'on arrive, d'une manière incomplète, au but désiré.

D'un autre côté, si l'air est sec, léger, abondant, le devant du four ne conservera rien ou presque rien de la chaleur qui s'exhale du combustible; l'air, en entrant avec impétuosité par le seul allandier qui existe, se renouvellera trop souvent et emportera toute la flamme sur le derrière : pour cette fois cette partie du four sera trop chauffée, tandis que le devant ne le sera qu'à moitié. Le blanc et particulièrement le brun marqueront à peine quelques traces de fusion dans le haut des *gasettes*. Voilà donc encore ici le sixième ou le septième de la fournée à repasser dans une autre cuisson. Toutes ces irrégularités ne donnent point de bénéfice et ne conviennent nullement au fabricant.

Mais enfin on peut prévenir tous ces inconvéniens en donnant au four propre à la faïence brune, la forme d'un ovale allongé avec deux allandiers. C'est ce qui m'a engagé à en donner le plan. (Voyez planche Ire, figure 3e.)

Voici la description de la bâtisse de ce four, avec ses dimensions.

De la bâtisse du four à faïence brune et de ses dimensions.

On fait en terre une excavation de 2 mètres 26 centimètres de profondeur, sur une longueur de 5 mètres et une largeur de 3 mètres 90 centimètres en devant; derrière, sur la longueur, on continue l'excavation à la même profondeur, mais seulement sur une largeur de 1 mètre 80 centimètres. C'est ici la place des allandiers. A 1 mètres 26 centimètres de cette espèce de ruelle, on creuse un carré de 3 à 4 mètres, selon que l'emplacement le permet. Cette creusure s'appelle le *reposoir*, c'est-à-dire la place où les enfourneurs se retirent lorsqu'ils cuisent le four. C'est aussi dans cette cavité qu'on leur jette le bois pour être placé dans les allandiers AA.

Lorsque l'excavation est terminée, on se dispose à maçonner; on observe de donner à la longueur de l'ovale une étendue de 3 mètres 90 centimètres dans œuvre, et à la largeur une autre étendue de 2 mètres 70 centimètres aussi dans œuvre; la largeur du conduit des allandiers aura 9 décimètres 7 centimètres; et sa longueur 2 mètres 26 centimètres, toujours dans œuvre. Quant au reposoir pour les enfourneurs et à l'emplacement destiné à recevoir une petite quantité de bois, on lui donne, comme je l'ai dit, autant d'étendue que l'on peut. Sur l'une des faces de ce reposoir, on pratique un escalier pour y descendre.

L'épaisseur à donner aux murs du four est encore une question importante; il ne faut pas que l'économie des dépenses intervienne ici et rien : bien qu'un four dût coûter un peu moins avec des murs de 64 centimètres d'épaisseur qu'avec des murs de 80, cependant il est constant que le dernier comparé à la durée du premier revient certainement à meilleur compte. Nous ne saurions trop le répéter, la trop grande économie dans les dépenses de cette espèce, et surtout lorsqu'il s'agit de la construction d'un four à faïence, est souvent bien nuisible ; il ne faut donc rien épargner pour qu'il soit dans des proportions convenables.

D'ailleurs on sait que le feu dure long-temps dans la cuisson de la faïence, et que la chaleur a besoin d'être concentrée. Plus les murs seront épais et plus le calorique restera à l'intérieur, parce que la masse à traverser sera plus épaisse : c'est autant de combustible économisé qui viendra en compensation des dépenses faites pour construire le four plus solidement. L'on donnera donc aux murs du four à faïence une épaisseur de 80 centimètres.

1re *Question.* Doit-on les construire en briques cuites, ou doit-on les construire en briques molles tout simplement séchées, mais non passées au feu ? Cette question est facile à résoudre : certainement on doit bâtir les fours en briques sèches, toutes les fois que l'on aura le choix ; 1° parce qu'on peut donner à ces briques la forme qui convient, selon les endroits où elles doivent être placées ; 2° parce que rien n'empêche de composer la terre avec laquelle on les confectionnera de manière à ce qu'elles opposent une grande résistance à l'action du feu, soit en employant pour cela des terres éminemment réfractaires, soit en introduisant dans les mélanges une quantité donnée de bon ciment ; 3° parce que les briques sèches donnent beaucoup de facilité dans la bâtisse, particulièrement pour la voûte, en ce qu'il est possible à l'ouvrier de les tailler et de les couper lorsque les circonstances l'exigent, et surtout pour bien former les *carnaux*, ce qui est le plus difficile dans la construction d'un four.

2.me *Question*. Peut-on bâtir les gros murs en briques cuites et les voûtes en briques sèches ? Non, par la seule raison que les briques sèches doivent éprouver un retrait assez sensible dans la cuisson, et que ce retrait n'ayant pas lieu sur les briques cuites qui forment les murs du four ou l'encadrement, si je puis m'exprimer ainsi, il y a désunion dans l'ensemble. La voûte occupera un volume beaucoup plus petit (le retrait étant de 16 centimètres sur un mètre), et ne se trouvera plus appuyée sur tous les points ; tellement qu'au bout d'un certain temps, quelquefois bien court elle pourra s'écrouler et écraser quiconque sera dessous. (*Voyez* mon *Art de la porcelaine*, article *Fours*), où est exposé le fait d'un exemple semblable.

Il faut bâtir les fours entièrement en briques sèches ou entièrement en briques cuites. Celles dont on se sert ordinairement à Paris sont des briques de Bourgogne qui ont 32 à 34 centimètres de long sur 16 à 17 de large. Ces briques sont fort bonnes pour la construction des fours; elles ne valent cependant pas celles qu'on pourrait faire dans sa fabrique de faïence, avec la terre destinée aux *gasettes*.

3me *Question*. Peut-on se contenter de ne faire que la chemise du four en briques, et tout le reste de l'épaisseur de ce mur en moellons ou en grès? Bien que ce serait une très-grande économie de le faire ainsi, il vaut pourtant mieux employer de la brique dans toute l'épaisseur des murs, parce qu'une brique d'épaisseur ne suffit pas pour empêcher la calcination de la pierre, et qu'en supposant qu'on mît deux briques au lieu d'une, le mortier qui sert pour la maçonnerie ne forme pas une bonne liaison entre la brique et le moellon; en conséquence, il vaut mieux faire les murs tout en briques.

Ayant résolu les trois questions que je me suis faites relativement aux briques, et les ayant décidées pour le plus grand profit du manufacturier, nous allons commencer la bâtisse des fours.

On monte les fondations sur toutes les parties du plan tracé fig. 3. On arrondit, comme je l'ai recommandé, les quatre angles, de manière que l'ensemble représente une espèce d'ovale un peu aplati sur les deux côtés. On laisse un vide de 9 décimètres dans œuvre, pour les allandiers, comme je l'ai dit plus haut.

Lorsque les gros murs sont arrivés à la hauteur de 85 centimètres, on commence la voûte. C'est ici le travail le plus difficile et le plus minutieux de la bâtisse du four.

On dispose d'abord sur tous les massifs les briques en talus afin de former le cintre ; ensuite on pose de longues planches sur toute la longueur des deux côtés des murs à l'intérieur ; le maçon se place dans le milieu, et forme la voûte en mettant une rangée de briques tantôt à gauche tantôt à droite sur tous les massifs.

Il devra se trouver dans toute l'étendue de la voûte 48 carnaux, ou feux de 11 centimètres carré par où la flamme doit pénétrer dans le four. On en fera 8 sur la longueur, dont les premiers longeront les gros murs, et seront parallèles avec lui. La distance qu'il y aura entre des lignes passant par le milieu des 8 carnaux, et les divisant en deux parties parfaitement égales, sera de 56 centimètres 66 millimètres au centre du four, en partant d'un mur à l'autre mur sur la longueur.

Par le moyen de la division en sept distances de 56 centimètres 66 millimètres de la ligne horizontale tracée dans le centre du four, en allant d'un allandier à l'autre allandier, on voit que si le four était carré, les feux bordant les murs sur les quatre faces devraient être aussi à égale distance; mais comme nous coupons et arrondissons les angles, les règles de la géométrie nous prescrivent d'intervertir l'ordre des distances sur les points de ces angles supprimés; de sorte que les carnaux qui devraient se trouver dans chaque coin sont rapprochés du centre, en diminuant les distances tant sur la longueur que sur la largeur, mais seulement à la circonférence de l'espèce d'ovale dont ce four a la forme, et tout-à-fait sur les parties correspondantes aux angles.

Loin que ce rapprochement des feux puisse nuire en quelque chose, il ne peut qu'apporter d'heureux résultats en ce que la chaleur sera toujours un peu moindre dans ces endroits du four que dans le milieu. Par conséquent il n'est pas sans intérêt d'attirer la flamme par des carnaux qui soient plus près l'un de l'autre. Mais il est de rigueur et de la dernière urgence qu'à partir du second carnau, en comptant celui de l'angle supprimé dans les quatre parties du four, et sur la longueur, il y ait cinq distances de 56 centimètres 66 millimètres entre lesquelles se trouve un carnau ou feu de 11 centimètres carrés.

Il faut d'autant plus prendre garde à ces dimensions que comme nous devons cuire en *échappade*, c'est sur la longueur et la largeur des carnaux entre eux que nous formons celles des tuiles dont il sera question, et sur lesquelles sont posées les faïences brunes.

Ayant marqué les carnaux sur la longueur du four et ayant tracé une de leur distance sur une petite planche, on se sert de cette dernière tous les fois qu'on veut s'assurer si l'on est bien dans les proportions.

Sur la largeur du four, les carnaux ne seront pas aussi éloignés l'un de l'autre, et cela doit être par rapport à l'étendue des surfaces : en conséquence, il n'y en aura que six pris d'un mur à l'autre mur latéral, et la distance qu'il y aura entre eux vers le centre sera de 45 centimètres. Ceux des quatre points correspondants aux angles seront aussi plus rapprochés, par la même raison que celle expliquée plus haut pour les carnaux placés sur la longueur.

L'ouvrier tracera aussi une petite planche pour régulariser ces carnaux sur la largeur comme il l'a fait sur la longueur avec la différence que pour la longueur elle doit avoir 56 centimètres 66 millimètres, tandis que pour la largeur elle n'aura que 45 centimètres.

Tout étant bien disposé, on maçonne la voûte, comme je l'ai dit, en mettant tantôt un rang de brique à gauche et tantôt à droite jusqu'à ce qu'on soit arrivé au centre où l'on enchâsse forcément une clef qui ferme la voûte. Cette clef est une brique découpée par en bas et formant un cône plat.

Quant au cintre qu'on doit donner à la voûte, il varie entre 50 à 65 centimètres. Il est bon de dire en passant qu'on ne risque jamais rien de donner à la voûte un cintre un peu plus prononcé, elle en devient plus solide.

Le mortier qui doit servir à la liaison des briques est tout uniment de la terre réfractaire délayée dans un baquet avec de l'eau. Il en faut mettre le moins possible pour maçonner et surtout dans le bas de la brique, et prendre le soin qu'il ne se trouve pas dans ce coulis de petites pierres ni si petits *grumeaux* que ce soit.

Lorsque la voûte est toute cintrée et bien affermie, on la cale, c'est à-dire qu'on entasse avec un marteau des morceaux de briques et de tuile en forme de petits coins sur toutes les faces et les joints des briques par le haut. De cette manière, on resserre prodigieusement la voûte en lui donnant une grande solidité.

Tandis qu'un ouvrier et son aide sont occupés à la bâtisse de la voûte, plusieurs autres élèvent en même temps les gros murs, ayant soin de bien intercaler la voûte sur toutes ses parties. On élève aussi ceux du conduit des allandiers, ceux du reposoir pour les cuiseurs, de manière à ce que tout marche ensemble, pour que le degré de dessiccation soit à peu près égal partout.

A chaque côté des allandiers on monte deux gros jambages de force, afin de soutenir le four et de s'opposer à son écartement. On en fait de même aux grandes faces des murs extérieurs, d'abord une jambe de force à chaque extrémité et une dans le milieu.

Toutes ces jambes de force peuvent se construire en moellon ou avec du grès dur, et l'on continue la bâtisse des murs à 2 mètres 60 centimètres, mais dans une épaisseur beaucoup moindre, et en moellon si toutefois les briques sont rares et chères. Arrivé là, on pose sur les quatre murs une charpente de toiture en fer avec des lattes de même métal, et l'on couvre en tuile à claire-voie. Le haut de la toiture est soutenu et repose sur de fortes barres de fer qui se croisent en plusieurs sens à la hauteur des murs qui leur servent d'appui.

Je recommande de faire croiser au-dessus du four des barres de fer pour servir de soutien à celles qui touchent et supportent le faîte du toit, parce qu'il n'est pas rare de voir des fabriques où ces supports reposent souvent sur la voûte du four; mais cette méthode est vicieuse en ce que le poids ôte considérablement de sa solidité et la fait affaisser au bout d'un certain temps.

A la surface des murs en dedans du four on attache une grande quantité de gros crampons qui servent à poser des planches 8 à 10 heures après que le four est cuit, afin d'y mettre les faïences *en cru* que l'on destine pour la prochaine fournée ; là, elles acquièrent un degré de dessication qui les rend capables de souffrir assez bien le choc de la chaleur sans sauter en éclats.

Retournons maintenant sous la première voûte du four, c'est-à-dire dans la chambre à feu, et voyons ce que nous avons à y faire pour l'arranger convenablement.

Le four dont nous nous occupons ayant deux allandiers, nous ne pouvons pas, comme lorsqu'il n'en a qu'un, poser le blanc, ou plutôt la composition de l'émail, dans une extrémité du four qui est toujours le fond. Mais afin de le préserver du contact de la braise qui vient du bois, on fait une espèce de bassin garni d'un rebord positivement dans le milieu de la chambre à feu, en lui donnant une élévation de 90 centimètres sur une longueur de 1 mètre 94 centimètres ; et quant à la largeur elle comprend toute celle du four.

Afin qu'il y ait le moins de vide possible dans la chambre à feu, et pour que le calorique ne soit pas absorbé, on fait un massif sur les deux côtés de la largeur du four. Ce massif vient se terminer juste au conduit des allandiers, et à la hauteur du parapet, ou bassin sur lequel on doit mettre le blanc.

La distance qu'il doit y avoir entre le bassin et le cintre de la voûte du four est de 1 mètre.

Tous les massifs de la chambre à feu seront faits avec des pierres de grès très-dures, ou des briques extrêmement réfractaires maçonnées avec du mortier de terre à gasettes.

Le conduit des deux allandiers se prolongera jusqu'au parapet du milieu de la chambre à feu; c'est dans cette cavité qu'on jette le gros bois dans le commencement de la cuisson pour la faïence.

Le petit bois, c'est-à-dire le bois fendu par morceaux du diamètre de 40 à 50 millimètres plus ou moins, ne se jette point dans le bas de l'allandier, il est au contraire soutenu dans le haut par 5 arcadons dont le premier se trouve à l'embouchure de l'allandier, et le dernier à l'extrémité opposée, tout près des carnaux de devant, à l'entrée des parois de l'intérieur du four. Les trois autres arcadons se trouvent entre ceux dont je viens de parler; ils doivent être tous à égale distance les uns des autres.

Le devant des allandiers est garni d'une porte en tôle très-épaisse; cette porte roule sur des gonds fortement attachés dans le mur à gauche du premier arcadon; elle vient se fermer au côté opposé par une clavette, en sorte que quand on fait les longs feux, cette porte est toujours clause, et lorsqu'on met le petit bois, on l'ouvre dans les instans où l'on introduit ce dernier, de manière que l'air n'entre dans le foyer que par un vide qu'on laisse dans le milieu de la porte. Le feu alors marche avec une vigueur étonnante, et la flamme est chassée très-avant dans l'intérieur de la chambre à feu, ou enfer comme on l'appelle en terme de fabrique.

La description du four à faïence brune étant terminée, je dois revenir sur un article qui mérite quelques développemens; c'est la nécessité de faire plus de carnaux à la voûte supérieure qu'on n'en a faits à celle du bas. La théorie de cette question appartient à la physique; mais comme il est important de pratiquer l'art de la faïencerie, avec toutes les connaissances qu'il réclame, et de sortir enfin de la voie de la routine dans laquelle nous sommes encore malheureusement trop enracinés, nous donnerons aussi brièvement et aussi clairement que possible, l'explication de ce fait, en engageant les manufacturiers à recourir aux ouvrages élémentaires de physique pour de plus longs développemens sur tout ce qui a rapport au calorique et à l'écoulement des fluides aériformes.

Nous ferons d'abord observer que la colonne d'air atmosphérique qui passe avec la flamme par les carnaux de la voûte inférieure du four, a besoin de s'échapper sans cesse par des issues supérieures, pour faire place à une nouvelle masse de ce fluide. Cet air, en passant dans les allandiers, y a été dépouillé en grande partie de son oxigène, qui a servi d'aliment à la combustion ; en même temps il s'est raréfié d'une manière considérable et a augmenté de volume. Sans cette augmentation, résultat de la dilatation et de la formation de plusieurs fluides aériformes que nous détaillerons plus tard, je pense que la même quantité de carnaux en haut qu'en bas pourrait suffire, et je serais tenté de croire qu'il faudrait même les rétrécir à la voûte supérieure lorsque l'on a l'intention d'accumuler dans l'intérieur le calorique. Sans ce resserrement, en effet, l'air échauffé pourrait s'échapper de l'enceinte du four avec autant de vitesse qu'il y est entré, et la température intérieure continuellement refroidie par de nouveaux courans d'air froid ne s'éleveroit pas à beaucoup près autant qu'il seroit nécessaire. Mais il est loin d'en être ainsi, puisque l'air échauffé occupe un espace beaucoup plus grand qu'avant son introduction dans le four.

En outre, lorsque le four est rempli de faïence, il se trouve une masse considérable de corps qui se volatilisent par l'action du feu. Ces corps volatils sont d'abord la vapeur de l'eau contenue dans toutes les pièces et même dans le combustible qu'on brûle sur l'allandier, ensuite le gaz sulfureux des terres de gasettes qui sont faites avec des argiles dans lesquelles il se rencontre des pyrites sulfurées; d'autre part, c'est l'acide carbonique du carbonate de chaux mélangé avec les terres, et surtout le même acide produit par la combustion; enfin une petite quantité de matières végétales et même animales que l'eau tenait en dissolution dans les terres. Tous ces corps ont besoin de trouver des issues pour s'échapper du four. Il faut que ces issues soient plus grandes que celles qui ont donné entrée à l'air froid. Sans cette plus grande largeur des carnaux de la voûte supérieure, le tirant d'air serait trop lent, et la combustion serait tellement languissante, qu'après bien des efforts, à peine pourrait-on cuire les faïences renfermées dans le four.

Toutes simples que sont ces remarques, il a pourtant fallu bien du temps pour que nos pères arrivassent à une construction de four capable de leur donner de bons résultats. Ce n'est qu'à force de changer les manières qu'ils parvinrent à tomber à peu près juste. S'ils eussent été plus instruits des causes dont ils voyaient les effets, ils se seraient épargnés des tourmens et des travaux pénibles. Le premier de nos génies laborieux qui épuisa sa fortune et qui détruisit sa santé en s'exposant à un feu continuel et dévorant, fut l'immortel Bernard Palissy, qui cultiva l'art de fabriquer de la faïence avec ce goût dominant que l'on prendrait chez lui pour une passion effrénée. Aussi il ne faut que lire ses curieux et intéressans Mémoires pour sentir combien il est difficile de faire marcher un four à faïence, quelque petit qu'il soit, lorsqu'il est mal construit.

Ce n'est donc que peu à peu que les fours ont pris des formes plus régulières ; et dans toutes celles qu'ils ont alternativement subies, les voûtes ont toujours été les parties sur lesquelles on s'est le plus particulièrement attaché. Ce fut après mille expériences de toute espèce qu'on reconnut que les voûtes supérieures devaient offrir un échappement plus grand, comparé à l'entrée de l'air par la voûte inférieure. On adopta les modifications que la pratique enseigna, sans que jusqu'à présent (excepté cependant ceux qui sont versés dans les connaissances physiques et chimiques) les manufacturiers songeassent à chercher à quoi ils devaient attribuer la grande dimension des carnaux supérieurs qu'ils pratiquaient tous dans leurs fours. C'est d'après cette considération que j'ai cru devoir donner ici les raisons théoriques qui ont obligé d'en agir ainsi, parce que, je le répète, je veux qu'on sache, en travaillant, pourquoi on fait une chose de telle ou telle manière, plutôt que de telle autre, et qu'on puisse en rendre une raison positive. Je sais bien qu'en suivant cette marche, la seule qui convienne, il me reste beaucoup à dire ; toutefois je ferai en sorte de remplir la tâche que je me suis imposée.

Du four pour la faïence blanche et de ses dimensions.

Les fours pour cuire la faïence blanche ne doivent pas être de la même forme que ceux qui servent à cuire la faïence brune. Si j'ai donné à ces derniers fours une figure carrée avec les coins coupés et arrondis, c'est parce que je sais que dans la faïence brune on se trouve obligé de cuire en échappade, attendu que les gasettes ne présenteraient point au manufacturier un bénéfice réel. J'ai donc dû conserver la forme de ce four, en y adaptant les modifications que j'ai cru nécessaires, et les appuyant sur des raisons tirées des conséquences mêmes. Mais certainement si je n'avais eu égard à la cuisson en échappade, qu'il n'est pas impossible, mais au moins très-difficile d'adopter dans les fours ronds, j'aurais banni pour toujours les fours carrés, même à coins coupés, pour la faïence brune et blanche.

C'est donc dire en termes formels que les fours pour cuir la faïence blanche doivent être circulaires. Outre que cette forme est extrêmement avantageuse à la propagation des degrés de chaleur, elle donne la précieuse facilité de multiplier les allandiers et de mettre par là le chauffeur à même de distribuer à volonté, pour ainsi dire, le calorique dans toutes les parties où il est besoin qu'il se porte. Certainement aucun manufacturier instruit ne contestera cette vérité; au contraire, il conviendra de suite qu'il est infiniment plus facile de cuir la faïence dans un four rond auquel on adapte trois allandiers; qu'avec un four carré, et même ovale, où il n'y en a qu'un, et quelquefois deux. En effet, dans un four rond on voit la flamme, qui entre triangulairement dans l'intérieur, se distribuer partout d'une manière très-uniforme, au point que ce serait le comble de la maladresse, de la part du cuiseur, si sa fournée n'était pas également cuite partout; car le moyen de régulariser le feu est à sa disposition, et voici de quelle manière:

Lorsque la fournée est fort avancée et que le feu est en pleine activité, c'est-à-dire dans les momens où l'on met le bois fendu et qu'on appelle grands feux, ne peut-on pas conduire le four à volonté? Si l'on voit, par exemple, que l'un des côtés soit plus avancé que l'autre, parce qu'un allandier aura tiré quelquefois avec plus de vigueur, on est toujours le maître de rétablir le parfait équilibre en activant d'un côté et ralentissant de l'autre, de sorte qu'à la fin de la cuisson tout est égal. Cette marche ne peut se suivre dans la cuisson d'un four carré muni d'un seul allandier. Où trouver, en effet, le moyen d'alimenter convenablement le derrière d'un four sans risquer de griller le devant et le milieu, qui sont toujours ou presque toujours les parties vers lesquelles le combustible doit être placé?

Tant de raisons, la plupart d'un ordre supérieur, ont fait adopter dans les nouvelles manufactures, ainsi que dans les anciennes qui veulent se mettre au niveau des découvertes modernes, les fours ronds pour la faïence blanche. Les avantages réels qui résultent de cette forme de four la feront sans doute admettre par tous ceux qui voudront apporter de l'économie dans le combustible pour la cuisson de la faïence; car il est évidemment constaté aujourd'hui par des faits irrécusables qu'un four rond est susceptible d'élever la température beaucoup plus avec une quantité donnée de combustible que ne saurait le faire un four carré avec la même quantité de ce combustible.

Cette vérité incontestable ne peut manquer d'être vivement sentie par tous ceux qui feront attention que la multiplicité des angles dans les fours carrés doit absorber une grande quantité de calorique aux dépens des pièces de faïence. On ne peut révoquer en doute, et la physique d'ailleurs est en faveur de cette assertion, que la figure la plus propre à l'accumulation des degrés de calorique est sans contredit la figure sphérique. En effet, tous les rayons calorifères qui viennent frapper la partie concave d'une surface sphérique sont réfléchis, en prenant une direction parallèle à l'axe de la sphère ou en convergeant tous vers un même point, qui est le centre de cette même sphère; par conséquent le dôme d'un four rond représentant une partie de sphère, et cette partie de sphère étant souvent enduite d'un vernis brillant que la force du feu occasione, est dans les conditions nécessaires pour nous faire obtenir l'objet que nous cherchons, qui est d'arriver à une intensité de chaleur assez considérable avec le moins de combustible possible.

Grand partisan comme je le suis du calorique rayonnant, j'ai fait enduire tout mon four intérieurement d'une couche de verre cristallin fusible, composé d'une partie de minium, une partie de sable blanc et une demi-partie de potasse, dans l'intention de faire réfléchir le calorique dans toutes les parties du four qui peuvent se trouver en regard : j'ai obtenu de cette combinaison des résultats qui ne sont pas à dédaigner, puisque j'ai pu cuire une gasette plus haut contenant du blanc.

Jusqu'ici nous n'avons qu'une seule manière de bâtir les fours ronds pour la faïence blanche: c'est de leur donner des voûtes inférieures percées, comme celles des fours carrés, d'une grande quantité de trous ou carnaux par lesquels la flamme pénètre dans l'intérieur. Cependant il me semble (mais cette idée mérite et exige beaucoup de réflexion avant d'être adoptée) qu'on pourrait construire un four à faïence sans voûte par le bas, et qu'il serait susceptible de nous satisfaire sur deux points tellement importans, que je crois qu'il n'en est point de plus capitaux dans l'art de la faïencerie après le choix des terres: l'un est l'économie du combustible, l'autre une plus grande introduction de marchandises, parce que, dans mon hypothèse, on pourrait faire ces espèces de fours beaucoup plus haut.

Dans un four ainsi construit, le sol de l'intérieur un peu plus élevé servirait de premier plancher, et ce serait sur lui que devraient poser les gasettes qui serviraient de base à toutes les autres. Ce four aurait également trois allandiers : on pourrait même lui en donner quatre dans l'occasion ; cela dépendrait de la grandeur de son diamètre. En réfléchissant sérieusement à la manière dont le feu devrait marcher dans un four d'une semblable construction, on ne peut s'empêcher de se récrier sur l'étonnante différence de bois qu'il faudrait pour effectuer la cuisson de ce four, comparé à celui dans lequel il y a une voûte inférieure. Car on ne peut pas se dissimuler que cette voûte absorbe à elle seule presque la moitié de la chaleur produite par le combustible employé, et tout cela en pure perte; tandis que, dans les fours sans voûte, le calorique utilement dispersé dans cette masse considérable de gasettes se trouverait appliqué au sortir des allandiers sur les premières pièces qui se présenteraient naturellement. La flamme se fait jour entre elles par les intervalles qu'on a soin de laisser, et au bout de 4 à 5 heures de feu la chaleur rouge se fait déjà remarquer.

Tout ce qu'on aurait à craindre ici ce serait la fusion des gasettes qui sont placées vis-à-vis des allandiers. Je ne nie pas qu'un tel inconvénient pourrait quelquefois avoir lieu : cependant on peut y obvier en partie en conduisant le feu avec une extrême modération et prenant la précaution de laisser surtout dans le bas, et particulièrement dans le milieu du four, un intervalle à chaque gasette de 40 à 45 millimètres; et quant à celles qui se trouveraient sur le devant des allandiers, il faudrait que l'intervalle entre elles fût encore plus grand pour que la flamme pénétrât à l'instant même dans l'intérieur du four, et ne fût pas forcée de séjourner vers les embouchures des allandiers et d'y produire la fusion des premières gasettes, fusion qui serait alors presque inévitable.

Quant à la posssibilité de pouvoir faire ce

four beaucoup plus haut qu'un autre four auquel on pratique une voûte dans le bas, on la conçoit facilement; car la flamme ne devant pas faire un aussi long circuit pour arriver entre les gasettes, conserve donc, lorsqu'elle y est, toute sa force et son énergie. Conséquemment comme cette colonne d'air est très-forte, la flamme est chassée avec impétuosité vers le dôme du four et lui communique une chaleur qui le fait rougir en très-peu de temps, et presque aussitôt que le bas. C'est surtout à cette dernière conséquence qu'il faut s'arrêter; car une fois le haut d'un four arrivé à son point de cuisson, on est toujours certain que les parties inférieures de ce même four ont reçu le coup de feu nécessaire. L'essentiel dans les fours à voûtes, comme dans ceux qui n'en ont point, c'est que, lorsque le bas est arrivé à la température nécessaire à la cuisson des pièces, le haut ait atteint le même point. Ce précepte peut servir de règle générale.

Un four sans voûte dans le bas coûterait infiniment moins cher qu'un autre; son entretien serait presque nul, car ce sont toujours les voûtes qui périssent les premières, et de temps à autre ce sont toujours elles qu'il faut réparer. Cela est aisé à concevoir, puisque ce sont elles qui reçoivent toute la chaleur et l'action de la flamme qui est considérable. Ajoutez à cela qu'elles supportent le poids immense des gasettes et des marchandises, et vous aurez une idée de ce qu'une voûte doit souffrir dans les momens de la cuisson.

Le four que je propose ici est adopté pour la porcelaine dure; je n'en eus jamais d'autre pour la porcelaine tendre dans ma fabrique de Saint-Amand-les-Eaux, et mon intention est de m'en emparer pour la faïence blanche. Une des circonstances qui pourraient encore gêner dans l'adoption d'un four sans voûte pour la cuisson de la faïence, c'est l'impossibilité de pouvoir y introduire la composition du blanc qui est nécessaire pour une fournée en émail. Cependant quoiqu'on puisse faire à chaque allandier un petit bassin qui en contiendrait toujours une certaine quantité, il est au pouvoir du manufacturier de construire un fourneau à réverbère à voûte peu élevée pour y vitrifier son émail. Je sais bien qu'en faisant ainsi les choses, c'est du temps et du combustible d'employés, mais avec le secours des bassins des allandiers, quelque petits qu'ils soient d'ailleurs, il ne faudrait que de temps en temps cuire le blanc dans le four à réverbère; et en supposant qu'il le fallût souvent, la grande économie qu'on fait en combustible dans un four sans voûte peut bien faire supporter avec patience les frais de cette cuisson séparée du blanc d'émail.

D'après toutes ces données, qu'on peut considérer sous les différens rapports que j'ai indiqués, on fera un choix entre le four à voûte et celui qui ne doit point en avoir. Mais comme d'une part le four à voûte est pratiqué dans beaucoup de manufactures, que les fabricans s'en trouvent bien, et que de l'autre le four sans voûte est une innovation que nous proposons dans l'art que nous traitons, nous nous en tiendrons, quant à la description de la bâtisse, à celui qui a une voûte, en observant que la conduite dans la construction est la même pour tous les deux, excepté la voûte inférieure.

Les fours ronds à voûte sont plus ou moins grands; cela dépend de la quantité de marchandises qu'on veut y introduire. L'importance de la manufacture règle cela; c'est ainsi qu'on voit des fours qui ont depuis 2 mètres 60 centimètres jusqu'à 3 mètres 56 centimètres, et même plus, de diamètre avec trois allandiers.

Lorsqu'on veut apporter de l'économie dans la fabrication on ne doit pas se décider indifféremment pour un diamètre pris au hasard: comme il y a du désavantage à construire un four dans de petites proportions, il est urgent de n'en bâtir que de certaines dimensions. Par exemple, je suppose qu'on veuille donner à un four un diamètre de 2 mètres 50 centimètres, il vaudra infiniment mieux lui en donner un de trois mètres, parce que le bénéfice obtenu sera bien plus grand. En effet la quantité de produits que pourra contenir un four de 3 mètres, comparé à un autre four de deux mètres 50 centimètres, sera très-considérable; cependant on peut assurer que le four du diamètre de 3 mètres ne consume pas beaucoup plus de bois que celui de 2 mètres 50 centimètres. On a observé par des expériences bien faites que la différence entre les quantités de bois brûlé dans les deux fours allait à un 12e, tandis que la quantité de marchandises contenues dans le premier, est à peu près d'un 4e, ou au moins certainement d'un 5e en sus de ce que renferme le second.

Cette différence avantageuse en faveur du propriétaire d'un four d'une plus grande dimension, comparée avec un autre four d'une plus petite, est trop marquante pour ne pas décider toujours à construire les fours sur un grand diamètre. Néanmoins il y a des bornes auxquelles il faut s'arrêter; car si l'on suivait une échelle de progression arithmétique dans le calcul des quantités de bois à consommer et des marchandises à renfermer dans des fours de plus en plus grands, on arriverait insensiblement à un point où le coût de la cuisson diminuerait de moitié et au-delà, mais où les diamètres augmenteraient dans des proportions tellement grandes qu'il ne serait plus possible de pouvoir exécuter ces fours sans s'exposer à des malheurs que rien ne saurait compenser.

En effet, lorsque le diamètre d'un four à faïence surpasse 3 mètres 80 à 90 centimètres, les avantages qu'on croit obtenir s'évanouissent. Il faut beaucoup de peines pour cuire dans un pareil four, et les déchets qui résultent de sa grandeur forcent incontinent le manufacturier à avoir recours à des proportions plus petites. La raison pour laquelle on éprouve un déchet notable dans de trop grands fours se comprend facilement; car la chaleur devant monter à une hauteur prodigieuse, pour atteindre le sommet, ne peut le faire qu'étant toujours en contact avec les gasettes du bas. Or, comment est-il possible que des pièces exposées l'espace de 24 à 30 heures à l'action d'un feu aussi intense, puissent conserver leurs formes et ne pas devenir toutes *valandrées?* C'est ce qui arrive toujours dans les fours trop grands; on remarque que le bas est grillé tandis que le haut n'est pas cuit, surtout lorsque le feu a été un peu actif.

Ainsi, d'après toutes ces observations, nous donnerons à notre four, (fig. 4), 3 mètres 50 centimètres de diamètre, et une hauteur de 4 mètres 85 centimètres dans œuvre.

Pour construire le four rond à voûte, il faut faire aussi une excavation dans l'emplacement qu'il doit occuper. Cette excavation aura 2 mètres de profondeur, et quant au diamètre y compris l'épaisseur des murs de circonférence *a a a*, on lui donnera une longueur de 5 mètres 10 centimètres.

Sur le plan de l'excavation on tracera en même temps les 3 allandiers *b b b* dans une position triangulaire ; on leur donnera à partir de la circonférence de l'extérieur une longueur de 80 centimètres, et une largeur de 1 mètre 13 centimètres.

Lorsque l'excavation est terminée sur tous les points, on trace la circonférence intérieure et extérieure des murs. On marque la place des allandiers, et l'on commence à bâtir les fondations.

L'épaisseur des gros murs de circonférence sera de 80 centimètres. Cette épaisseur est obligatoire et se recommande pour les mêmes motifs que nous avons fait valoir en son lieu relativement aux murs du four carré à coins coupés. Quant à ceux des allandiers, ils n'auront que 65 centimètres d'épaisseur.

La bâtisse du four rond peut se faire aussi en briques sèches et en briques cuites : on donnera, comme nous l'avons dit, la préférence aux

briques sèches, quand cela sera à la disposi-
ion du fabricant.

Le coulis ou mortier avec lequel on fait la liaison des briques est de la terre réfractaire délayée dans un baquet avec de l'eau. Il doit être très-clair.

Avant de poser les premières briques de la circonférence du four, on plante un pieu de bois *c* parfaitement au centre. L'extrémité inférieure de ce pieu est garnie d'un tourillon qui s'emboîte dans une crapaudine en cuivre enchâssée dans une pierre; on attache au pieu une assez forte pièce de bois soutenue dans une position horizontale, à deux mètres de hauteur, par plusieurs autres pièces de bois attachées au pieu en forme d'arcs-boutans ; ensuite on applique perpendiculairement à la pièce de bois horizontale une planche *d* qui vient joindre les murs de circonférence dans tous les points. C'est par le moyen de cette planche qu'on régularise l'ouvrage; car à chaque brique que l'on pose on présente la planche, et l'on voit de suite s'il l'on n'entre pas dedans, ou si l'on ne sort pas du cercle.

On élève les trois allandiers en même temps qu'on forme le four. La largeur à donner à cette partie est fort difficile à prescrire ; ce doit toujours être la longueur des bois destinés pour le chauffage qui règle cette distance. On sait que chaque pays a une manière différente de couper les bois dans les forêts ; tous ceux par exemple qui sont envoyés à Paris ont un mètre 20 centimètres de longueur, alors les allandiers du four devront avoir ici 1 mètre 22 centimètres avec des *repaires* sur les côtés, afin que les morceaux ne tombent point dans le fond lorsqu'on brûle le bois en travers. Ainsi donc, on fera la largeur des allandiers sur la longueur des bois de chaque pays dans lequel on bâtira les fours, et si toutefois ils étaient petits, par exemple, comme de 70 à 80 centimètres, alors au lieu de trois allandiers on en ferait quatre ; et l'on irait jusqu'à six si le bois n'était que de 50 à 60 centimètres.

Toutes ces choses sont très-bonnes à observer, car si un manufacturier rigoureux sur l'exactitude à suivre les proportions, bâtissait un four à faïence dans un pays où la longueur du bois ne serait pas convenable aux ouvertures des allandiers que je donne ici, il est certain qu'il se trouverait dans un grand embarras. Peut-être n'eût-il jamais osé toucher aux proportions et encore moins concevoir l'idée d'augmenter le nombre des allandiers, dans la crainte que les innovations apportées à l'ensemble du four n'eussent tout dérangé ; c'est pour rassurer un fabricant si strictement amateur d'observer les dimensions données, que je crois devoir affirmer qu'un four rond avec trois, quatre et six allandiers, va toujours bien, en supposant qu'ils soient larges ou étroits. Cependant, lorsque ces derniers sont larges, il n'en faut que trois ou tout au plus quatre.

Cela posé, nous allons continuer la bâtisse du four dont il est ici question, sur trois allandiers, parce que les bois à brûler dans le pays où j'écris sont d'une grande dimension.

Lorsque les gros murs seront arrivés à la hauteur de 1 mètre, on formera les cintres des allandiers, qui devront être de l'épaisseur des gros murs. Dès que les cintres seront terminés, on disposera dans toute la circonférence les briques en talus, afin de former la première voûte. A cet effet on ôte la planche qui a servi de régulateur pour la circonférence de la chambre à feu; on ne laisse que le pieu de bois auquel on adapte une autre planche e qui forme le cintre du demi-diamètre du four; c'est cette planche d'une figure convexe qui règle la concavité de la voûte, car on ne pose pas une brique sans la présenter et la faire tourner dans toutes les parties du cercle, pour s'assurer que le tout est parfaitement juste.

La première voûte du four est garnie de 46 carnaux; les premiers sont à la circonférence; ils ont 11 centimètres carrés, et sont au nombre de 21 dans toute l'étendue de cette circonférence; ils sont éloignés l'un de l'autre de 50 centimètres, étant partagés tous dans leur milieu par parties égales. A 50 centimètres vers le centre à partir du mur de circonférence, se trouvent encore 15 carnaux toujours éloignés, comme je viens de le dire, de 50 centimètres; ensuite à 50 centimètres de ces derniers toujours en venant au centre, se trouve encore 9 carnaux à la même distance; enfin un seul carnaux termine le point central. Le reste de l'ouvrage se continue dans la voûte comme on l'a vu lorsqu'il a été question du four propre à la faïence brune.

Dans l'un des entre-deux des allandiers qu'on voit le plus favorable à l'entrée dans le four, on forme une porte de la largeur de 54 centimètres. Cette porte se prolonge en hauteur jusque dans la couronne supérieure du four.

Quand les gros murs sont montés à 4 mètres environ, on pratique trois visières de 12 centimètres carrés. Ces trois visières sont positivement correspondantes au milieu de chaque allandier : c'est par ces issues, qu'on appelle trous de montre, qu'on retire les essais pour s'assurer si la faïence est cuite.

Arrivé à une hauteur de 4 mètres 46 centimètres, le four est assez haut pour y construire la seconde voûte. On y procède de la même manière qu'on l'a fait pour la voûte inférieure;

excepté qu'au lieu de 46 carnaux, on en fait 60 pour la voûte supérieure, que celui du milieu a 24 centimètres de diamètre, et qu'il doit être rond pour qu'un grand jet de flamme puisse en sortir.

Lorsque la voûte est finie, on continue à bâtir sur les gros murs ce qu'on appelle le dôme; il se prolonge en diminuant insensiblement de largeur et forme la cheminée du four; on l'élève dans l'air à la hauteur qu'on désire, ou plutôt à une distance où la cheminée puisse dominer au-dessus de tout ce qui l'entoure.

Après avoir fait du côté de la bâtisse tout ce qu'il y avait à faire, on doit songer à garnir le four extérieurement d'une assez grande quantité de cerceaux et de barres de fer, afin de lui donner une solidité capable de résister à la violence du feu.

Pour arriver à cette fin, on pose verticalement six grosses barres de fer de 27 millimètres d'épaisseur sur 54 millimètres de largeur; ces barres de fer sont par la base enchâssées dans le sol, et viennent se terminer au-dessus de la partie supérieure de la voûte du four.

Outre cela, on pose trois cerceaux à clef de la largeur de 80 millimètres sur une épaisseur de 27 : ces cercles en fer recouvrent les barres verticales et viennent s'accrocher aux deux montans, aussi en fer, qui sont placés à chaque côté de la porte, où là une certaine partie de ces cercles peuvent s'ôter et se remettre à volonté pour la commodité de l'enfournement.

On ne se contente pas de faire placer des cerceaux dans diverses situations de la circonférence extérieure du four; on continue d'en poser sur le dôme et de distance en distance, jusqu'à l'extrémité de la cheminée, où certainement ils sont bien à propos.

Il est très-important de ne rien négliger pour s'assurer de la solidité d'un four; la dépense considérable qu'il faut faire pour l'élever doit nous faire craindre d'être obligé de le recommencer; cependant on risquerait de tomber dans cette nécessité, si l'on ne prenait pas toutes les précautions possibles pour l'éviter. Parmi celles qui sont en notre pouvoir et qui peuvent nous donner une plus grande sécurité, une des plus certaines est la garniture en fer autour du four. Aussi doit-on s'attacher à donner dans toutes les pièces l'épaisseur et la largeur convenables, car il arrive encore assez fréquemment que, même en ne négligeant rien, quelques cercles pètent et sautent avec un bruit épouvantable dans les momens de la cuisson. Alors on est réduit à chercher avec empressement tout ce qui se trouve propre à pouvoir appuyer le four jusqu'à ce qu'il soit cuit; mais quelque peine qu'on se donne, le four se ressentira toujours de cette chute. C'est pour éviter ces grands inconvéniens que j'ai donné de fortes dimensions pour les fers, qui doivent être appliqués aux différentes parties du four.

Partout où j'ai eu occasion de parler d'un surcroît de force qui pouvait assurer la solidité d'un four et le maintien des voûtes dans leur position primitive, c'est-à-dire bien assises sur les principaux points de leur circonférence répondant aux rayons du cercle, j'ai toujours, dis-je, fait en sorte de démontrer l'extrême nécessité où l'on était de ne rien négliger pour avoir la certitude qu'une voûte ne peut bouger ni se déformer. J'ai rapporté, dans mon *Art de fabriquer la Porcelaine*, des exemples terribles de chute de voûtes qui ont écrasé sous leur poids de malheureux ouvriers qui étaient sans doute bien éloignés de s'imaginer qu'ils pouvaient devenir les victimes de la négligence ou de l'avarice; car c'en serait une, et une bien coupable, si, pour épargner quelques misérables centaines de kilogrammes de fer, on allait exposer la vie d'hommes de peine qui, pour être ouvriers *machines*, ne sont pas et ne doivent pas être, aux yeux de tous les hommes de bien et sensés, la portion la moins honorable de la société et pour lesquels on doive manquer de sollicitude.

Je me suis cru obligé d'écrire ces lignes, quoiqu'elles soient peut-être un peu déplacées dans un ouvrage élémentaire de la nature de celui que je traite ; mais je dis tout ce que je pense, et au risque de sortir des règles sévères assignées pour chaque genre de littérature. Je me croirais trop heureux si, m'étant écarté un peu de mon sujet en interrompant le cours de mes descriptions industrielles, j'ai pu prévenir quelques malheurs, en m'appesantissant sur les causes qui les peuvent amener et sur les moyens de les éviter.

Revenons aux fours à faïence, et montrons la manière de les cuire pour la première fois après leur construction.

CHAPITRE VI.

De la recuisson des fours à faïence.

Quand on n'est pas trop pressé par le temps on laisse le four se sécher de lui-même. On commence d'abord par en faire la construction vers le mois d'avril; elle doit être terminée dans le courant de mai, et pendant toute la belle saison on a soin de laisser ouvertes les portes et les issues par où l'air peut circuler. Dans cet état, le four acquiert une dessication sinon parfaite, au moins très-avancée. Comme cette dessication n'a point été brusquée, puisqu'elle est le résultat de la température de l'atmosphère en été, le four n'a pu recevoir de choc, c'est-à-dire de contraste, qui puisse lui nuire en quoi que ce soit : aussi un tel four est-il d'un usage long et solide.

Cependant on ne se trouve pas toujours dans une position à pouvoir attendre que le four sèche de lui-même et naturellement; souvent, lorsqu'on bâtit un four de surcroît, c'est parce que les manipulations éprouvent des lenteurs; et c'est afin d'activer la besogne qu'on s'est mis en dépense, de sorte qu'on est pressé de jouir aussitôt que possible. D'autres fois ce sont des fours qui font partie d'une nouvelle fabrique que l'on élève, et dans ce cas surtout on n'aime pas à attendre : on veut savoir dans le plus bref délai à quoi s'en tenir sur le chapitre de la réussite ; on est impatient de voir les fours en activité. Enfin, dans l'un ou dans l'autre des deux cas, il faut avoir recours au desséchement artificiel, et nous possédons les moyens de le faire.

Le desséchement artificiel est une de ces opérations où il faut apporter extraordinairement de précaution si l'on ne veut pas perdre le fruit d'un grand travail tel que celui d'un four à faïence. Tout le succès dépend en effet uniquement de la prudence et de la lenteur avec lesquelles on a procédé d'abord. A cet effet, on commence par faire de très-petits feux dans le bas des allandiers ; on continue ces petits feux pendant 8 à 10 journées, au bout desquelles on augmente toujours petit à petit jusqu'à ce que la flamme pénètre un peu sous la voûte ; arrivé là, il faut continuer à faire du feu pendant 8 jours sans l'augmenter sensiblement, et sans trop hâter l'opération, dans la crainte de faire crevasser le four.

Au bout de 18 jours d'un feu continuel, mais ménagé et très-doux, on doit sentir, en passant la main par un trou qu'on a eu le soin de laisser à la porte, que la chaleur commence déjà à se faire remarquer au point que l'impression qu'elle fait éprouver à la main ne permet pas de la laisser long-temps dans le four. Lorsqu'on a acquis cette certitude, on pousse un peu plus vigoureusement le feu; on met assez de combustible pour permettre à la flamme de passer de temps en temps par les carnaux, mais modérément. Ce n'est qu'au bout de 24 et même 30 jours que la flamme peut constamment se montrer dans les carnaux de la voûte inférieure.

Lorsqu'on s'aperçoit qu'il n'y a plus à l'extérieur de fumée causée par la vapeur, qui continuellement s'échappe de la maçonnerie, que l'on sait que les gros murs sont sensiblement chauds, qu'on ne remarque aucune crevasse dans les allandiers, ni sur les parois extérieures du four, on redouble l'activité du feu, mais toujours graduellement jusqu'à ce que la chaleur marque dans le bas du four 100 degrés du pyromètre de Wedgwood.

Pour s'assurer des degrés, on place dans le four et positivement vis-à-vis de chaque allandiers, un pot que nous appelons *pot de montre*; c'est une petite tasse carrée avec une anse. On a soin de poser l'anse de cette tasse du côté de la porte, parce que c'est par un trou qu'on laisse au bas de celle-ci qu'on retire les pots de montre pour s'assurer des degrés. A cet effet, on a une longue barre de fer ronde avec un petit crochet en angle droit du côté où l'on prend les pots de montre. Les cylindres pyrométriques, si toutefois on en met dans les pots, se posent ici sur la voûte près des allandiers, parce que cette cuisson première n'a pour objet que de s'assurer de la recuisson du four ; car dans les fournées de faïence, on place les pots de montre à la dernière gasette de blanc, comme on le verra à l'article de la cuisson.

Après 48 heures d'un feu continuel, sans cependant dépasser l'intensité de 100 degrés du pyromètre de Wedgwood, on juge que le four est assez recuit. En conséquence, on l'abandonne à lui-même en bouchant la partie supérieure des allandiers avec une feuille de tôle très-épaisse, afin d'empêcher l'air d'entrer abondamment dans le four, ce qui le refroidirait trop vite.

Les carnaux de la voûte du four qui forme la couronne sont garnis de briques, pour que la chaleur demeure autant que possible dans l'intérieur. A cet effet, on place deux ou trois moitiés de briques sur les côtés de chaque carnaux, de sorte qu'elles forment deux espèces de petits murs ; ensuite on pose une brique entière qui se trouve assise sur ces deux petits murs, et figure assez bien un chapiteau plat.

La recuisson des fours carrés à coins coupés

pour la faïence brune se fait et se conduit de la même manière que celle des fours ronds pour la faïence blanche.

Jusqu'ici nous avons les deux choses les plus essentielles dans une manufacture de faïence, savoir, les bonnes terres et les fours les mieux conditionnés et les plus propres à amener des résultats satisfaisans. Certainement la privation de l'une ou de l'autre de ces deux choses suffit pour causer la ruine d'un établissement; mais il en est une surtout sur laquelle il faut être d'une rigidité extrême, c'est le choix des terres. La construction d'un four peut se modifier de cent manières; si l'on s'est trompé d'abord, on supprime ou on ajoute certaines parties, on fait des changemens qui à la fin font arriver au but; tandis qu'avec les terres il n'y a pas à transiger : il faut qu'elles soient parfaitement bonnes, ou elles soient tout-à-fait mauvaises. J'ai quelquefois vu tirer un assez bon parti des fours mal construits par la manière d'y administrer le feu, l'espèce de combustible qu'on y brûlait, le temps qu'on mettait à la cuisson; toutes ces précautions faisaient arriver tant bien que mal à ce qu'on se proposait; mais avec des terres mal choisies, je le répète, l'établissement est mort avant que de naître, et quoi qu'on fasse, on ne peut espérer voir prospérer une manufacture de faïence recouverte d'un émail blanc opaque, si les terres dont on se sert se trouvent d'une nature contraire à celle qui convient à ce genre d'industrie. Aussi j'ai fort recommandé en son lieu, et je recommande encore ici de bien étudier cette partie de la fabrication. Nous allons passer à l'article des combustibles.

CHAPITRE VII.

Des combustibles propres à la cuisson de la faïence.

Je ne sache pas que jusqu'à ce jour on ait cuit la faïence blanche et brune avec d'autres combustibles que des bois d'espèces différentes. Je suis loin cependant de prétendre que les charbons de terre, ou la tourbe carbonisée, ne puissent convenir à cet usage; mais dans ces derniers cas, il faudrait nécessairement adopter d'autres formes dans la construction de nos fours, et ce n'est que le temps qui peut amener ces sortes d'innovations. La rareté des bois, si l'on continue le défrichement plus que déraisonnable de nos forêts particulières si peu nombreuses, contribuera aussi pour beaucoup à cette amélioration. Je sais qu'en Angleterre toutes les faïences se cuisent avec le charbon de terre, qu'en Belgique même, j'ai vu pratiquer cette méthode; mais il faut faire une réflexion : ce ne sont point là des faïences comme celles dont il est ici question. Ce sont des faïences fines proprement dites, ou si l'on veut des faïences *terre de* *pipe*, recouvertes d'un verre cristallin et fusible, tandis que celle dont nous nous occupons est une faïence à terre plus ou moins rougeâtre enduite d'un émail blanc opaque, et la chose n'est pas du tout la même *.

Dans la faïence qui nous occupe, la fumée nuit considérablement aux produits en ce qu'elle s'attache à la superficie du blanc et même du brun, et peut revivifier les oxides métalliques dont ils sont en partie composés. Cet inconvénient ternit le brillant des émaux, et donne tant de déchet dans une fournée de marchandise, qu'il faut prendre toutes les précautions possibles pour tâcher de l'éviter. Ce n'est donc point le cas de se servir de houille ou de charbon terre, puisque ce combustible donne extraor-

* Le lecteur qui a pu parcourir mon *Art de fabriquer la porcelaine dure*, croit sans doute que je vais ici remplir l'engagement que j'ai pris dans une note de cet ouvrage, page 36, volume second, où je dis *que je reprendrai l'importante question de l'emploi des combustibles minéraux dans l'Art de la faïencerie*. Je crois devoir avertir que je tiens fermement à cette promesse, mais que les développemens dont ce sujet est susceptible ne seront donnés que dans l'*Art de fabriquer la faïence fine* proprement dite, ou ce qu'on appelle vicieusement faïence en terre de pipe, ou bien encore faïence anglaise, dans la description de l'art duquel ces développemens seront beaucoup mieux placés, d'après le plan que je me suis tracé. Cet art, qui prend au moment où j'écris une extension extraordinaire, suivra la publication de celui que je traite maintenant.

dinairement de fumée comparé au bois bien sec.

C'est donc du bois qu'il faut employer pour cuire cette espèce de faïence, et dans ces bois il y a encore un choix à faire. Quoique à la rigueur tous les combustibles puissent convenir pour cet objet, cependant il s'en trouve qui y sont plus propres l'un que l'autre; cela dépend généralement de la manière dont ils se combinent avec l'oxigène. On sait, par exemple, que nous avons deux classes bien distinctes de différens bois : la première est appelée la classe des bois durs ou gris; sont compris dans cette classe le chêne, le hêtre et le charme; la seconde est la classe des bois mous ou blancs, où l'on trouve le bouleau, le tremble, le peuplier, le saule, le marsault, les pins, les sapins, etc., etc.

Si le manufacturier pouvait faire un choix dans toutes ces espèces de bois, je lui conseillerais de prendre le hêtre pour commencer son feu, et de se servir du bouleau pour le terminer; voici pourquoi :

Le bois de hêtre en bûches et bien sec donne une flamme blanche, nette, brillante, et presque point de fumée. Cette flamme est vive et pénétrante; elle va partout disposer à la fusion sans produire aucune fuliginosité; et lorsque tout est arrivé à ce point, l'emploi du bouleau vient, par sa flamme douce et volumineuse, achever ce que le hêtre a commencé, c'est-à-dire que la fusion s'effectue dans l'ensemble du four avec beaucoup d'harmonie. Il est impossible alors, si toutefois le feu n'a pas été trop brusqué, que vous n'ayez pas une très-belle réussite.

Le bois de hêtre seul, pour commencer et finir la fournée, demande infiniment de précaution dans son emploi, surtout pendant la fin des grands feux; car, pour peu qu'on pousse avec vigueur, la flamme de ce bois étant très-mordante ne donne pas le temps aux émaux de se purifier; elle les fait entrer en fusion avant l'époque qui doit être marquée pour cela. La majeure partie des pièces est alors en rebut par un *bouillonnage* plus ou moins prononcé qui se manifeste à la superficie de chaque pièce. Le chêne et le charme peuvent amener les mêmes résultats par les mêmes causes.

Il n'est pas aussi dangereux de cuire avec le bois de bouleau seul, quoiqu'il fallût encore bien ménager le feu; mais la réunion de plusieurs bois, tels que le hêtre, le bouleau, le tremble, le saule, etc., fait un mélange excellent pour la cuisson de la faïence, parce qu'alors l'effet piquant de l'un est amorti par la douceur de l'autre.

Les bois de haute-futaie sont préférables pour la faïence; mais comme ces derniers sont toujours rares et fort chers, on se sert du bois de taillis âgé au moins de 20 ans.

On ne peut pas se servir des bois nouvellement abattus ou coupés ; il faut que la sève et l'humidité dont ils sont imprégnés soient dissipées en partie, parce que les corps volatils qui s'échappent des bois fraîchement abattus nuisent considérablement à la réussite de la faïence, en ce qu'ils contribuent aussi pour beaucoup à la révivification des oxides. J'appuie un peu fort sur le mot de révivification pour les oxides, parce que la plupart des non-succès dans l'émail blanc et la couleur brune de la faïence sont dus à cette révivification, sans que beaucoup de manufacturiers sachent quelles peuvent en être les causes. Nous nous étendrons à cet égard, en traitant de l'opération de l'oxidation du plomb et de l'étain pour la composition du blanc d'émail.

Il faut donc, comme je le disais tout à l'heure, que les différens bois qu'on se propose de mettre en œuvre soient séchés et fendus pour en obtenir un meilleur résultat. On commence par la dernière de ces deux opérations, c'est-à dire par le *fendage*. Lorsque les bois sont fendus convenablement, on les place sous des hangars bien couverts, mais ayant leurs deux côtés les plus longs ouverts aux courans d'air, afin de hâter la dessication de ce combustible.

Lorsqu'on fend les bois, on met à l'écart tous les morceaux un peu gros qui offrent des difficultés au fendage. Ce sont particulièrement les tronçons d'arbres ou d'arbustes qui approchent des racines ; ces morceaux de bois non fendus sont également mis sous le hangar, mais dans un endroit séparé ; ils sont très-utiles pour la cuisson, car on aurait beaucoup de mal à cuire un four seulement avec du petit bois. Quelque précaution qu'on pût prendre, il serait bien difficile, pour ne pas dire impossible, de ne pas *griller* le bas. Le gros bois non fendu obvie à cet inconvénient, parce que la flamme qui en sort est plus épaisse et moins vive. Pendant le temps que les bûches se consument pour faire place à d'autres, le four s'échauffe peu à peu, et ce n'est qu'après que le gros bois a produit l'effet qu'on en attend, qu'on emploie le petit bois ; celui-ci, par la multiplicité de sa flamme, termine ce que l'autre a commencé.

Les bois ne peuvent jamais être fendus trop fins pour cuire la faïence, surtout dans les derniers momens de la fournée : cette simple manipulation mécanique mérite une attention particulière de la part du manufacturier. Plus les bois seront réduits en menus morceaux, plus il donneront de chaleur, et par conséquent plus ils profiteront. Il ne faut pas s'embarrasser de ce qu'ils se consument avec une grande rapidité, le calorique qu'ils développent surpasse bien en rapport la quantité de bois consumée, ce qui est facile à comprendre. En effet, les bois ayant plus de surface, l'oxigène de l'air trouve un plus grand nombre de points par lesquels il peut se combiner avec les parties combustibles du bois : de là résulte un plus grand dégagement de flamme, qui est en même temps claire, nette, blanche, brillante et sans fumée, ce qui ne peut manquer d'amener les plus heureux résultats.

On voit pourtant quelquefois des fabricans qui, par un calcul mal entendu, préfèrent employer le bois un peu plus gros, dans l'intention d'éviter quelques frais de manipulation ; mais assurément ces manufacturiers sont dans une complète erreur. Ils ressemblent à ceux qui font de petits fours, en s'appuyant sur ce que les grands *mangent* trop de combustible, sans songer que la quantité de marchandise qui entre en plus donne en bénéfice le double du bois employé.

CHAPITRE VIII.

Des gasettes, des tuiles et des rondeaux.

Les gasettes ou étuis sont des espèces de vases cylindriques dans lesquels on place les pièces de faïence dans le four pour les garantir du contact de la flamme et des cendres qui partent des allandiers. Ces ustensiles sont faits avec une terre aussi réfractaire qu'il est possible de se la procurer. Dans cette terre on introduit une certaine quantité de ciment, afin de la rendre propre à pouvoir supporter alternativement le froid et le chaud sans se fracturer.

Les terres qui conviennent à la confection des gasettes se trouvent toutes dans la classe des argiles plastiques. A Paris, les fabricans de faïence ne s'en servent pas d'autres.

Dans le choix d'une terre à gasettes, il faut éloigner toutes celles qui font effervescence avec les acides; sans cette précaution on se trouverait indubitablement hors du chemin, car les gasettes entreraient en fusion par la force du feu avant que la faïence ne fût arrivée à son point de cuisson. Toutes les terres qui font effervescence avec les acides sont toutes éminemment des terres fusibles, et par conséquent des terres qui doivent être rejetées pour la confection des gasettes, quoique cependant elles puissent être très-bonnes à admettre comme parties constituantes dans les terres propres à la faïence.

La terre dont on se sert à Paris pour les gasettes se trouve dans les environs de cette capitale, à Vanvres, près de Vaugirard, à Gentilly, à la Glacière, etc. Elles sont tantôt bleues, tantôt marbrées de rouge, et quelquefois gris-noirâtre.

Ces terres sont extraites du sein de la terre par des puits, comme il a été dit au commencement de cet ouvrage.

Il faut donner la préférence à la terre rouge, quoique l'oxide de fer y domine davantage, et que par là elle soit un peu plus fusible; mais comme les pyrites de fer sulfuré sont plus rares dans cette dernière que dans la terre bleue, elle devient meilleure pour les gasettes, attendu que l'on évite en la choisissant les inconvéniens suivans :

Les terres bleues des environs de Paris recèlent presque toutes une grande quantité de pyrites de fer sulfurées, c'est-à-dire une combinaison de fer et de soufre. Ces pyrites demeurent en partie dans la masse, attendu que la terre n'est pas *gâchée* pour être employée aux gasettes, mais simplement coupée par morceaux, et ensuite trempée dans des tonneaux ou des baquets.

Si l'on employait les terres bleues, il pourrait arriver que la quantité de pyrites qui font partie constituante des gasettes se décomposassent aux premières impressions d'une chaleur un peu forte dans la cuisson. Cette décomposition donnerait lieu à un dégagement de gaz sulfureux qui détruirait toutes les parties alcalines combinées avec les émaux, et neutraliserait leur influence salutaire sur ces corps, influence qui consiste à leur apporter un grand brillant. Mais, au lieu de ce brillant qui flatte agréablement l'œil, on ne remarquerait qu'une teinte fausse, sèche et terne sur toutes les parties, et je dirai même sur toutes les pièces qui seraient en contact avec des gasettes faites de cette terre à pyrites sulfurées. On croirait peut-être, par le moyen de l'*engomage*, pouvoir éviter ce funeste inconvénient dans la faïence; mais on se verrait forcé de répéter plusieurs fois cet expédient avant de parvenir à la réussite parfaite des pièces qui seraient cuites dans de telles gasettes.

Il faut donc ne pas se servir du tout de terre pyriteuse pour la confection des gasettes, ou, si d'autres terres ne se présentent pas, et qu'alors on soit bien forcé d'en faire usage, il faut employer tous les moyens possibles, tels que la pulvérisation, le *tamisage* et les *lavages*, afin de se débarrasser des pyrites.

Lorsqu'on a découvert une bonne terre à gasette, on en fait un amas assez considérable, qu'on place dans le milieu de la cour de la fabrique. Lorsque cette terre est bien séchée, on en met sous les hangars une quantité suffisante pour les besoins journaliers des gasettes, parce que cette terre étant séchée se dissout beaucoup plus facilement dans l'eau que si elle était humide.

La terre ne suffit pas seule pour faire les gasettes, il faut qu'elle soit mélangée avec une certaine quantité en poids de ciment. Sans ce ciment, les gasettes ne vaudraient absolument rien, elles sauteraient en éclats aux premières impressions de la chaleur, et n'iraient, pour ainsi dire, qu'une fois au four en bon état ; car à la seconde fournée elles seraient déjà en deux et même en trois pièces. Cet effet aurait lieu parce que la terre employée sans ciment est trop serrée, que ses molécules sont dans un tel état de rapprochement qu'elles ne permettent point au calorique de les pénétrer et de les traverser avec facilité. D'un autre côté, pour peu qu'il reste encore de l'humidité dans la masse, elle se réduit en vapeur au premier coup de feu; cette vapeur cherche à se faire passage à travers les pores de la terre ; mais ceux-ci par leur rapprochement opposent de la résistance à sa sortie, jusqu'à ce qu'il vienne un moment où la résistance est surmontée par la force expansive de la vapeur d'eau, qui détermine la rupture, ou au moins la fente des gasettes, et l'on entend des détonations dans toutes les parties du four où il y a des gasettes neuves, ce qui cause un déchet considérable.

Le ciment largement employé dans les mélanges de terres qui doivent servir à faire des gasettes obvie à cet inconvénient : on conçoit facilement que par sa présence il éloigne les molécules de la terre, il la rend perméable au calorique, qui par cette disposition la traverse avec la plus grande facilité ; que cette porosité donne issue à l'humidité, qui s'échappe sans être contrariée dans sa marche. De cette manière les gasettes sont conservées intactes, elles arrivent à la couleur rouge de chaleur sans avoir éprouvé le moindre *picotement*. J'assure que de pareilles gasettes feront au manufacturier un usage qui lui *paiera* au centuple la dépense que le ciment lui aura pu occasioner.

Ce que je viens de dire ici je l'ai dit avec dessein. Il pourrait arriver qu'un fabricant croyant trouver dans l'emploi du ciment, une dépense inutile, voulût l'éloigner de sa composition de la terre à gasette en y substituant du sable ordinaire : il est bon, je pense, que je le prévienne qu'il s'expose à éprouver de grandes pertes résultant de ce faux calcul. D'abord toutes les gasettes sauteront en éclats dans les premières fournées, ensuite, comme on est obligé de se servir de ces pièces endommagées faute d'en avoir d'autres pour les remplacer, on fait en sorte de les raccommoder, en réunissant les morceaux séparés avec des cordes que l'on a recouvertes d'un espèce d'enduit fait avec de la terre et du *minium;* mais tout cet artifice est inutilement employé : le remède augmente le mal, attendu que les gasettes reliées souvent en 5 et 6 morceaux, se démembrent aussitôt que les cordes sont ôtées ou qu'un poids un peu considérable les surcharge. Alors les pièces des gasettes étant disjointes, la cendre entre de toutes parts dans les crevasses et occasione ce qu'on appelle des *soufflures*, qui ne sont autre chose qu'une grande quantité de poussière chassée par la force de la flamme qui vient des allandiers.

Il faut donc, dans la fabrication, ne pas s'abandonner à l'idée de certaines économies; au contraire on doit marcher d'un pas ferme et large dans la carrière des manipulations. Faire des gasettes sans ciment de peur d'augmenter les frais est une économie aussi mal entendue que celle de ne pas fendre le bois assez fin, et l'une et l'autre sont de grands abus. Certes il faut **une** bonne administration dans une fabrique de faïence: il est nécessaire qu'une sage économie règne dans toutes les parties qui forment l'ensemble, qu'elle veille à ce qu'on n'employe pas plus de bras qu'il n'est strictement nécessaire, mais cependant les travaux doivent marcher vivement et sans être entravés par une épargne mal entendue toujours nuisible, mais particulièrement en fabrication. Un manufacturier qui prodigue inutilement les frais de main-d'œuvre éloignera toujours la prospérité de son usine; celui qui s'abandonne à l'avarice, verra son établissement dépérir.

La manière de réduire le ciment est encore une question assez importante; les uns le veulent avoir en poudre fine, les autres en poudre grossière; et sans m'arrêter ici dans toutes les raisons du pour et du contre que chacun apporte (voyez mon *Art de la porcelaine dure*, article *des terres propres aux briques pour la construction du four à porcelaine*), je me contenterai de dire que le tamis dans lequel on doit passer le ciment aura les mailles écartées les unes des autres à une distance de 1 millimètre et demi. De cette manière on pourra espérer d'avoir un ciment convenable pour les gasettes.

On peut se procurer le ciment de quatre manières différentes : la première consiste à avoir une grosse pierre de grès dur, qu'on appelle *bordure*; elle a ordinairement 48 à 50 centimètres d'équarrissage, et 20 à 24 centimètres d'épaisseur; on place cette pierre sur une maçonnerie massive en briques ou en grès élevée à 40 centimètres du sol; ensuite on adapte un pourtour en bois, en y laissant un côté vide pour le *cimentier* ou batteur de ciment.

Le ciment se fait avec les débris de vieilles gasettes et de briques; quant aux gasettes, on met à part, dans un coin de l'atelier du four ou dans la grande cour de la fabrique, toutes celles qui tombent en rebut à chaque fournée; de là on les prend au fur et à mesure qu'on en a besoin pour faire du ciment. Quant aux briques, on employe celles qui viennent de démolitions partielles qu'on fait quelquefois dans le four pour le restaurer. Tout cela, à la vérité, convient fort bien à une fabrique déjà en activité, mais dans une nouvelle dans laquelle il n'y a encore rien eu de confectionné, on ne peut trouver ni vieilles gasettes ni briques. Dans ce cas on ramassera tous les morceaux de terre cuite, tels que vaiselles cassées, tuiles, briques communes, pots à beurre; tout cela est bon dans un commencement de fabrication. Mais dès que les manipulations marchent, l'établissement est amplement fourni de tessons de gasettes: il ne s'en accumule que trop, même en supposant que tout allât d'après de bons principes.

Le batteur de ciment jette de l'eau sur les morceaux de gasettes avant de les réduire en poudre; par ce moyen il évite le soulèvement de la poussière, qui est dangereuse à respirer, d'autant plus qu'il existe une *couverte* de plomb à l'intérieur des gasettes. Lorsque les tessons sont humectés il en pose une petite quantité sur la pierre, ensuite avec une *batte* dont il empoigne le manche dans les deux mains, il frappe à coups redoublés sur les morceaux de gasettes et les réduit en poudre.

La batte (fig. 5) est un instrument qui consiste en un morceau de bois rond d'un diamètre de 20 centimètres et de 12 centimètres d'épaisseur, muni d'un manche qui se trouve emboîté dans son épaisseur et qui a 40 à 45 centimètres de longueur. La face par laquelle on frappe sur les tessons de gasettes est garnie d'une grande quantité de clous à large tête pour faciliter la pulvérisation.

La seconde manière de réduire le ciment se fait par le moyen de gros pilons en bois, mus par le manége à cheval qui sert à broyer le blanc de faïence. Nous donnerons la description de cette machine lorsque nous parlerons du broiement.

La troisième est une roue pleine en pierre

fort dure, ou en fer de fonte; elle est percée par le centre d'un trou dans lequel vient s'emboîter une longue barre de fer qui, ayant traversé la roue, s'attache par son extrémité à une poutre ou arbre tournant de 20 centimètres d'équarrissage. Cet arbre tournant se trouve dans une position verticale; sa partie inférieure terminée par un tourillon repose dans une crapaudine en cuivre placée au centre d'une autre pierre dure également circulaire; celle-ci est fixée dans une position horizontale, et maçonnée sur un massif élevé à 1 mètre du sol; l'arbre tournant est encore maintenu perpendiculairement par sa partie supérieure à laquelle se trouve de même un tourillon qui s'emboîte dans une traverse en bois solidement arrêtée par les deux extrémités.

C'est en attachant un cheval vers le bout de la barre de fer qui passe par le centre de la pièce verticale que l'on fait mouvoir cette machine. La barre de fer fait l'office de levier; le cheval, en décrivant le cercle tracé, imprime à l'arbre tournant un mouvement de rotation, tandis que la pierre mobile décrit, en glissant autour de cet arbre, un cercle plus resserré que celui du cheval. On pose une quantité plus ou moins grande de tessons de gasettes sur la partie plane de la pierre immobile, tandis que la meule verticale qui a un mouvement circulaire, écrase dans sa marche tout ce qu'elle rencontre en passant et repassant jusqu'à ce que la poussière soit bien fine.

Il faut faire attention que la pierre immobile doit être garnie à sa circonférence d'un rebord qui s'élève de 8 ou 10 centimètres, afin que le ciment demeure sur cette pierre : sans cette précaution, à chaque tour que la meule mue par le cheval ferait, une assez grande portion de ciment tomberait à terre n'ayant rien qui pût l'arrêter.

L'ouvrier qui a soin de ce manége doit fréquemment remuer la matière qu'il fait écraser. C'est avec un outil en fer en forme de houlette (fig. 6) auquel on adapte un long manche de bois qu'il y parvient. En maniant cet outil, il fait en sorte de ramener par-dessus les morceaux qui sont en dessous, afin de les présenter tous au contact de la roue en action ; on rend par ce moyen l'opération beaucoup plus prompte.

Lorsque l'ouvrier s'aperçoit que les morceaux de gasettes sont suffisamment écrasés il arrête le cheval, s'empare subtilement de toute la matière qui se trouve sur la pierre, et la pose dans un coin de l'atelier : ensuite il remet d'autres morceaux de gasettes et fait marcher la meule. Pendant ce temps il passe par le tamis ce qu'il a retiré un moment auparavant. En conduisant la manipulation de cette manière on peut se procurer du ciment en grande quantité et en très-peu de jours. Les morceaux qui restent sur le tamis sont réintroduits sous la meule.

Le quatrième moyen par lequel on se fournit du ciment dans une fabrique est extrêmement simple et peu dispendieux, mais il n'est pas à la disposition de tous les établissemens : il ne peut être pratiqué que par ceux qui sont contigus à une chaussée fréquentée et dont le pavé est uni et bien entretenu. Cela étant, on transporte sur le pavé une grande masse de tessons de gasettes qui par le passage continuel des voitures publiques tant de roulages que de diligences sont bientôt réduits en poudre fine que l'on ramasse au fur et à mesure qu'elle se forme et qu'on tamise comme on le fait pour les autres manières.

On doit balayer le pavé avant d'y déposer les tessons de gasettes; ceux-ci doivent même être déjà en morceaux assez menus, sans cela il pourrait se rencontrer des angles et des coins aigus qui seraient dans le cas de blesser les pieds des chevaux, ce qui certes deviendrait assez grave pour que l'administration des ponts et chaussées empêchât la pratique d'une semblable coutume; mais, je le répète, en réduisant les gasettes en petits morceaux, aucun inconvénient de cette nature n'est à craindre.

Les manufactures donnant sur les chaussées

et voulant exécuter cette méthode économique de se procurer du ciment, doivent profiter de la belle saison et des temps secs pour le faire, car les temps pluvieux ne sont pas propres à ce travail, parce que cette matière pulvérisée forme une bouillie avec l'eau et prend une telle consistance en séchant, qu'il est fort difficile alors de la tamiser : c'est donc au manufacturier à prendre ses précautions pour se procurer autant de ciment durant l'été qu'il en a besoin pendant l'hiver.

Quand on veut confectionner des gasettes on met de l'eau dans un grand tonneau jusqu'à moitié ; on y introduit de la terre réduite en petits morceaux jusqu'à ce que l'eau ne la surnage plus que de l'épaisseur de quelques centimètres. On laisse tremper cette terre pendant une demi-journée, ensuite on en prend une quantité quelconque, on la dépose sur un carrelage de grandes pierres ou sur un carré de planches épaisses et bien jointes ayant 1 mètre 60 centimètres de côté. On met sur la quantité de terre déposée le tiers ou tout au moins le quart de ciment ; d'abord on a dû mettre un peu de ce dernier sur la pierre ou sur le plancher avant d'y déposer la terre, pour éviter qu'elle ne soit trop adhérente en dessous ; mais la petite quantité qui a servi à cela est en plus.

Les choses étant ainsi préparées le marcheur

de terre saupoudre celle qu'il va marcher avec environ la quatrième partie du ciment qu'il y destine; ensuite avec les pieds nus il marche en frappant rudement la terre: il commence sa marche par le bas, et va en spirale de la circonférence au centre en tournant toujours. Lorsqu'il est arrivé dans le milieu il cesse un instant de marcher et s'occupe de ramasser sa terre avec une pelle en bois ou en fer. Il en forme un tas conique et recommence à mettre du ciment en proportion d'un tiers de ce qui lui reste; il a soin de l'étendre autour de la terre autant que sur la terre même, ensuite il continue de marcher comme il l'a fait la première fois. La terre bien aplatie sur le plancher, le marcheur la relève encore une fois, et y remet la moitié du ciment qui lui reste, de sorte qu'il n'en a plus qu'une quantité qui équivaut au quart de ce qu'il avait en totalité. Enfin, lorsque la troisième marche est terminée et relevée, on achève l'opération avec le reste du ciment. Cette opération, comme on voit, est divisée en quatre marches.

La terre étant convenablement arrangée, on en fait des *balons* qu'on porte dans l'atelier de celui qui forme les gasettes.

Les outils nécessaires à la confection des gasettes sont *la table*, *le cadre*, *la règle*, *le tam-*

bour, *l'aiguille triangulaire*, *le répondant* et *la batte*.

La *table*, fig. 7, est un assemblage de grosses planches très-bien jointes à rainure, et présentant à la superficie une surface parfaitement plane. Cet assemblage doit avoir 1 mètre 90 centimètres de long sur 1 mètre 30 centimètres de large; il doit être appuyé sur quatre pieds en bois de chêne très-solide qui auront de hauteur 70 centimètres. C'est sur cette table qu'on pose le *cadre* ainsi que la terre qui doit être mise dedans. La solidité avec laquelle cette table doit être faite ne surprendra pas lorsqu'on saura que c'est sur elle que l'ouvrier marche pour entasser la terre dans le cadre.

Le *cadre*, fig. 8, se compose de quatre planches de bois assemblées par leurs extrémités, formant un carré long plus ou moins grand, selon que les gasettes doivent être plus ou moins hautes ou larges : cela dépend toujours du diamètre des pièces.

C'est l'épaisseur du cadre qui règle l'épaisseur des gasettes; cette épaisseur n'est pas uniforme dans toutes les fabriques : dans les unes on fait les gasettes épaisses, dans les autres on les fait fort minces, et l'une et l'autre des deux manières ne sont pas bonnes à être recommandées; cependant la première n'est pas aussi vicieuse que la seconde, parce que les gasettes ont beaucoup plus de résistance quand elles sont plus épaisses que lorsqu'elles le sont moins; mais, outre qu'il faut effectivement plus de terre et de ciment pour les confectionner, elles tiennent une grande place dans le four, ce qui ne fait point du tout l'affaire du fabricant; car l'économie du terrain dans le four est une de celles auxquelles le manufacturier doit apporter le plus d'attention.

D'un autre côté, quand les gasettes sont trop minces, celles du bas ne peuvent supporter aisément tout le poids de la colonne qui pèse sur elles; dans cette position elles souffrent tellement à la cuisson, que souvent elles se divisent en plusieurs morceaux dans le coup de feu, et amènent par conséquent des déchets considérables. On voit donc qu'il vaut encore mieux avoir des gasettes trop épaisses que d'en avoir de trop minces.

Cependant il faut s'arrêter dans un juste milieu, en conséquence l'on donnera au *cadre*, pour les assiettes et les petits plats, une épaisseur de 25 millimètres, et à celui des grands plats ronds et ovales, une autre épaisseur de 30 à 32 millimètres. Quant à la hauteur du *cadre* à gasettes elle varie peu; elle est en général de 35 à 40 centimètres.

La *règle*, fig. 9, se compose tout uniment d'un morceau de bois uni sur toutes les faces, ayant

70 centimètres de long, sur 8 centimètres de large, et 30 millimètres d'épaisseur. C'est avec cette règle qu'on racle et enlève l'excédant de la terre qui se trouve dépasser le cadre ; on doit faire marcher la règle plusieurs fois ; alors la croûte devient extrêmement unie. Cet outil est d'une nécessité absolue.

Le *tambour*, fig. 10, est un cylindre en bois dont la circonférence correspond, à 27 millimètres près, à toute l'étendue de la longueur du cadre ; c'est autour du cylindre ou tambour qu'on applique la croûte, c'est-à-dire la terre qu'on forme dans le cadre pour faire la gasette.

Pour se procurer un tambour on fait deux disques de bois du diamètre calculé sur la largeur de la gasette qu'on veut avoir. L'un de ces deux disques doit être troué à deux endroits près l'un de l'autre, pour y passer les doigts d'un côté et de l'autre le pouce. Sans cette attention il serait trop difficile de retirer le tambour, lorsque la gasette est soudée. Quand les ronds de bois sont faits, on cloue sur l'un et sur l'autre de petites planchettes fort minces, et l'on forme une espèce de tonneau cylindrique et parfaitement droit. Les planchettes étant bien jointes elles doivent être rendues très-unies par le rabot ou autre outil.

L'*aiguille triangulaire*, fig. 11, consiste en un morceau de fer ayant la forme, dans sa longueur, d'un triangle parfait; cet outil se termine quelquefois en pointe, et quelquefois il est tronqué par le milieu de son triangle. Il est pointu lorsqu'on veut percer la gasette d'outre en outre pour le placement des *pernettes*, mais il ne l'est pas lorsqu'on ne veut plus former dans la gasette que des cavités triangulaires. Nous nous étendrons davantage sur cet article lorsqu'il sera question du percement des gasettes. En attendant je dois dire que chacune des trois faces de cette aiguille a 25 millimètres dans sa plus grande largeur.

Le *répondant*, fig. 12, est un morceau de bois en chêne de 35 centimètres de longueur, de 16 centimètres de largeur et de 9 centimètres d'épaisseur. Cet outil a l'une de ses faces convexe, façonnée de manière à pouvoir se présenter juste dans l'intérieur de la gasette en la touchant de toutes parts. Au côté opposé à la face convexe se trouve un petit manche qui sert à tenir l'outil. C'est avec cet instrument qu'on rebat les gasettes lorsqu'elles sont à demi sèches; cela s'exécute avec une *batte*.

La *batte*, fig. 13, est un outil en bois. C'est tout uniment un morceau de grosse planche dans lequel on laisse un manche et une petite palette de 10 centimètres de long sur 8 centimètres de large. L'épaisseur du morceau de planche doit avoir au moins 50 millimètres.

Ayant le nombre et la forme des outils qui servent à la fabrication des gasettes nous allons en confectionner.

On commence par poser le cadre sur la table, on saupoudre avec du ciment toute l'étendue comprise dans le cadre. Ensuite on pose un *balon* de terre dans le milieu, l'ouvrier monte sur la table, et, avec le pied droit qu'il met nu, il marche et étend la terre sur toutes les parties du cadre. Lorsque cette dernière est bien aplatie, l'ouvrier descend de la table, et passe la règle sur le cadre en appuyant de toutes ses forces. Une certaine quantité de terre se trouve attachée à la règle; on l'ôte avec un couteau, et l'on repasse la règle derechef autant de fois jusqu'à ce que la terre dans le cadre soit parfaitement unie; ensuite on ôte le cadre en le faisant un peu vaciller, et l'on saupoudre la croûte qui est demeurée sur la table avec un peu de ciment fin, pour empêcher que l'intérieur de la gasette n'adhère pas au tambour. Cela fait, on prend ce dernier dans les deux mains, on le pose sur la croûte dans sa largeur et par l'extrémité qui se trouve à droite de l'ouvrier : celui-ci fait passer la main droite sous la croûte tandis qu'il a la gauche appuyée sur le tambour. En cet état il soulève la croûte avec adresse et lui fait faire un huitième de cercle sur la surface du tambour, puis le pousse subtilement de la droite à la gauche jusqu'à ce que les deux extrémités se réunissent.

Quoique cette réunion ne soit que partielle, cependant les deux extrémités se trouvent assez soudées par le contact de la terre et le poids du tambour pour ne pas se séparer; en conséquence, l'ouvrier prend dans les deux mains, qui sont aidées des avant-bras, la croûte qui enveloppe le tambour et la porte sur le carrelage de l'atelier, où il achève de souder la gasette.

Cette soudure n'est pas une chose indifférente dans la fabrication des gasettes ; au contraire c'est d'elle que dépend tout le succès de l'opération. Une gasette dont la soudure est mal faite est une pièce perdue; car il faut admettre que la presque totalité des gasettes, et même celles dont les soudures n'ont pas été négligées, périssent par cette partie de la circonférence. On ne peut donc apporter trop de soins à cette manipulation; pour y parvenir avec sûreté on commence lorsque la gasette est debout sur le carrelage et que le tambour est encore dedans, on commence, dis-je, par désunir les deux extrémités, et avec un couteau on racle sur l'un des côtés extérieur et intérieur de la croûte tout le ciment qui peut s'y rencontrer depuis le haut jusqu'en bas, puis on passe une éponge humide sur chacune de ces parties et l'on applique dessus un peu de *barbotine*, qui n'est rien autre chose que de la même terre à gasette délayée dans l'eau ; ensuite on rejoint les deux extrémités en comprimant la seconde sur la première avec la paume de la main droite, au même instant on voit la *barbotine* sortir de la jointure ; on la refoule avec les doigts le long de la soudure en pressant toujours, soit avec l'éponge, soit avec la main ; après cela on ôte le tambour par la partie supérieure et la gasette est moulée.

Avant de remettre le cadre sur la table, on jette du ciment sur la surface des bords intérieurs pour éviter que la terre qu'on met de nouveau dans le cadre ne s'y colle.

Lorsqu'on a moulé une certaine quantité de gasettes on les abandonne à elles-mêmes quelque temps, c'est-à-dire jusqu'au moment où elles paraissent à demi sèches et assez fermes pour pouvoir les changer de place sans les déformer.

Il ne faut pas que j'omette une circonstance importante relative à la confection des gasettes, c'est celle d'y appliquer un *talon* : ce *talon* est d'une extrême nécessité, quoique son usage ne soit pas pratiqué dans toutes les manufactures; je conseille fort de le faire parce qu'il rend la gasette beaucoup plus solide tout en faisant éviter l'inconvénient des cendres, celles-ci en effet ne manquant jamais de s'introduire par les fentes que le *colombin* laisse toujours lorsqu'il se contracte par la dessication. La manière de faire ce talon est encore assez difficile pour qu'elle mérite quelque attention, parce qu'il y a ici une soudure à faire qui n'est bonne qu'autant qu'on a mis du soin à l'exécuter ; c'est pourquoi il faut y mettre de l'adresse. D'abord, aussitôt que le tambour est retiré du milieu de la gasette, on prendra un morceau de terre propre à pouvoir fournir un colombin assez long pour faire le tour de la circonférence intérieure de la gasette; ce colombin doit avoir un diamètre de 30 millimètres environ ; ensuite, l'ayant roulé sur la table on le prend par les deux extrémités et on l'introduit dans le fond de la gasette où l'on fait en sorte de le coller sur le bord par le moyen de l'eau, de l'éponge et de la barbotine. On aplatit le colombin dans le milieu afin qu'il n'occupe pas autant d'épaisseur, et que la surface circulaire soit plus étendue et présente au rondeau une grande facilité à le recevoir.

Lorsque les gasettes sont arrivées à un point de siccité qui permette de les changer de place sans les déformer et de pouvoir se soutenir les unes sur les autres sans que le poids les affaise, on se dispose à les finir. A cet effet on a une petite table ronde (fig. 14) d'un diamètre de 32 centimètres; cette table est appuyée par le centre sur un pivot qui tourne à volonté. On pose la gasette sur cette table dont l'élévation du sol n'est plus que de 36 centimètres. L'ouvrier prend d'une main le *répondant* et de l'autre la *batte* ; il introduit le premier dans l'intérieur de la gasette, le pose contre les parois, tandis qu'avec la batte qu'il tient de la main droite il frappe assez rudement, mais avec modération, sur toutes les parties et dans toutes les directions ou le répondant se présente en circulant dans l'intérieur de la gasette. Ce à quoi l'ouvrier doit prendre le plus d'attention dans l'exécution de ce travail, c'est de ne point frapper sur la gasette à *faux-coups*, c'est-à-dire sans que le répondant ne soit positivement dans la direction de la batte et qu'il n'en supporte tout le choc ; car, sans cette précaution, la résistance n'ayant lieu que de la part de la gasette, l'endroit qui reçoit les *faux coups* est tellement endommagé que souvent les gasettes se cassent avant d'aller au four.

Lorsque la gasette est bien *rebattue* on la mesure sur une longueur fixe afin de voir si elle n'est pas trop haute, ce qui arrive souvent ; dans ce cas on marque l'excédant et on le coupe avec un couteau ; ensuite on trace sur le bord extérieur de la gasette trois lignes qui marquent les points auxquels il faut présenter la *planchette* pour percer la gasette. Cette planchette n'est autre chose qu'une espèce de latte assez arge et sur laquelle se trouvent des trous en forme de triangles, disposés à des distances égales, marquant les endroits de la gasette qui doivent être troués pour y passer les *pernettes*. On présente cette planchette en long sur le corps de la gasette et avec la pointe de l'aiguille triangulaire on marque les trous sur les trois côtés. Ensuite on pousse l'aiguille triangulaire à chaque point marqué, ayant soin de mettre le sommet de l'angle ou plutôt l'un des coins toujours en haut dans tous les trous. (Fig. 14, planche première.)

Cette dernière observation ne doit pas passer légèrement sur l'esprit de l'ouvrier, car il doit s'imaginer que les trous n'étant faits que pour y placer des pernettes et que ces pernettes ayant une figure triangulaire, il a nécessairement fallu que des raisons puisées dans l'expérience forçassent les manufacturiers d'en agir ainsi. Voyons ces raisons, car, dans un traité élémentaire, il faut tout dire et tout expliquer jusqu'à satiété même.

Comme la majeure partie du service de table doit se cuire dans les gasettes, où les pièces sont soutenues par des pernettes, il était urgent de faire en sorte que les endroits du bord de la pièce auxquels les pernettes touchent dans le coup de feu fussent apparens le moins possible. Pour arriver à ce but, il fallait donc que le support destiné à soutenir la pièce eût pour cela un tranchant fort aigu, afin de laisser la plus légère impression sur le blanc. La figure triangulaire remplit très-bien cet objet, attendu que le plat et l'assiette sont toujours placés, par la disposition des trous, sur des pernettes qui affectent, comme je l'ai dit, la forme d'un triangle continu et qui se termine en pointe.

On a deux moyens de faire les pernettes : le premier consiste à prendre un petit colombin de terre, à le frapper sur trois sens pour qu'il ait trois faces ; cela se fait sur une table ou sur un rondeau de plâtre ; on lui donne toujours, en frappant tantôt d'un côté et tantôt de l'autre, à peu près la forme qu'affecte l'aiguille triangulaire avec laquelle on fait les trous destinés à recevoir lesdites pernettes. Ce sont ordinairement les enfans qui font ces petits matériaux dans les manufactures. Ils sont très-adroits et très-prompts à les confectionner. Il y a des petits garçons qui font jusqu'à douze et même quinze cents pernettes par jour.

L'autre moyen, dont on pourrait faire usage pour se procurer des pernettes, serait d'employer un moule en plâtre, ayant un côté à jour, par où l'on introduirait le morceau de terre et par où on l'en retirait. Ce côté comprendrait une face, depuis une extrémité de la pernette jusqu'à l'autre ; il faudrait aussi pour que la terre n'adhérât pas au moule au point de ne pouvoir obtenir une pernette entière, conserver toujours ce moule dans un état de parfaite humidité, et pour que cela ait lieu, on laisse le moule incessamment à l'eau dans les momens où l'on ne travaille point.

On vient donc de voir la manière de se procurer les gasettes et les pernettes. Quant aux premières il existe encore plusieurs procédés au moyen desquels on peut les obtenir : 1° par le tour, 2° par la presse.

Les gasettes que l'on confectionne sur le tour ont un avantage que les gasettes moulées n'ont pas, c'est celui d'être privées de soudure, et comme la soudure ainsi que je l'ai dit, est presque toujours l'endroit par où la gasette périt, on conçoit aisément qu'une gasette qui n'en a pas, doit être plus solide qu'une autre dans laquelle il s'en trouve. D'après cela, il semblerait donc que l'on dût toujours fabriquer les gasettes sur le tour plutôt qu'autrement, et cette question ne serait pas un sujet à discussion, s'il était aussi facile de faire les unes que les autres. Mais il n'en est pas ainsi, car il faut un très-bon tourneur pour confectionner une gasette sur le tour: beaucoup croient à la première vue le pouvoir faire, mais peu y réussissent. Le défaut le plus commun qui se fait remarquer dans les gasettes qui ne sont pas bien tournées, c'est

7*

d'avoir souvent dans le bas une épaisseur beaucoup plus prononcée que dans le haut, et ce n'est qu'après beaucoup d'exercice qu'on peut parvenir à les faire d'une forme régulière, tandis qu'une gasette moulée comme on l'a indiqué plus haut, est un travail qui se trouve à la portée d'un ouvrier qui n'a pas besoin pour le faire d'avoir des années d'apprentissage : pourvu qu'il réunisse quelque adresse avec un peu d'intelligence il se trouvera bientôt au fait de cette besogne, à laquelle il faut donner plus de soins qu'elle n'exige de talent.

D'un autre côté, chaque gasette pour être tournée demande un rondeau en plâtre. Ce rondeau devant être d'un certain diamètre et d'une assez forte épaisseur, le fabricant est obligé de faire encore là une dépense en plus. Cette dépense à la vérité n'est pas considérable, mais toute dépense, quelque petite qu'elle soit, n'en est pas moins une, et partant elle doit entrer en ligne de compte. D'ailleurs les rondeaux en plâtre, quoiqu'ils ne coûtent pas grand chose, ne laissent pas cependant que de faire à la longue, une dépense réelle : la facilité avec laquelle ils rompent en les changeant de place ou en s'en servant dans les ateliers, fait qu'il faut souvent en renouveller, et voilà surtout comment l'on s'aperçoit qu'ils deviennent coûteux.

Il y a peu de manufactures dans lesquelles

on se serve de gasettes tournées, et je pense que je ne serais pas dans l'erreur si j'attribuais la préférence qu'on donne aux gasettes moulées à la difficulté qu'on rencontre à pouvoir s'en procurer d'autres, et en même temps à l'observation qu'on a pu faire, qu'elles revenaient à un prix plus élevé. Malgré cela, si quelques manufacturiers, séduits par la supériorité que les gasettes tournées devraient avoir, selon eux, sur les gasettes moulées, surtout pour la cuisson, voulaient en faire confectionner sur le tour, voici la manière de procéder à cette exécution.

Le tourneur prend un rondeau en plâtre d'une grandeur calculée sur celle que doit avoir la gasette; il pose le rondeau sur la *girelle* ou tête du tour, il le fixe fortement au moyen d'un colombin en terre molle. Lorsque le rondeau est bien adhérent et qu'il ne peut plus vaciller, on le mouille, et on colle dessus une quantité de terre capable de fournir toute la matière propre à une gasette. Le tourneur arrange cette terre en tournant légèrement le tour, jusqu'à ce que l'espèce de *pâté* qu'il forme en frappant vivement de la main, soit terminé. Alors il donne à la roue de son tour, un mouvement beaucoup plus rapide; au même instant il appuie avec force le pouce de la main droite et celui de la gauche dans le milieu de la *balle*, il y creuse une cavité qu'il élargit au fur et à mesure que le tour augmente de vitesse. La largeur de la gasette étant marquée par un morceau de baleine, comme on le verra dans l'article de l'ébauchage des pièces, le tourneur fait en sorte d'avancer le bord extérieur de la gasette jusqu'à cette marque; arrivé là, et ayant eu soin de laisser dans le bas, et positivement sur le rondeau, la quantité de terre suffisante pour former le *talon*, il élève la gasette jusqu'à la hauteur convenable marquée aussi par un morceau de baleine.

La plus grande attention que le tourneur doit prendre pour bien tourner la gasette, c'est de faire en sorte que l'épaisseur de la pièce soit partout uniforme; pour arriver à cette perfection, l'ouvrier doit se servir d'un outil qu'on nomme *estèque* et dont nous parlerons en son lieu; il prend cet outil de la main droite tandis qu'il introduit la main gauche dans l'intérieur de la gasette, et pressant adroitement l'estèque contre la main, il parvient à monter la terre non-seulement à la hauteur qu'il désire, mais en même temps à lui donner l'épaisseur que réclame la pièce.

Comme il est presque impossible que le bord supérieur soit parfaitement égal, le tourneur obvie à cet inconvénient en le recoupant avec l'*aiguille*, qui est une pointe de fer implantée dans un petit manche de bois.

La gasette rendue à sa hauteur, ainsi qu'à sa largeur, est terminée en passant l'éponge sur toutes les parties ; ensuite, on détache le rondeau de dessus la tête du tour par le moyen d'une lame de couteau que l'on enfonce dans la terre qui le soutient ; on porte ce rondeau muni de la gasette dans un atelier dont la température ne doit jamais être moindre que de 10 à 15 degrés de chaleur.

Une raison assez importante et qui devrait inviter le manufacturier à ne faire usage que de gasettes moulées, c'est que l'introduction du ciment, qui fait une question fort délicate dans la confection des gasettes, ne peut pas être semblable dans l'une comme dans l'autre manières : premièrement, dans les gasettes tournées, la terre qui les constitue devant posséder la faculté de pouvoir s'élever par le maniement de la main à une certaine hauteur sur le tour, ne permet pas que la terre soit aussi courte, c'est-à-dire qu'elle doit être à la fois malléable et tenace autant que les circonstances l'exigent. Or, pour rendre une terre très-facile, au point qu'elle puisse s'élever en cylindre à la hauteur de 36 à 40 centimètres, et avec cela ne lui laisser qu'une faible épaisseur, il n'est guère possible d'introduire dans cette terre une grande quantité de ciment, ni seulement permettre qu'il soit d'une certaine grosseur. Eh bien, alors qu'arrive-t-il?

Il arrive ce que nous avons prévu en parlant des terres à gasettes dans lesquelles on ne mettait pas assez de ciment ou même dans lesquelles on en introduisait, mais qui n'était pas convenable sous le rapport de la finesse. (Voyez page 139.)

Il n'est donc pas difficile de comprendre pourquoi une gasette moulée, quoique ayant une soudure sur la longueur, peut être d'un très-long usage dans le service habituel du four : la raison et la cause s'en trouvent tout-à-fait dans ce que, pouvant combiner avec la terre qui sert à les confectionner une plus grande dose de ciment qui peut en même temps être pulvérisé assez grossièrement, ces circonstances contribuent tellement à la bonté des gasettes que sans elles il faut presque renoncer à l'espoir d'en avoir jamais, je ne dirai pas de bonnes, mais de vraiment passables. Par conséquent, il est donc urgent de choisir les méthodes de fabrication qui peuvent permettre en quantité suffisante l'introduction de ce corps qui, selon moi, n'a pas encore été assez étudié jusqu'ici, relativement aux poteries en général.

On verra aisément que je suis partisan des gasettes moulées : cela est vrai, et je ne m'en défends pas, je préfère des gasettes moulées à celles qui sont tournées ; j'appuie mon choix sur des exemples qui ne peuvent être révoqués en doute. Je sais bien que ceux qui ne font usage que de gasettes tournées avanceront aussi des raisons pour tenter de faire prévaloir leur manière, et dans le nombre de celles qu'ils mettront en avant, je suis certain d'y voir figurer la difficulté d'ajouter convenablement le talon; mais cette difficulté n'en sera plus une lorsqu'on voudra prendre un peu plus d'attention à la manière de le souder; on se convaincra que la perfection de cette partie de la gasette réside tout entière dans la parfaite liaison du colombin, liaison qui ne peut avoir lieu sans la précaution de bien identifier entre elles les pièces rapportées, ce qui peut se faire aisément avec un peu de soin, et une éponge, comme je l'ai déjà dit en son lieu, mais sur l'article duquel je reviens, parce que la confection des gasettes est une question très-importante dans l'art de la faïencerie. A la première vue on ne s'aperçoit presque pas de cette importance, parce que son objet est toujours considéré comme secondaire; cependant, une fois qu'il règne de l'activité dans un établissement nouveau, on ne tarde point à voir combien on doit apporter de soins dans cette branche de la fabrication, souvent trop négligée pour que je passe légèrement sur cet article.

Je n'ai pourtant pas la vaine prétention de vouloir que ma manière soit la seule bonne et unique : certainement la plupart des manufacturiers, qui depuis long-temps peuvent faire usage de gasettes tournées, ne quitteront probablement point leur méthode de laquelle ils sont satisfaits, pour en prendre une nouvelle, malgré l'avantage qu'elle pourrait présenter, mais qui leur laisserait l'expérience à acquérir; cependant on ne peut que les y inviter : les habitudes particulières dans les arts sont souvent cause qu'ils demeurent stationnaires. On devrait faire en sorte de travailler tous sur les mêmes principes généraux, ce qui certainement amènerait de la régularité dans l'exécution des ouvrages, et ferait faire de très-grands pas à l'industrie manufacturière.

J'aurais bien à décrire encore une troisième manière de faire des gasettes pour la cuisson de la faïence; c'est celle de les obtenir par le moyen de la presse. Mais je ne sache pas que jusqu'ici on ait pratiqué cette méthode en grand. Je ne dis pas pourtant que cette invention ne soit pas d'un très-grand intérêt; je sais qu'elle est due à l'un de ces hommes ingénieux qui honorent à la fois la patrie qui les a vus naître et les arts industriels qu'on y cultive; mais j'ai examiné avec soin cette presse à gasette, et je doute fort qu'à moins d'y faire des changemens notables qui puissent faciliter l'exécution et la mettre à la portée de nos ouvriers *de peine*, on puisse retirer de cet instrument tout l'avantage qu'on s'en promet ; du moins tel est mon sentiment, c'est-à-dire l'opinion que je me forme en regardant cette machine à l'auteur de laquelle je rends un hommage sincère et digne de lui, hommage d'autant moins suspect de partialité que je n'ai l'honneur ni de le connaître ni d'être connu de lui. Cette circonstance d'ailleurs n'influerait en rien, j'ose le dire, sur ma décision, car pour juger des services que les instrumens nouveaux peuvent rendre à notre industrie nationale et particulièrement à la branche dont je m'occupe ici, je n'examine jamais que l'intérêt et les progrès de l'art, en écartant avec soin tout autre considération, ce qui certes ne m'a pas toujours porté bonheur ; mais qu'à cela ne tienne, je ne dévierai pas pour cela de mes principes qui ont toujours été vérité et justice.

Je dirai donc, relativement à la presse à gasette, qu'il me semble qu'une terre convenablement arrangée pour faire obtenir des produits satisfaisans serait peu propre à être traitée par la presse, qui doit exiger, selon mon avis, des mélanges gras et compactes. Des mélanges gras et compactes ne comporteront pas une grande quantité de ciment, et l'on sait, d'après tout ce que j'ai dit à ce sujet, que le ciment dans une terre à gasette n'est pas une chose de peu d'importance et sur laquelle il faille passer légèrement. Bien au contraire, je pense que de toutes les manières qui se présenteront pour la confection des gasettes il faudra toujours nécessairement choisir celles qui permettra d'introduire une plus grande quantité de ciment; je puis affirmer sans crainte d'être démenti qu'on n'aura pas lieu de s'en repentir.

Un autre défaut encore qui se fait sentir dans la fabrication des gasettes par le moyen de la presse, c'est la nécessité où l'on se trouve d'y rattacher après coup le *talon*, comme dans la méthode des gasettes moulées; voilà donc évidemment une gasette de deux pièces, ce qui doit sous ce rapport la mettre au-dessous de la gasette tournée, puisque celle-ci n'est que d'une. En effet une gasette *pressée* à laquelle le *talon* ne sera pas bien appliqué deviendra plus défectueuse qu'une autre moulée qui se trouverait dans le même cas; car, dans cette dernière nous aurons toujours encore la bonté de la terre qui viendra d'un mélange convenable de ciment, ce qui certes n'est pas à dédaigner. En partant de ce principe, je ne vois donc qu'une assez grande célérité dans la fabrication des gasettes *pressées* qui pourrait faire adopter ce mode; mais reste à savoir si cette célérité ne serait pas plus que compensée par l'infériorité des produits: c'est ce que le temps ou la pratique nous apprendra. En attendant il faut s'en tenir aux deux manières que j'ai données de se procurer des gasettes, manières qui ont été constamment suivies jusqu'à présent, et notamment celles des gasettes moulées. Passons maintenant aux tuiles.

Les tuiles sont des plaques de terre qui servent de reposoir à la faïence brune dans les fours carrés ou à coins coupés; l'économie de l'emplacement que les pièces doivent occuper dans le four a certainement donné lieu à l'invention des tuiles dans les fours à faïence. Le manufacturier intelligent dirigera toujours ses soins les plus assidus vers cette précieuse économie; car, outre qu'un four se cuit beaucoup mieux lorsqu'il est bien garni dans tout son intérieur, il en résulte un bénéfice plus marquant puisque la quantité de marchandises se trouve être plus considérable. Cette raison qui n'a pas besoin d'être commentée pour se faire sentir avec force à tous ceux qui sont placés dans cette industrie, aurait sans doute fait adopter l'usage des fours ronds dans les manufactures de faïence brune si les tuiles n'eussent présenté quelques difficultés dans la manière de les arranger symétriquement dans le four.

Il est pourtant indispensablement nécessaire d'avoir recours aux gasettes pour la cuisson en émail de certaines pièces en faïence brune, telles, par exemple, que des assiettes, des plats, des couvercles de soupière et généralement tous les objets qui prennent une assez grande étendue en largeur sans cependant en prendre une en hauteur; mais il est vrai de dire qu'à peine le cinquième du four se trouve rempli de cette manière et que le reste l'est avec des tuiles.

L'un des perfectionnemens les plus utiles à la fabrication de la faïence brune serait celui de pouvoir appliquer l'usage des tuiles carrées dans les fours ronds. Cet usage apporterait un avantage tellement grand dans cette branche d'industrie que, malgré les difficultés qui semblent d'abord se présenter pour empêcher l'adoption de cette méthode, j'oserai la proposer en écartant avec soin tout ce qui peut s'y opposer et donnant la marche qu'il faudrait suivre pour arriver avec succès au but désiré.

D'abord je trouve que la disposition triangulaire des allandiers peut nuire en quelque sorte à ce système de cuisson, et pour trancher cette difficulté, au lieu de donner au four rond trois allandiers, nous lui en donnerons quatre; ce qui nous conviendra beaucoup mieux en ce qu'en prenant quatre portions de cercle à l'intérieur du four, portions qui devront partager ce dernier en quatre parties égales, joignant leurs extrémité par des lignes aboutissat au milieu des intervalles des allandiers, elles formeront un carré dans un rond. En disposant les choses de cette manière, l'espace compris entre les courbes du cercle et les lignes qui forment le carré serait rempli de gasettes, tandis que les tuiles viendraient occuper le centre du four et former les échappades dans ce même carré dont je parle; il faudrait aussi pour cela que tous les carnaux fussent disposés convenablement, ce qui n'est pas difficile à obtenir par une règle de calcul qui marquerait la place où ils doivent être pour que la flamme puisse se disperser parmi toute la masse et que l'état de la cuisson s'établisse uniformément : de même pour s'assurer sur la fin de la fournée si la faïence est bien cuite aux quatre points correspondans à chaque allandier, il faudrait y placer des gasettes trouées de part en part sur le ventre, par où la baguette qui sert à prendre les *montres* pourrait s'insinuer et amener les petites tasses qui sont destinées à marquer le degré de chaleur existant dans l'intérieur du four.

Je donne à réfléchir sur la proposition que je fais de cuire en échappade dans des fours ronds, et je pense, sans trop me faire illusion, qu'en suivant les indications données, on parviendrait à le faire; car si la chose n'existe pas déjà, ce n'est certainement point parce qu'elle est impossible, mais parce que ceux qui établissent des manufactures de faïence ne sont pas disposés, en entrant dans la carrière, à la commencer en faisant des innovations qu'ils ont droit de craindre et dont ils doivent naturellement redouter les mauvais résultats. D'un autre côté, pour ce qui est des fabricans en activité, ils se contentent de marcher d'un pas ferme dans la route qu'ils se sont tracée une fois pour toutes sans s'en écarter, de peur de s'égarer sur une nouvelle route au bout de laquelle ils aperçoivent un but qu'ils désirent atteindre, mais qu'ils n'osent aller chercher.

Il faut cependant sortir un jour de cette espèce d'inertie où les manufacturiers de faïence brune sont plongés au sujet des fours ronds, dans lesquels ils croient qu'on ne peut pas cuire en échappade. Car la concurrence s'établissant de plus en plus sur presque tous les points de la France, il viendra une époque où les avantages de la fabrication seront bien diminués, si toutefois ils ne sont pas anéantis. Alors il faudra bien nécessairement trouver les moyens de confectionner avec le plus d'économie possible; et toutes celles qu'un bon manufacturier peut faire, il doit les trouver soit dans la composition des terres, des émaux, dans la nature des combustibles et l'arrangement des pièces dans l'intérieur du four, plutôt que de les chercher dans l'abaissement ou réduction des prix de main-d'œuvre, accordés aux travaux difficiles et qui exigent des apprentissages pénibles.

Les tuiles (fig. 15) destinées aux fours ronds ou carrés doivent toujours êtres calculées, quant à la grandeur et à la largeur, sur l'éloignement des carnaux entre eux ; de sorte que plus ces derniers seront éloignés l'un de l'autre, plus les tuiles devront être grandes. De même on doit observer que si les intervalles compris entre les carnaux ne forment pas des carrés parfaits, les tuiles ne doivent pas en former non plus. Enfin, on s'y prendra de manière à ce que les coins des tuiles viennent couper les carnaux qui leur correspondent par quart; en conséquence, si toutes les tuiles étaient placées dans le four les unes à côtés des autres, les carnaux par cette disposition devraient se trouver bouchés. C'est pourquoi l'on coupe les coins des tuiles en lignes courbes, pour qu'étant assemblées ces coins forment un rond qui comprenne absolument le vide des carnaux. Il a bien fallu en agir ainsi afin que la flamme pût monter jusqu'au haut du four et passer par les carnaux de la voûte supérieure, qui doivent, comme il a été dit, correspondre à ceux de la voûte inférieure autant qu'il est possible.

Les terres avec lesquelles on fait les tuiles sont les mêmes que celles qui conviennent aux gasettes, excepté qu'on doit y introduire une plus grande quantité de ciment; ce qui contribue à rendre les tuiles moins sujettes à se gauchir, défaut principal auquel elles sont enclines. On peut aussi, pour éviter le même inconvénient, passer le ciment par un tamis dont les mailles seront plus écartées, ce qui donnera un grain beaucoup plus gros. Il est bon de dire qu'il ne faut pourtant pas dépasser certaines limites pour la quantité et la grosseur du ciment, parce qu'on doit se souvenir que ce dernier détruit l'agrégation, au point de rendre la terre extrêmement cassante, ce qui nuit on ne peut davantage au succès du travail. Au reste tout cela demande encore de la part du manufacturier des réflexions particulières, parce que plus les tuiles seront grandes plus elles exigeront d'être tenaces, et par conséquent moins il faudra de ciment, ou plus ce dernier devra être fin. Cela est si clair que j'aurais volontiers passé sur cet article sans en faire mention, si je ne m'étais promis de conduire, pour ainsi dire par la main, les fabricans qui commencent, à travers toutes les manipulations relatives à l'art que nous traitons. Aussi suis-je obligé, pour être fidèle à cette promesse, de m'arrêter souvent sur des choses qui paraîtront peu importantes à ceux qui manipulent depuis long-temps, mais ne laisseront pas que d'être d'une grande utilité pour ceux qui ne sont point encore initiés en cette partie. Je crois l'avoir déjà dit, ce n'est que pour ces derniers que je travaille. Je suppose les autres assez instruits pour n'avoir pas besoin de mes préceptes.

L'épaisseur des tuiles doit aussi varier selon leur grandeur, ne devant être soutenues dans le four que sur trois espèces de colonnes qu'on appelle *pillets* placés triangulairement aux extrémités. Il est constant que plus la tuile aura d'étendue plus ces points de placement se trouveront isolés, et, par conséquent, plus il faudra de résistance de la part de la terre pour que la tuile ne s'affaise point dans son centre sous le poids des vases qu'elle supporte.

Les choses nécessaires à la confection des tuiles sont *la pierre de grès*, *le cadre, la règle et la planchette*. Il est urgent aussi d'avoir un grand et vaste atelier avec un carrelage qui soit parfaitement de niveau, pour que les tuiles puissent se maintenir toujours dans cette disposition, chose essentielle et principale de cette fabrication. Il faut encore que cet atelier jouisse d'une température convenable, c'est à-dire qu'il ait constamment 10 à 15 degrés de chaleur. C'est surtout en hiver qu'il faut se garantir des froids, car toute tuile ou autre ouvrage quelconque en terre qui se trouvera exposé à la température congélante ne vaudra jamais rien. On sera obligé de repétrir la terre et de recommencer les pièces, ce qui est une très-grande perte, surtout lorsque l'atelier est amplement rempli de matériaux qui ont déjà coûté beaucoup de main-d'œuvre, et souvent après lesquelles on attend, pour que les travaux ne souffrent pas d'interruption : c'est pourquoi il faut prendre bien son temps et fabriquer un grand nombre de gasettes, de tuiles et de rondeaux durant la belle saison, afin que les ateliers en soient bien garnis dans la mauvaise. Cependant, comme je viens de le dire, il n'est pas impossible de se procurer toutes ces choses en hiver, mais avec des précautions extrêmes pour ne point tomber dans les désagrémens qu'on vient de voir.

La pierre de grès qui sert à faire les tuiles est tout uniment un grès d'une assez grande dimension dont une surface doit être polie. Cette pierre est posée sur un massif en brique ou sur un assemblage de pièces de bois fortement charpentées, de manière que le côté de la pierre qui est polie occupe le dessus et forme une espèce de table fort solide. C'est sur cette face qu'on pose le cadre pour faire la tuile.

Le cadre est la réunion de plusieurs bandes de bois présentant un carré ou un carré long, conformément aux distances des carnaux sur la première voûte du four. Les coins de ce cadre doivent être coupés en lignes courbes rentrantes, de sorte que quatre tuiles assemblées par les coins puissent décrire un cercle à jour, destiné au passage de la flamme entre elles. Pour être bien fixé sur la longueur et la largeur des tuiles on fait faire un cadre en lui donnant plus d'étendue sur tous les sens, afin d'y comprendre le retrait de la terre qui est presque toujours d'un sixième.

Je ne puis m'empêcher de m'arrêter ici un instant pour dire un mot du retrait de la terre dans la confection des tuiles, qui demandent tant d'exactitude dans leur grandeur respective, que pour peu qu'il y en eût d'inégales, l'arrangement dans le four n'en serait plus uniforme, et de là naîtraient mille inconvéniens qu'il est bon de prévenir. Le plus important des inconvéniens qui peuvent résulter du manque d'égalité dans les tuiles causé par un retrait plus ou moins considérable, c'est que, de quelque façon que l'on pût s'y prendre, il serait impossible de faire joindre toutes les tuiles ensemble et par tous les côtés à la fois, attendu que l'inégalité dans laquelle elles sont alors s'y oppose strictement; ce qui fait qu'on est obligé d'avoir recours aux *coins* de terre pour tâcher de maintenir la masse dans un parfait équilibre, sans quoi tout serait en risque de tomber par la violence du coup de feu. D'après cela, pour éviter de semblables malheurs, j'engage le manufacturier qui veut travailler avec connaissance de cause, de bien peser les raisons que je vais alléguer.

J'ai dit plus haut que le retrait de la terre

propre à faire les tuiles était d'un sixième sur sa longueur et sa largeur ; mais il ne faut pas prendre à la lettre cette assertion : elle est subordonnée à un concours de tant de circonstances que je pourrais assurer qu'elle est illusoire ; car le retrait d'une terre n'est fort ou faible qu'autant qu'il se trouve dans son sein ou hors de son sein des corps qui facilitent ou empêchent ce retrait. Or, quelles sont les causes qui contribuent à donner à la terre un grand retrait? Ce sont l'absence ou une petite quantité de ciment; son degré de finesse et la molle consistance de cette même terre y coopèrent aussi. Ce qui empêche ce retrait, ce sont la privation de l'eau autant que possible, l'addition du ciment dans des quantités notables, et sa grosseur lorsquelle est d'une bonne proportion. On voit donc clairement que lorsque j'avance que le retrait est d'un sixième, je puis ne pas me tromper par rapport à moi qui compose ma terre de manière à ne m'apporter que cette diminution ; mais pour peu qu'un autre s'écarte de cette même manière, voilà que les différences arrivent nécessairement; différences qui obligent les fabricans à donner au cadre pour les tuiles plus ou moins d'étendue, puisque le retrait de la terre n'est pas semblable. D'après ce, il n'est donc pas possible de pouvoir dire au juste quel sera le retrait des terres composées.

La question qui nous occupe maintenant a souvent été agitée par les manufacturiers; les uns soutenaient que leurs terres n'éprouvaient qu'un cinquième de diminution; les autres en prenant les terres aux mêmes carrières, prétendaient que le retrait n'était pas aussi considérable; enfin d'autres, au contraire, qu'il l'était beaucoup plus, et dans tout cela chacun oubliait de calculer la consistance respective que leurs terres avaient lorsqu'on les mettait en œuvre. En réfléchissant un seul instant à cette particularité on verra aisément qu'une terre, dans laquelle l'eau entre pour une plus grande partie, comparativement à une autre devra nécessairement éprouver un retrait plus prononcé qu'une qui en contiendrait moins.

A la rigueur, on ne peut donc pas dire positivement qu'une terre doit avoir un cinquième ou un sixième de retrait; cela dépend de la manière dont elle est arrangée, la nature des parties qui la compose; l'état de sa consistance entre même pour beaucoup dans ce retrait, et comme chacun prépare ses terres d'une manière différente, il résulte de là que le retrait n'est pas partout uniforme. Enfin, pour sortir de cet embarras, et pouvoir donner ici une règle assurée de ce retrait et sur laquelle on puisse se fonder pour donner au cadre des tuiles une mesure fixe, je répéterai que ma terre me donne, en se séchant au degré de température de l'atmosphère, une diminution d'un sixième; mais il faut, pour que cette condition ait lieu, que cette terre soit composée ainsi qu'il suit, savoir : 100 parties de terre argileuse, et 30 parties de ciment passé par un tamis dont les mailles soient écartées l'une de l'autre de deux millimètres, et que la terre au moment d'être employée à faire les tuiles, soit d'une consistance telle qu'une balle de plomb du poids de 220 grammes, tombant d'une hauteur de 1 mètre 20 centimètres, ne s'y enfonce qu'à moitié de son diamètre. En adoptant ce principe, je puis assurer qu'on peut, sans craindre de se tromper, calculer les mesures du cadre sur un retrait d'un sixième dans la terre.

La règle qui sert à la confection des tuiles est en bois où en fer; cependant je conseille de se servir plutôt d'une règle en fer que d'une en bois, parce que cette dernière se ronge promptement vers les deux parties qui frottent sur le cadre, ce qui fait qu'au bout d'un certain temps le milieu de la règle empiète sur la tuile, et diminue par conséquent son épaisseur, ce qu'il faut empêcher soigneusement: l'usage de la règle est de racler l'excédant de la terre qui surpasse le cadre dans le moulage des tuiles.

La planchette est faite avec plusieurs petites planches assemblées à rainures, et formant un carré un peu plus grand que la tuile. C'est avec la planchette qu'on enlève les tuiles du dessus de la pierre de grès, pour les étendre sur le carrelage dans l'atelier qu'on appelle séchoir.

Pour confectionner les tuiles, on s'y prend de la manière suivante. Lorsque la terre est bien marchée, bien corroyée, et qu'on a eu soin de la rendre d'une consistance telle qu'on l'a indiquée, on commencera par mettre un peu de ciment bien fin sur la pierre de grès; on y pose le cadre, puis on prend la terre à pleines mains, on la jette rudement dans le milieu du cadre, on la presse dans toute l'étendue afin que la masse soit dans une parfaite liaison. Après que le cadre est rempli sur tous les points, on ôte avec la règle de fer l'excédant qui surpasse l'épaisseur du cadre; ensuite on détache ce dernier en le soulevant avec la main. Après cela, on introduit non sans précaution et adresse la planchette sous la tuile, et comme cette planchette est un peu plus large que la tuile, l'ouvrier a la facilité de l'empoigner des deux côtés, et de la transporter dans l'atelier qui sert de séchoir, et de poser la tuile sur le carrelage en ayant soin surtout de retirer la planchette avec subtilité, sans cela on risquerait fort de déformer la tuile.

Lorsque les tuiles sont assez sèches pour qu'on puisse les retourner sans craindre de les casser ni de les gauchir, on les fait passer l'une après l'autre sur la pierre de grès, et là, avec une batte semblable à celle qui sert pour les gasettes, on les rebat sur tous les points; dans cette opération on fait sortir par l'infinité de pores que le ciment laisse dans la terre une certaine quantité d'eau qui s'y trouve contenue; aussi la tuile qui a été bien rebattue acquiert-elle une plus grande densité; en même temps qu'elle est rendue plus compacte : par cette opération, elle devient dans le four, et d'un plus long usage, et beaucoup meilleure.

On remet les tuiles battues sur le carrelage de l'atelier jusqu'à ce qu'elle soient tout-à-fait sèches, après quoi on les pose dans un coin l'une contre l'autre sur leur champ; de cette manière elles ne tiennent presque pas de place.

Quant à l'épaisseur du cadre qui est toujours nécessairement celle de la tuile, elle devra être de 27 millimètres pour des tuiles de 58 à 60 centimètres de longueur, et à peu près autant de largeur. L'épaisseur du cadre décroîtra à proportion que les tuiles diminueront d'étendue : cependant ce n'est point assez d'avoir des tuiles pour cuire en échappade, il faut encore y joindre des espèces de petites colonnes en terre qu'on appelle, comme je l'ai dit, *pillet*; ces pillets sont fait sur le tour, leur hauteur et leur diamètre varient beaucoup; tantôt ils sont petits, tantôt ils sont grands; cela dépend de la hauteur des pièces qu'on introduit dans le four par échappade. Il a bien fallu que les manufacturiers pour les faïences brunes prissent cette précaution et cette marche, car sans cela ils n'eussent pas eu plus d'avantage de cuire avec des tuiles plutôt qu'avec des gasettes. En effet si les pillets étaient égaux, quelle qu'en fût d'ailleurs la hauteur, il eût fallu nécessairement la calculer sur les plus grandes pièces : mais toutes celles qui entrent dans un four ne sont pas semblables, de sorte qu'en mettant de petites pièces sous de grands *pillets* on eût perdu beaucoup de terrain, ce qu'il est important de ménager. C'est pourquoi l'on a fait des pillets de trois grandeurs, savoir : de 32, de 26 et de 16 centimètres que je propose nommer n° 1, 2 et 3; par conséquent nous appellerons le pillet de 16 centimètres n° 1, celui de 26 n° 2, et celui de 32 le pillet n° 3.

Quant à la terre avec laquelle on fait les pillets, elle doit jouir d'une extrême tenacité; aussi, pour parvenir à ce but, ne met-on que peu de ciment, et encore est-il d'une grande finesse. La nécessité de cette condition se fait sentir impérieusement, attendu le poids immense que les *pillets* doivent supporter, surtout ceux qui sont dans le bas du four. Il faut d'autant plus apporter des soins vigilans du côté de la grande tenacité de cette terre, qu'un pillet qui viendrait à manquer pourrait causer de grands dommages, car on doit présumer que ce serait toujours vers la voûte inférieure du four que cela arriverait; d'après cela toute la colonne de tuiles qui répondrait perpendiculairement à celle dont le pillet aurait manqué serait dans le cas de renverser ces tuiles les unes sur les autres, et il en résulterait un notable dégât.

Le diamètre des pillets pourrait certainement prévenir cet inconvénient si l'on voulait lui donner une grande étendue; il ne saurait y avoir de doute, mais cette dimension peut-elle s'accorder avec l'économie qu'on doit mettre dans les espaces de l'intérieur du four? En effet cette économie exige qu'on donne aux objets qui servent de matériaux le moins de grandeur possible, afin de ne pas perdre une place qui pourrait être utile dans le four. Pour concilier autant que possible ces deux nécessités, de la force des pillets et de leur peu d'étendue, on est convenu de donner au pillet marqué n° 1, dont la hauteur est de 16 centimètres, un diamètre de 54 millimètres; au n° 2, un diamètre de 60 millimètres, et à celui n° 3 un diamètre de 66 millimètres par le milieu. Le haut et le bas de ces pillets devra s'élargir en proportion de sa grandeur.

Ce sont les tourneurs qui font dans les fabriques cette espèce d'ouvrage. Ils commencent par poser leurs mesures pour la hauteur et la largeur; ensuite, après que la terre est bien broyée et corroyée, ils en font des *balles* de la grosseur nécessaire à pouvoir former un pillet: ils jettent fortement une de ces balles sur la *girelle* du tour, et tandis qu'il font mouvoir celui-ci avec le pied droit, ils trempent les mains dans l'eau et élèvent la terre de la balle jusqu'à la mesure qui marque la hauteur; alors ils terminent le pillet en lui donnant la forme qu'on voit (planche première, figure 16).

Ces pillets ont une tête et une base; la tête a un rebord; elle est un peu creuse dans le milieu, afin qu'elle puisse mieux recevoir le petit *pâté* de terre qu'on met entre la tête du *pillet* et la tuile. Ce petit pâté aide à soutenir l'assemblage des tuiles quand elles sont placées dans le four; la base des *pillets* est, comme je l'ai déjà dit, un peu plus large que le milieu; il faut faire attention qu'elle doit être très-unie en dessous, pour que le pillet se tienne bien droit lorsqu'il est placé sous la tuile; d'ailleurs toutes ces choses se recommandent d'elles-mêmes, et l'on ne tarde pas à se les rendre familières au bout de quelque temps de pratique.

Quoique ce chapitre soit déjà fort long, je ne le finirai cependant pas sans parler des coins; ils sont nécessaires en ce que dans les occasions où les tuiles ne se joignent pas parfaitement, on a besoin de mettre entre elles des morceaux de terre cuite qui les maintiennent toutes dans un bon accord. Les coins sont des masses plus ou moins grosses de terre façonnées en forme de pyramides, c'est-à-dire, moins larges sur les quatre faces en haut qu'en bas; on se sert pour cela de la terre propre aux *pillets*; cette terre comporte très-peu de ciment.

Les *pâtés* sont des morceaux de terre ronds et plats; leur usage est d'être interposés entre la tuile et le pillet pour fixer les deux parties. Il faut, pour que les pâtés ne se collent pas à l'un ni à l'autre des objets, que la terre qui sert à les former soit mélangée avec une grande quantité de sable qui en détruise l'aggrégation; il faut même de plus, si l'on veut éviter le moindre vestige d'adhérence, rouler les petits pâtés de terre dans le sable bien sec avant de les placer sur la tête des *pillets*. Ces précautions sont bonnes à prendre; toutes puériles qu'elles puissent paraître, on aurait tort de les négliger. J'ai, pour pouvoir l'assurer, l'expérience; qui est bien, ce me semble, le plus grand maître qu'on soit à même de consulter.

Les rondeaux sont certainement des objets trop essentiels à la fabrication de la faïence pour que nous n'en parlions pas ici; ce sont eux qui soutiennent les pièces creuses qu'on introduit dans les gasettes, comme on pourra le voir lorsque nous parlerons de l'*encastage* et de l'enfournement.

La forme des rondeaux est toujours circulaire quand les gasettes le sont aussi; c'est un disque de terre plus ou moins épais selon l'étendue de son diamètre. La matière qui sert à les confectionner est une terre dans laquelle on introduit fort peu de ciment, afin d'éviter par-là l'échappement des grains qui déparent considérablement les vaisselles, et en même temps pour donner à ces ustensiles une très-grande tenacité, qualité nécessaire et d'où dépend entièrement leur long usage.

Dans les manufactures de faïence on ne fait guère, comme on le pratique dans les fabriques de porcelaine, des rondeaux à la batte; on se contente tout simplement de les mouler. Pour cela on se sert de cercles en fer, auxquels on donne dans le bord l'épaisseur qu'on désire donner aux rondeaux; le cercle est posé sur la pierre servant à la confection des tuiles. On saupoudre l'espace compris dans son intérieur avec un tamis contenant du sable ou du ciment très-fin; on prend un morceau de terre beaucoup plus fort qu'il n'en faut pour remplir la cavité du cercle, on frappe et l'on étend cette terre partout uniformément, puis avec la règle en fer, qu'on appuie et qu'on fait glisser sur les bords supérieurs du cercle, on coupe nettement l'excédant de la terre qui dépasse. Cela fait, on pousse à droite et à gauche le cerceau, tandis que la terre est encore dedans, afin de faire changer le rondeau de place, et de s'assurer si toutefois il n'adhère pas par sa partie inférieure à la pierre sur laquelle il a été moulé; ce petit balancement n'est pas inutile, parce que si l'on ne prenait pas cette précaution, et qu'on retirât le cercle avant de se convaincre que le rondeau ne colle pas, et qu'il peut s'enlever de la pierre sans qu'il ne se casse, ou qu'il ne se déforme totalement, on risquerait de ne rien obtenir à cause de la peine que l'on aurait à le détacher.

Ayant pris toutes les précautions nécessaires pour n'avoir point d'entraves, on ôte le cercle; ensuite on fait glisser furtivement la planchette sous le rondeau, on l'enlève et on le dépose sur le carrelage très-uni d'un atelier destiné pour cela.

Lorsque les rondeaux sont arrivés à une demi-dessication, on les reprend les uns après les autres, on les couche sur la pierre qui a servi à les mouler, et là, avec une batte semblable à celle dont on rebat les gasettes, on les frappe à coups secs et redoublés. Par cette opération, l'eau qui peut se trouver encore interposée dans l'épaisseur du rondeau est forcée d'en sortir par l'action de la batte, ce qui fait qu'au bout de quelques jours d'exposition à l'air, ils deviennent assez durs pour qu'on puisse les placer sur leur champ. On les laisse dans cette situation jusqu'à ce qu'ils soient blancs; c'est-à-dire parfaitement secs, état qui se fait remarquer en eux quand ils rendent un son tant soit peu sonore, lorsqu'on les frappe avec un corps dur.

Pour que les rondeaux soient plus faciles au maniement, surtout dans l'opération de l'encastage, il est bon d'y pratiquer un trou d'un diamètre de 5 à 6 centimètres dans le milieu, afin d'y passer un doigt de la main au moment où l'on introduit le rondeau dans la gasette, ou qu'on l'en fait sortir. Par ce moyen il devient possible de pouvoir donner à cet instrument une plus grande étendue, parce que n'étant pas obligé, pour son placement dans les étuis, de le prendre par les bords de la circonférence, on peut laisser moins de vide entre son circuit et les parois intérieures de la gasette; ce qui permet aussi d'avoir des *pernettes* beaucoup plus courtes, chose assez importante, parce qu'alors elles ne sont pas aussi susceptibles de se casser.

Les rondeaux sont tantôt ronds et tantôt ovales, cela dépend toujours de la forme des gasettes.

CHAPITRE IX.

Des tours propres à tourner la faïence.

Il est probable que l'invention du tour pour la fabrication des objets en poterie est aussi ancienne que la découverte de la poterie même. En effet, qu'eût-on pu créer si le génie industrieux n'eût pas inventé le tour? On en serait donc constamment demeuré au moulage, et je demande alors de combien de beaux ouvrages nous aurions été privés. Ce n'est pourtant pas encore de ce côté qu'il faut regarder l'invention du tour comme une des plus belles qui soit relative à la faïence, car il faut avouer que l'on peut, par le moyen du moulage, se procurer des pièces tellement parfaites que le tour ne pourrait pas nous en donner de semblables; mais que l'on compare, et l'on se convaincra aisément que la promptitude, la correction, la solidité, sont le partage des ouvrages faits au tour, et que sans lui la faïence n'eût jamais fait une des principales branches de commerce qui existent actuellement sur tous les points du globe.

Avant que nous ayons eu des tours aussi bien

conditionnés que ceux que nous possédons aujourd'hui, on ne pouvait donner aux ouvrages cette délicatesse qu'on y voit maintenant. Nous sommes donc plus heureux que nos pères sur ce point; mais le sommes-nous autant qu'eux, quant à la solidité de nos produits? Je renverrai pour cette question au commencement de cet ouvrage; où je crois en avoir dit quelque chose; pour ce moment, nous allons nous occuper de la description du tour qu'on appelle dans les manufactures, tour français, quoique cependant ce ne soit pas eux qui l'aient inventé : on le dit d'origine grecque.

Ce tour (fig. 17, pl. 1re) est composé d'une *roue de volée* A, d'une *tige en fer ou axe* B, d'une *girelle* C, *de coussinets* DD, d'un assemblage en charpente qu'on nomme *carcasse* du tour EEEE.

La roue de volée a ordinairement 9 décimètres de diamètre. Son épaisseur est de 1 décimètre 8 millimètres ; elle est formée de grosses planches de hêtre ou de chêne, appliquées les unes sur les autres, par le moyen de clous dont les têtes se perdent dans la superficie du bois pour qu'elles ne puissent arrêter le pied du tourneur, quand il fait mouvoir la roue. Outre le hêtre et le chêne que j'indique ici, tous les bois durs peuvent être considérés comme propres à cet usage; pourvu qu'on emploie du bois pesant on atteindra le but; car celui qu'on cherche ici, c'est de donner à la roue un certain poids, afin qu'elle ait ce qu'on appelle plus de *chasse*, c'est-à-dire plus de volée; c'est pourquoi je lui ai donné le nom de roue de volée.

Cette roue est attachée par son centre à l'axe en fer avec une clef de pareil métal, et cette attache doit se faire à la distance de 34 centimètres de l'extrémité inférieure de cet axe. J'ai déjà indiqué l'usage de cette roue, qui est la partie sur laquelle le tourneur appuie le pied en le glissant pour faire mouvoir le tour; mais j'en parlerai plus amplement lorsqu'il sera question de tourner les pièces de faïence.

La tige en fer ou l'axe a communément une longueur de 1 mètre 6 centimètres. Cette tige se termine à son extrémité inférieure par une pointe aciérée qui repose sur une pierre dure, telle que la pierre à fusil ou silex. L'extrémité supérieure de la tige doit être vissée dans la girelle, mais à rebours, à la manière des essieux de carrosses; sans cette précaution le tourneur ne pourrait point appuyer avec force sur la girelle de son tour sans risquer de la dévisser, ce qui occasionerait des retards et des pertes fréquentes. Pour que cette tige soit bien égale, on s'y prend de la manière suivante :

On choisit un barreau de fer le plus doux qu'il est possible; il faut qu'il ait au moins 40 millimètres carrés; on lui donne, comme on vient de le dire, une longueur de 1 mètre 6 centimètres; on passe d'abord cette tige de fer au feu de forge, et ensuite sur l'enclume. On lui donne, à partir de l'extrémité supérieure en descendant jusqu'à 15 centimètres, une forme ronde, et depuis ce point jusqu'à l'endroit où la tige doit être enchâssée dans le centre de la roue de volée, on lui donne huit faces. On laisse en carré la partie qui entre dans la roue; puis de ce point, pour arriver au bout de la tige, on lui donne la figure d'un cône renversé très-aigu qui se termine par une pointe de bon acier fortement trempé.

Avant de visser l'extrémité de la tige qui doit entrer dans la girelle, on tourne sur le tour à métaux l'espace compris entre celui qui doit être vissé et celui qui a la forme octogone, ainsi que celui qui se trouve depuis la partie carrée qui entre dans la roue jusqu'à la pointe de l'extrémité inférieure. Lorsque la tige de fer est conditionnée comme nous venons de le dire, on fait le pas de vis à rebours. Le diamètre de la tige qui se trouve dans les coussinets doit avoir 20 millimètres.

Il ne faut pas omettre surtout de passer la tige sur le tour à métaux. Avant qu'on eût pris cette précaution les tourneurs en faïence se plaignaient toujours que leur tour vacillait, qu'il était dur au mouvement et qu'ils avaient de la peine à ébaucher: mais depuis qu'on a soumis les tiges à cette opération, ils s'en trouvent fort bien. On voit cependant encore beaucoup de manufactures de faïence où les axes de tour sont en bois surmontés d'une *aiguille* en fer arrondie et vissée et se terminant par le bas en une verge en acier et en pointe enchâssée dans l'arbre. Les ouvriers qui se servent de ces tours auxquels ils sont habitués, et qui font difficulté d'adopter ceux avec les tiges en fer, disent que ces derniers sont plus rudes à mouvoir. Mais je suis plus que certain qu'ils auront occasion de se détromper aussitôt qu'ils voudront regarder les choses de plus près, et qu'ils ne tarderont pas de préférer l'un à l'autre.

La girelle C qu'on appelle aussi la tête du tour est un morceau de bois qui a deux faces, dont l'une qui est la partie sur laquelle on place la terre pour la tourner, est plate et affecte une légère convexité. L'autre face se trouve tout-à-fait plane ; dans ce dernier côté on emboîte une plaque de fer ayant 8 centimètres carrés et une épaisseur de 15 millimètres. Cette plaque de fer figure assez bien un grand écrou taraudé par le milieu d'un pas de vis semblable en grosseur à celui de l'extrémité supérieure de la tige. Il faut prendre garde à cette dernière circonstance, car les deux pièces doivent se joindre ensemble et contribuer à la formation du tour : elles en sont même les deux pièces principales avec la roue. Le diamètre de la girelle varie suivant qu'on a de petites ou de grandes pièces à tourner. Cependant la largeur moyenne qu'on lui donne souvent, c'est 16 centimètres de diamètre. Toutefois il est assez urgent d'en avoir de plusieurs grandeurs, afin de pouvoir en changer quand les occasions l'exigent.

Les coussinets DD doivent toujours être en cuivre, parce que ce métal étant plus doux que le fer, il procure par cela même un mouvement plus régulier. La durée de la tige, qui périt toujours par cet endroit, en est aussi beaucoup plus longue, attendu que le fer contre le cuivre n'excite pas un frottement aussi prononcé que si c'était fer contre fer : ceci est incontestable.

L'épaisseur des coussinets est de 3 millimètres, la largeur de 44, et la longueur de 1 décimètre. Ils doivent être emboîtés par le milieu de manière à embrasser étroitement la tige de fer, chacun par moitié, à 5 ou 6 centimètres en dessous du pas de vis.

Un des deux coussinets doit être enclavé sur le devant dans la table du tour ; ensuite on y pose la tige : l'autre coussinet se trouve fixé par quatre vis en bois, de manière à ce que la tige puisse avoir un mouvement libre et circulaire, mais surtout soit exempte de toute saccade. Sans cette expresse condition le tour ne vaudrait rien ; il faut donc porter de rigueur tous les soins de ce côté, afin de ne pas perdre le fruit d'un assez grand travail.

Ce qu'on appelle la carcasse du tour est un assemblage de pièces de bois posées les unes sur les autres perpendiculairement et horizontalement. La hauteur des premières est de 1 mètre à partir du sol dans lequel elles sont fixées avec du plâtre, afin de donner plus de fermeté au tour, et les secondes, qui sont les transversales; sont enchâssées dans le mur à côté de la fenêtre, qui donne du jour au tourneur pour son travail, et viennent se réunir aux perpendiculaires. Elles ont 1 mètre 40 centimètres de longueur. Toutes ces pièces de bois, au nombre de 6 ou 7, comme on peut le voir dans la figure 17; planche 1re, ont un décimètre carré.

Vis-à-vis de la fenêtre, et positivement sur les pièces de bois mises en travers, on cloue quelques planches épaisses ajoutées à côté l'une de l'autre pour former ce qu'on appelle la table du tour. C'est à cette table que sont attachés les coussinets en cuivre qui entourent la tige. Il faut que cette table soit assez solidement arrangée pour donner de la fermeté à toute la machine, et particulièrement aux coussinets.

A côté de la girelle à droite du tourneur se trouve une petite planchette appliquée sur la table du tour. Cette petite planche se nomme *nettoie-main*. C'est en effet à l'aide de cet instrument que le tourneur se nettoie les mains lorsqu'elles lui semblent trop abondamment imprégnées de *barbotine*.

Vis-à-vis de la table du tour, et sur la charpente qui se trouve derrière le tourneur, on pose une forte planche placée diagonalement pour servir de siége à l'ouvrier. Ce siége doit être un peu plus bas que la girelle et distant de la table du tour de à peu près 40 centimètres.

Le tourneur étant sur son tour doit avoir nécessairement un pied appuyé sur quelque chose qui puisse supporter le poids de son corps tandis que l'autre pied fait mouvoir le tour; à cet effet on place transversalement une planche en dessous de la table du tour reposant sur deux barres de bois attachées à la *carcasse*. Cette planche se nomme le marche-pied; la hauteur à laquelle il faut fixer le marche-pied n'a point de règle absolue : cela dépend toujours de la grandeur physique de l'ouvrier, car plus le tourneur sera grand, plus le marche-pied devra être bas, le contraire arrive si le tourneur est petit.

Lorsque la carcasse et toutes les pièces du tour sont terminées, on se dispose à le monter. Comme cette opération n'est pas facile et demande beaucoup de précision, je pense qu'il n'est pas hors de propos d'en donner ici la marche.

On commence par fixer la roue de volée à la tige qui forme l'axe ou l'arbre tournant; on fait passer à cet effet la pointe par le trou pratiqué au centre de la roue; on monte cette dernière jusqu'à l'endroit où la tige forme le carré; là on l'ajuste solidement en introduisant la clef dans l'arbre et positivement sous la roue; ensuite on place le premier coussinet sur le bord de la table du tour; on a le soin de poser ce coussinet dans une situation favorable pour que la roue puisse circuler au milieu de la carcasse du tour sans être gênée dans sa marche. Cela fait, on prend un morceau de fil au bout duquel on attache un peu de terre qu'on forme en pointe pour servir de plomb; on pose le fil dans l'intérieur du coussinet, on laisse glisser doucement le morceau de terre jusque sur le carrelage, on reste là quelques instans pour s'assurer d'un aplomb parfait, on le marque avec soin, et l'on se prépare à y poser le *caillou*.

Pour faire cela on gâche à peu près deux fois plein les deux mains de bon plâtre; on l'applique sur le carrelage, on pose dessus, le caillou qui est ordinairement un silex très-dur; on fait en sorte d'en trouver un qui ait une disposition concave, afin que le pivot ou pointe de la tige puisse s'y maintenir aisément; sans cette condition on a souvent de la peine à fixer ce pivot. On croit quelquefois que le plâtre étant durci offrira assez de résistance pour la fixation de cette partie du tour; mais on risque de se tromper, car au premier mouvement un peu rude qu'on imprime à la roue de volée, souvent tout s'échappe et le pivot glisse sur le carrelage; encore fort heureux si la pointe qui est en acier n'est point cassée, ce qui arrive assez fréquemment. Tous ces désagrémens peuvent s'éviter, comme je viens de le dire, en mettant sous le pivot une pierre qui ait un leger enfoncement. Cette précaution, tout importante qu'elle est, n'est même utile que pour le premier moment, car au bout de quelques heures que le tour a marché, le pivot se forme de lui-même une cavité; alors on ne risque plus rien en donnant de grands mouvemens à la roue de volée, car elle ne pourrait se déboîter: son propre poids et les parois de la petite cavité s'y opposent.

En posant le caillou sur le plâtre, il faut avoir soin, avant que ce dernier ne durcisse, de suspendre le fil à plomb en partant du milieu des coussinets afin de pouvoir arranger convenablement le caillou. On ne doit pas perdre de vue que la bonne manière de placer ce caillou contribue pour beaucoup à la bonté d'un tour, et je suppose bien qu'on n'aura pas de peine à m'en croire, car tout le monde sait que l'aplomb et le niveau sont les deux grandes règles de tous ouvrages corrects.

Le caillou étant bien posé, on introduit la roue avec la tige dans la carcasse; on met le pivot sur le caillou, on dresse la tige et l'on applique le second coussinet. Avant de fixer la girelle, le tourneur se met sur son siége et fait tourner la roue de son tour pendant quelques heures, en glissant du sable et de l'eau entre les coussinets et la tige, ce qui détermine un frottement général sur toutes les parties. En faisant cela l'ouvrier doit resserrer les coussinets à mesure qu'il s'aperçoit qu'il y a du vide; c'est de cette manière qu'on parvient à former un tour qui n'éprouve aucun balancement, et qui une fois mis en mouvement et bien dirigé puisse marcher pendant 40 minutes sans s'arrêter. On doit bien s'imaginer que de semblables tours sont recherchés avec empressement par nos ouvriers. (Ceux qui voudront faire mouvoir ce tour par le moyen de deux roues d'engrenage et d'une manivelle, pourront consulter mon *Art de la vitrification*, page 34.)

Nous avons encore dans nos fabriques de faïence fine dite terre de pipe et de faïence blanche recouverte d'un émail blanc opaque, un tour d'une autre forme qu'on nomme **tour anglais**, parce que ce sont les Anglais qui nous l'ont importé en France. Ce tour, que plusieurs de nos ouvriers français ont adopté avec une extrême répugnance et que beaucoup n'adopteront peut-être jamais par pur préjugé national, offre cependant un avantage sur nos tours français : c'est celui de la promptitude avec laquelle on exécute l'*ébauchage* des pièces et je dirai même le *tournassage* ; et il doit en être ainsi, car il faut avouer que lorsqu'un tourneur n'a pas besoin de s'embarrasser de faire mouvoir son tour puisqu'on le fait pour lui, et qu'il n'a pour ainsi dire qu'à poser la terre sur la girelle, la façonner et l'ôter, il doit aller certainement plus vite que celui dont le pied est sans cesse en mouvement pour donner de l'activité à l'instrument dont il se sert. Il faut donc rendre justice au tour anglais, en reconnaissant sa supériorité sous ce rapport, ainsi que dans ce sens qu'il permet d'exécuter une infinité d'ornemens à la *molette* dont on embellit les pièces creuses, et qu'il nous serait très-difficile d'exécuter sur nos tours français Je ne suis pourtant pas anglomane, il s'en faut [*] ; je ne chercherai pas au contraire à cacher que j'éprouve plus de joie de voir la plus petite découverte faite en France, que la plus belle faite en Angleterre ; mais quels que soient les inventeurs d'améliorations productives, il ne faut jamais leur refuser le tribut d'éloge qui leur est dû, et le préjugé naturel en faveur de sa nation ne doit pas

---

[*] On peut s'en convaincre dans l'ouvrage que je viens de citer, article *Cristaux*.

empêcher d'honorer le génie partout où il se trouve.

Le tour anglais (fig. 18, pl. 2me) se compose d'une girelle *a*, dans laquelle vient se visser une tige en fer *b*, garnie vers sa partie inférieure d'une bobine *c*. Cette tige est maintenue droite vers la partie supérieure par deux coussinets en cuivre, et en bas par une crapaudine de même métal, dans laquelle entre son pivot. De chaque côté se trouve une membrure en bois qui donne de la solidité à la tige, et qui est écartée d'elle d'environ un mètre huit centimètres; à cette distance s'élève une charpente consistant principalement en deux grands montans *cc*, entre lesquels doit se trouver une roue à rayons *d* placée verticalement et du diamètre de près de deux mètres. Le noyau au centre de cette roue est traversé par une aiguille en fer tournée, qui s'y adapte fermement en s'enclavant dans les montans, et se terminant à angle droit en forme de manivelle *f* garnie d'une espèce de manche mobile en bois. Ce manche de manivelle est adapté de façon que celui qui fait tourner la roue peut le tenir dans la main sans éprouver de frottement, attendu que c'est le fer qui tourne dans le manche, et non le manche qui tourne dans la main; car, si cela n'était pas ainsi, il en résulterait un assez grave inconvénient pour l'ouvrier qui fait mouvoir ce tour, et notamment celui de lui échauffer les mains de manière à ce qu'il ne puisse long-temps le tourner sans les avoir grandement endommagées.

C'est au moyen d'une corde g que l'on fait marcher la girelle. Cette corde entoure la grande roue et vient passer en dessus et en dessous d'une poulie h du diamètre de 50 millimètres, placée à 70 centimètres de la bobine attachée à la tige, et à la même hauteur que cette poulie. Cette corde, après s'être enroulée comme on le voit sur la poulie, vient entortiller la bobine à laquelle tient la tige; la girelle qui la surmonte est donc forcée de tourner, soit lentement, soit avec vitesse, selon le mouvement qu'on imprime à la grande roue.

Un peu au-dessus de la girelle, en faisant face à la grande roue, on pose une planche i de la longueur de 60 centimètres et d'une largeur de 20. Cette planche est un peu inclinée vers la girelle pour la commodité du tourneur, car c'est sur elle que l'ouvrier s'assied à califourchon pour travailler.

Entre la grande roue et la tête du tour, se trouve une table k, faite avec des planches clouées sur la membrure dont j'ai parlé; cette table sert à broyer et corroyer la terre. La partie la plus à la portée du tourneur lui vient à point pour y placer différens objets tels que le fil de laiton, les estèques et les baleines pour faire ses mesures, etc., etc.

Voilà le tour à ébaucher; mais ce n'est pas assez d'ébaucher des pièces, il faut de plus les *tournasser* quand elles en sont à ce point, et pour le faire on a besoin d'un tour qui soit d'une forme différente. Ce dernier ne demande pas autant de place dans l'atelier : il se compose, comme on peut le voir fig. 19, d'une tige en fer *a* avec une bobine qui, au lieu d'être verticale comme dans le tour à ébaucher, est horizontale; la girelle est aussi remplacée par un mandrin *b* en bois vissé avec la tige à laquelle est attachée une bobine *c* qui fait tourner les pièces par le moyen d'une roue *d* d'un diamètre de 64 centimètres. Cette roue est placée en dessous de la tige bobinée à une distance de 90 centimètres à partir du centre, lequel est traversé d'un arbre en fer crochu, de manière à lui adapter une pédale *e* qu'un garçon fait mouvoir; c'est par le moyen d'une corde tournée autour de la roue et de la bobine de la tige qu'on met le tour en mouvement.

L'arbre de la roue et la tige du mandrin sont soutenus par des vis en fer ou en bois *fff* un peu creusés par leurs extrémités afin de recevoir la pointe assez aiguë de cet arbre et de cette tige. L'ouvrier doit pouvoir les relâcher ou les resserrer à volonté; il est placé vis-à-vis du mandrin pour la commodité de son travail; voilà le tour à tournasser.

Je ne dois pas oublier ici de dire que j'ai vu supprimer ce dernier tour dans plusieurs fabriques. A cet effet, lorsqu'on veut tournasser sur le tour à ébaucher, on ôte la tige verticale et la girelle, qui sont incontinent remplacées par la tige horizontale et le mandrin. De cette façon on obtient les mêmes résultats. Cependant les deux tours sont indispensables lorsque l'ébaucheur ne fait toujours que cette espèce d'ouvrage et qu'on a des tournasseurs exprès, ce qui n'a jamais lieu sur des tours français; car ici tous les ébaucheurs sont tournasseurs des pièces qu'ils confectionnent, et c'est même ce qui constitue un bon tourneur. Cet usage d'avoir des ouvriers pour chaque espèce de travail nous vient des Anglais, qui voient toujours les choses en grand, et qui par ce moyen trouvent la facilité de créer une plus considérable quantité de produits en un temps donné; mais par cela même il est aisé de voir que nos artistes ouvriers français doivent réunir une plus grande diversité de talens, puisqu'ils sont obligés de commencer et de terminer l'ouvrage par eux-mêmes.

Outre les espèces de tours qu'on vient de voir, nous possédons encore un instrument qu'on appelle *tournette*; c'est sur la tête de cette tournette que l'on moule les assiettes et les plats;

ces objets peuvent aussi se mouler sur les tours français; mais il est plus avantageux de le faire avec la tournette. D'abord, un atelier qui pourrait à peine suffire à trois tours, sera assez vaste pour y contenir six tournettes; d'un autre côté, les tournettes, par leur simplicité, sont bien moins coûteuses que les tours. La différence qu'il y a quant aux travaux, c'est qu'on ne peut tournasser avec une tournette; son mouvement n'est pas assez violent; et, comme je l'ai dit, cet instrument n'est bon que pour le moulage; mais c'est à tel point qu'il est préférable à tout autre pour cet objet.

Pour monter la tournette (fig. 20, pl. 1re), on commence par faire une table solide a près de la fenêtre où l'on veut que le mouleur soit établi. On applique des coussinets aux bords de cette table, qui doit être élevée du sol d'environ 80 centimètres. D'un autre côté, on fait une tige ou arbre en fer b, qui est vissé par une extrémité et aciéré par l'autre; comme on le fait pour le tour français. La tournette supporte aussi une girelle d; mais elle est entourée d'une masse de plâtre, qui a une épaisseur d'un décimètre, et un diamètre de 40 centimètres. Cette épaisseur est ici indispensable, attendu que ce n'est qu'afin que la tête de la tournette ait plus de poids qu'on l'y a mise. Ce poids augmente la célérité du mouvement qui sans lui serait presque nulle;

aussi plus on veut que la tournette aille long-temps avec une égale impulsion de force, plus on est obligé de donner d'épaisseur à la tête.

Ce n'est pas avec le pied, ni par une manivelle que l'on fait mouvoir la tournette, mais avec la main droite; à cet effet on pose la main sur le bord au côté opposé à celui qui fait face au mouleur; celui-ci l'empoigne avec force, et la tirant circulairement à lui d'un grand mouvement, il lui en imprime un assez considérable pour avoir le temps de bien mouler son assiette avant que la tournette ne soit en repos.

Cette manière de mouler les assiettes est si avantageuse que pour peu que le mouleur y soit habitué, il ne peut, ou plutôt il ne veut plus le faire sur le tour français; mais, comme je viens de le dire, il faut que cette habitude soit acquise, car on a quelquefois de la peine de faire descendre à la tournette les ouvriers qui travaillent sur le tour français lorsqu'ils ne l'ont point encore quitté. Ce n'est souvent que lorsqu'ils ont vu travailler sous leurs yeux et qu'ils ont pu comparer la différence et la dextérité qui existe de l'une à l'autre méthode qu'ils se tiennent pour convaincus; alors ils ne balancent point, et la tournette obtient la préférence pour le moulage.

CHAPITRE X.

De l'ébauchage des pièces et de leur déssiccation:

Il serait bien difficile, pour ne pas dire impossible, de donner des règles sûres et exactes qui fussent capables de guider le tourneur en faïence dans la plupart des ouvrages qu'il confectionne sur le tour. Chaque artiste ouvrier a, dans cette profession, des manières de travailler qui, bien qu'elles se ressemblent toutes pour la fin et le fond des ouvrages en général, diffèrent cependant un peu dans l'exécution : les uns aiment que les terres soient souples et molettes; d'autres au contraires les désirent plus massives et plus fermes. Aussi celui qui voudrait prétendre donner dans un livre des leçons aux tourneurs, en leur mettant, pour ainsi dire, la terre dans les mains, et qui, pour le faire, partirait d'un point uniforme et fixe, lequel cependant pourrait être commun à l'un ou à l'autre, n'arrivera qu'à moitié de la course et le but sera manqué. L'art du tourneur en faïence a certainement des principes fondamentaux qui s'appliquent aux mesures pour la grandeur des pièces ainsi que pour leurs épaisseurs, et particulièrement pour leur conformité entre elles ; mais lorsque l'on sort de là, cet art est pratiqué presque arbitrairement dans toutes les autres parties qui lui sont relatives.

D'après ce que je viens de dire, je ne m'attacherai donc qu'aux choses les plus essentielles et qui me semblent d'une indispensable nécessité, laissant de côté tout ce qui tient aux petites habitudes qui peuvent paraître contraires à la profession de l'art. En attendant je vais parler de la préparation de la terre.

Les terres, comme on l'a vu dans le chapitre du gâchage, sont, au sortir des renversoirs, placées dans la cave en tas fort considérables. Avant d'être portées dans les *tourneries*, c'est-à-dire dans les ateliers des tourneurs, elles ont besoin d'éprouver une certaine manipulation. Cette manipulation consiste à les marcher par parties afin de les rendre plus propres à être tournées de différentes manières.

C'est ici le travail de l'ouvrier qu'on appelle dans les manufactures le marcheur de terre.

On prépare dans la cave du marcheur une espèce de parquet en pierres très-unies ou en grosses planches bien serrées. Ce parquet doit avoir au moins 1 mètre quatre-vingts à quatre-vingt-six centimètres de côté. Si toutefois l'on s'est servi de planches pour le faire, il faut avoir la précaution d'enfoncer les têtes des clous avec lesquels on les a fixées les unes contre les autres, dans l'épaisseur de ces mêmes planches, pour éviter que le marcheur de terres ne puisse se blesser les pieds dans le travail. Malgré ce soin on voit encore quelquefois cet accident arriver par la présence dans la terre de certains corps durs et tranchans, tels que des morceaux de faïence cassés en biseaux, ou des fragmens de verre que la négligence a laissé pénétrer dans les fosses, ou même que des enfans, qui, ne prévoyant pas toutes les conséquences de leur imprudence, se sont amusés à les y jeter; c'est pourquoi il faut empêcher autant que possible qu'ils ne viennent jouer autour des fosses; car on a trop de raisons toutes plus fortes les unes que les autres, pour écarter de la terre tout ce qui peut nuire, tant à la réussite des pièces de faïence qu'aux ouvriers qui les travaillent.

Lors donc que le marcheur de terre veut en arranger une certaine quantité, il commence par saupoudrer de sable la place qui doit servir pour cela; ensuite il détache de la grosse masse de terre tout ce qu'il en veut marcher, il le dépose sur le parquet, l'arrange convenablement, puis avec les pieds nus il marche cette terre, la retourne avec une pelle en bois, puis la marche encore jusqu'à ce qu'il voie qu'elle présente une grande homogénéité; alors il en fait des *ballons* et les porte aux tourneurs.

Les ballons sont des masses de terre que le marcheur façonne en forme de gros cylindres ou de carrés longs pesant environ de 23 à 27 kilogrammes. Quant il en a amassé un nombre assez considérable, il les distribue aux divers tourneurs en en donnant davantage à ceux qui font de grandes pièces et qui, par conséquent, ont besoin d'une plus grande quantité de terre. Il faut même éviter à cet égard certaines querelles qui souvent arrivent dans les ateliers lorsque le marcheur de terre laisse languir le tourneur en ne lui en fournissant pas assez, ou bien en augmentant la part de l'un au préjudice de l'autre et cela quelquefois dans la vue de tirer une petite vengeance pour quelques mots lâchés inconsidérément, ou pour quelques passe-droits toujours mal entendus. Le directeur ou le maître d'une manufacture doit prévenir autant que possible ces sortes de démêlés, en redressant les injustices dont il peut avoir connaissance. Les ouvrages y gagneront sous le rapport de la perfection; car les ouvriers travaillent d'autant mieux que l'accord et l'harmonie règnent dans les ateliers.

Le marcheur de terre pose les ballons vis-à-vis le tour de chaque tourneur; il a soin de n'en mettre que ce qu'il faut pour tout au plus le travail d'un jour, dans la crainte que cette terre ne devienne trop dure par l'action de l'air, ce qui empêcherait le tourneur de s'en servir commodément.

Je crois avoir oublié de dire qu'auprès de chaque tour doit se trouver une table placée entre les fenêtres et appuyée fortement contre le mur. Cette table doit être d'une grande solidité, afin de résister aux efforts que fait le tourneur dans les momens qu'il bat la terre, manipulation essentielle pour la bonne réussite des pièces de faïence; voici comment il doit s'y prendre pour cette opération:

Le tourneur s'empare d'un ballon de terre qu'il place sur la table à sa gauche, il en coupe, avec un fil de laiton qu'il fait passer au travers, la moitié ou un bon tiers; il l'allonge en appuyant dessus avec les deux mains tant qu'il lui est possible, ensuite il lève un des bouts, replie la terre sur elle-même, et la pétrit à la manière du boulanger. La terre bien étendue, il la replie encore, puis la coupe par petites parties et les jette l'une sur l'autre avec autant de force que la nature lui en a donné. Non content de cela, le tourneur reprend la terre, la divise en morceaux qu'il empoigne fermement dans chaque main, et, les rapprochant avec force, il frappe les deux morceaux l'un contre l'autre; il les désunit sur-le-champ et les refrappe à plusieurs reprises, toujours en déchirant la terre dans ses mains jusqu'à ce qu'il voie que sa consistance et sa porosité sont partout la même. Ensuite il fait un colombin de la grosseur voulue pour les pièces qu'il doit tourner, et de ce colombin il coupe, avec les doigts, les *balles*, qui sont des morceaux de terre divisés dans de justes proportions autant qu'il est possible et ne renfermant qu'autant de matière qu'il en faut pour ébaucher une pièce. En battant et corroyant la terre le tourneur ne doit pas négliger d'ôter avec grand soin tous les corps étrangers qui s'offrent à sa vue, tels que les petits brins de paille, morceaux de bois, petits cailloux, durillons, etc.; il doit même souvent introduire le doigt index dans la masse, afin de les y chercher et les ramener en dehors s'il en trouve; toutes ces précautions contribuent pour beaucoup à la beauté des produits.

On sent trop l'extrême besoin que la terre a d'être bien battue et broyée et les avantages qui en résultent pour qu'il soit nécessaire d'insister grandement sur cet article. Il suffit de dire que, sans cette opération, les pièces de faïence ne renfermeraient dans leur sein que vents et que soufflures, ce qui amènerait un déchet presque total. Cette circonstance est, je le pense, bien assez forte pour obliger le manufacturier de faire attention si les ouvriers ont bien soin de corroyer leur terre ; d'ailleurs les tourneurs ont aussi leur intérêt propre à bien exécuter cette manipulation ; car la terre étant bien pétrie *coule* mieux sur le tour, les pièces se sèchent avec plus de régularité, et ils en *débitent* un bien plus grand nombre que si la terre était moins broyée.

Avant de fixer la grosseur des *balles* le tourneur est obligé d'ébaucher une pièce afin de mieux en préciser le volume. Pour cela il fait une balle comme il lui semble convenable, il en ébauche un vase semblable au modèle qu'on lui présente, il en prend les dimensions avec un compas, en donnant à la pièce qu'il fait une hauteur et une largeur augmentées du retrait que la terre doit avoir étant sèche. Ce retrait est toujours en raison de la fermeté de la terre ; c'est-à-dire du plus ou moins d'eau qu'elle contient ; néanmoins je dois indiquer ici l'étendue de ce retrait que je supposerai uniforme, et qui sera de deux *lignes par pouce*, ou, si l'on veut, d'un sixième, ce qui est presque toujours le *maximum* ; le neuvième est, dans tous les cas, le *minimum*.

Quoi qu'il en soit, aussitôt que la pièce est ébauchée, on plante la mesure qui consiste en deux morceaux de baleine appliqués contre une petite colonne en bois, qui se trouve sur la table du tour (fig. 21), vis-à-vis de la girelle.

De ces deux morceaux de baleine, rendus très-flexibles par les extrémités qui touchent à la pièce, l'un est placé au bas et dirige la largeur, l'autre vers la partie supérieure et marque la hauteur, tout en guidant encore l'œil du tourneur pour le diamètre.

La pièce terminée, le tourneur la détache de la girelle par le moyen du fil de laiton; il la détruit, la roule dans ses mains, en fait un petit boulet qu'on nomme *balle*: il examine bien son volume, l'apprécie de manière à pouvoir en former de semblables et à savoir la quantité que sa terre battue peut lui en fournir; il les met les unes contre les autres, il en fait un tas et les pose sur la table de son tour à sa droite.

Il n'est pas inutile d'observer qu'il faut que le tourneur fasse toujours les balles un peu plus grosses que plus petites; car il lui est plus aisé d'ôter de la terre que d'en remettre.

Quelquefois le tourneur a recours à la balance pour la formation des balles. Certainement en s'y prenant de cette manière, il est beaucoup plus sûr de leur régularité; mais, cependant, un tourneur qui a, comme on dit, l'œil et le poids dans la *main*, a un assez grand avantage sur celui qui pèse, en ce qu'il abrège un peu le temps que demande la pratique de la balance, et par conséquent fait un plus grand nombre de pièces dans un temps donné. La célérité est un point capital dans la profession de tourneur en faïence.

Lorsque l'ouvrier s'est procuré un assez grand nombre de balles, il les pose, comme je l'ai dit plus haut, sur la table de son tour, et se met en devoir d'ébaucher les pièces. Il prend d'abord une balle qu'il jette un peu rudement sur la girelle; il la fixe de la main gauche, tandis que de la main droite il prend un peu d'eau et de *barbotine* (cette dernière n'est autre chose que de la terre réduite en consistance de bouillie épaisse et qui tombe de chaque pièce qu'on ébauche). Il presse la main droite sur la balle tout en faisant mouvoir le tour assez vigoureusement avec le pied droit. Pendant ce temps, il enfonce le pouce dans le milieu de la balle en prenant encore de la barbotine, mais cette fois c'est avec la main gauche. Il enduit intérieurement et extérieurement la balle qu'il a commencé à creuser, puis en en pressant les parois, il élève et élargit la terre jusqu'à ce qu'elle figure la pièce qu'il veut imiter; ce que les mesures lui indiquent suffisamment.

Dans toutes les pièces creuses, soit à panse rebondie, ou à ventre cylindrique, le fond de l'intérieur est la partie qu'il faut d'abord soigner, parce qu'elle est celle aussi sur laquelle on ne peut plus revenir une fois que le vase est à sa hauteur; c'est pourquoi, dans l'ébauchage, on ouvre la balle de toute la largeur du fond de la pièce en lui laissant entre la girelle et les doigts une épaisseur convenable pour y donner le coup du *tournassin*, si toutefois il faut creuser en dessous. Après cela, on polit ou plutôt on aplanit ce même fond, en prenant la précaution de rendre l'intérieur aussi uni que possible; quant à l'extérieur, lorsque la pièce de faïence est à peu près formée, le tourneur prend un outil qu'on nomme *estèque*, (fig. 22); il le tient de la main droite tandis que la gauche est dans le vase; il pose son *estèque* en l'appuyant légèrement contre la pièce, et de cette façon il lui donne la forme et la netteté qu'il désire qu'elle ait.

L'une des choses les plus essentielles à observer pour l'ébauchage, c'est que dans le moment où le tourneur, armé de l'estèque, appuie un peu sur les parois extérieures de la pièce pour lui donner de l'*uni* et une forme agréable, il est urgent qu'avec la main gauche qu'il a introduite dans l'intérieur du vase, il applique positivement les doigts sur le point de la paroi qui répond à l'estèque afin d'opposer une certaine résistance: sans cela il serait de toute impossibilité de faire usage de cet outil qui est vraiment précieux pour l'ébauchage. Aussi la main gauche doit suivre la main droite dans toutes les parties du vase sur lesquelles cette dernière fait agir l'estèque. Cette condition est de la plus grande rigueur.

La pièce n'est pas plutôt ébauchée que le tourneur prend le fil de laiton (fig. 23) par les deux bouts, c'est-à-dire un dans chaque main, et le fait passer vivement sur la girelle, en coupant la terre qui forme le fond du vase et qui se trouve attachée à cette girelle d'une manière assez opiniâtre. Il enlève la pièce avec les deux mains, il la reçoit dans la gauche et la pose sur une planche qui se trouve à sa portée et positivement sur la table du tour. Ensuite il prend une autre balle de la main droite, il la jette sur la girelle, après cependant avoir nettoyé cette dernière avec le pouce de la main gauche, pour que la nouvelle balle qu'on applique dessus puisse adhérer, et il recommence une autre pièce de faïence en observant d'exécuter tous les mouvemens que nous avons indiqués.

L'estèque est un outil trop utile dans l'art du tourneur en faïence pour ne pas mériter ici de notre part une explication particulière.

La forme des estèques (fig. 22) diffère selon le type des pièces que l'on ébauche. C'est ainsi qu'il en existe de carrées *a*, de triangulaires *b*, d'ovales *d*, d'autres qui ont la figure d'une demi-lune *e*, et enfin le goût de l'artiste en façonne de telle forme que réclame chaque différente pièce de faïence, mais toujours en consultant son diamètre, sa hauteur et surtout ce qui peut la distinguer et exiger quelques modifications dans la courbure ou la figure rectiligne de l'estèque. Quant à la matière avec laquelle on les fait, cela dépend presque entièrement de la volonté du tourneur. C'est pourquoi on remarque, dans les ateliers, des ouvriers qui en ont qui sont en fer, en acier, en cuivre, et d'autres en *bis-cuit* de faïence, c'est-à-dire en terre cuite. Cette dernière matière semble être réservée uniquement pour les grandes estèques; quelquefois on lui substitue l'ardoise, et les ébaucheurs s'en trouvent fort bien; mais, comme je le dis, celles qui sont d'une petite dimension se font toujours en métal, et celui qui convient le mieux ici est sans doute le cuivre, parce qu'il s'oxide moins vite que le fer et l'acier, et que, d'ailleurs, il est beaucoup plus doux que ces derniers métaux.

Dans le milieu de l'estèque, sur le côté, ou enfin dans l'endroit le plus convenable à celui qui en fait usage, se trouve un trou, afin que l'ébaucheur puisse y passer le doigt du milieu de la main droite, et avoir par là la force de soutenir cet outil sur la pièce de faïence sans que cette dernière ne vacille en aucune façon. Cette précaution est de rigueur, car sans elle il est fort difficile de pouvoir tenir fermement l'estèque entre les doigts, parce que la terre délayée en barbotine est très-grasse, et produit l'effet d'une espèce de savon en empêchant de bien tenir les objets.

La propreté dans tous les arts est une qualité essentielle et précieuse; on va même jusqu'à dire qu'elle est une vertu; mais c'est surtout dans l'art du tourneur en faïence qu'elle est indispensable. Aussi, pour réussir dans cette partie, est-il nécessaire que l'artiste toutes les fois qu'il s'est servi d'un instrument quelconque dont il n'a plus besoin ait soin sur l'heure de le laver dans la cuvette, et le remettre au clou destiné pour suspendre les divers instrumens. Les estèques sont rangées par ordre de grandeur, et leurs trous servent à les soutenir à des clous moitié entrés dans la muraille qui se trouve vis-à-vis et à la droite de l'ébaucheur.

Outre que l'estèque est propre, comme on l'a vu plus haut, à polir et égaliser le vase à l'extérieur et quelquefois à l'intérieur, l'ouvrier s'en sert encore pour soulever, en les tenant de la main droite, certaines pièces qui sont hautes et étroites comme des pots à eau, par exemple, de dessus la girelle et les poser sur la planche. Cette manière d'enlever les vases est fort bonne, quoiqu'elle ne soit pas généralement pratiquée. Je crois devoir recommander de se familiariser avec elle; on ne tardera pas de se convaincre qu'on gagnera beaucoup du côté de la promptitude et de la conservation des formes, parce qu'elles sont alors moins susceptibles de s'altérer que lorsque l'on ne prend le vase que d'une seule main, ou même avec les deux mains sans estèque.

Quoi qu'il en soit, et pour en revenir à l'ébauchage, je continue en disant qu'aussitôt que la planche sur laquelle l'ouvrier pose les pièces en est comblée, il descend de son tour, la prend, et la porte sur les rayons; en même temps il s'empare d'une autre planche, la pose au même endroit, à côté de lui, et recommence de la garnir de nouvelles pièces de faïence et ainsi de suite.

Cependant le tourneur ne peut pas toujours ébaucher; il faut nécessairement qu'il *tournasse: tournasser*, c'est finir la pièce.

Lorsque le tourneur s'est occupé pendant quatre ou cinq jours de suite à ébaucher, il est à craindre que les premiers vases qui ont passé par ses mains ne soient d'une consistance trop ferme pour céder facilement au choc du *tournassin*. Il est donc urgent que l'ouvrier ait souvent l'œil sur les premières pièces ébauchées, afin de s'assurer de leur état. Outre l'importance qu'il doit attacher à ce que ces objets aient une dessiccation convenable, il doit encore en mettre beaucoup à les visiter soigneusement, afin de ne point les laisser *gauchir*. C'est pour éviter ces graves inconvéniens que le tourneur, lorsqu'il ébauche, doit tous les jours, le matin et le soir, visiter son ouvrage, retourner les pièces de bas en haut, et redresser celles auxquelles il aperçoit quelques déformations. La rondeur est la partie qui se trouve le plus souvent altérée. Pour y remédier, le tourneur prend le vase, l'enveloppe dans les deux mains, puis avec les pouces, il appuie assez fort mais avec précaution sur les parois extérieures qui semblent s'éloigner de la figure du cercle, jusqu'à ce que les bords soient revenus dans leur état primitif. La négligence dans cette manipulation entraîne le plus grand désordre dans les ouvrages. Voici quels en sont les résultats :

Lorsque les pièces de faïence qu'on a ébauchées ne sont pas revues à temps, et que la déformation a eu lieu, comme cela est toujours à craindre et même probable, il n'est pas possible, quelque effort que l'on fasse, et quelle que soit la manière dont l'on s'y prenne de pouvoir les redresser. D'ailleurs les efforts dont je veux parler ne consistent pas à employer la force, car si l'on appuyait trop, quelle résistance pourrait offrir une pièce de faïence non cuite, et qui souvent est très-mince? d'un autre côté la terre ayant perdu son élasticité par la privation de l'eau, on ne sent que trop qu'elle ne peut plus céder à la pression des doigts ; il faut donc la casser et en jeter les morceaux dans la fosse. Voilà une pièce perdue pour le tourneur.

Ce n'est pas tout, je suppose que le vase (ce qui arrive bien rarement) se soit conservé dans sa forme primitive, quoique le tourneur ait négligé de le soigner, et que par cet oubli la consistance de ce vase soit devenue telle qu'elle ne permette plus un fini exact, cela n'empêchera pas, j'en conviens, que l'ouvrier ne tente de le tournasser, parce qu'il se résout difficilement à perdre le fruit de son labeur; mais qu'arrive-t-il? que les parois de la pièce ne pouvant se prêter à la forme du *mandrin*, elle se casse presque toujours, ou, si elle résiste, ce n'est jamais qu'une pièce mal tournassée, incapable d'être bien polie, et, qui plus est, remplie d'une infinité de raies occasionées par l'impression de l'outil. On voit encore ici trois choses désagréables, pour ne pas dire plus : la première est la perte que fait l'ouvrier ; la seconde, ce sont des pièces mal confectionées ; et la troisième se trouve dans un grand nombre de vases cassés, dont la terre, pour ne pas être perdue, n'est pas moins obligée de retourner à la fosse ; ce qui fait certainement une perte pour le manufacturier, attendu que cette même terre exige une seconde évaporation d'eau dans les renversoirs, et par conséquent est l'objet de manipulations qui augmentent les dépenses.

Tant de considérations sont propres sans doute à engager le tourneur à avoir beaucoup de vigilance dans son travail, afin d'éviter de semblables inconvéniens; il est toujours le maître de les prévenir en visitant souvent les pièces ébauchées, et les tournassant aussitôt qu'il s'aperçoit qu'elles sont assez fermes pour se tenir convenablement sur le *mandrin*.

Les saisons et l'état de l'apmosphère influent essentiellement sur la prompte ou lente dessiccation des pièces de faïence; en été, par exemple, où la température va quelquefois jusqu'à 30 degrés, et où le terme moyen est de 15 à 25, les vases se dessèchent avec rapidité; alors le tourneur doit avoir un soin extrême de les visiter fréquemment, pour ne point être déçu dans son attente. Aussi ne peut-il long-temps ébaucher sans être obligé de tournasser, car les pièces qui ont peu d'épaisseur sont bonnes, du jour au lendemain, à subir cette opération. En hiver, au contraire, et dans les autres saisons pluvieuses et humides, l'ouvrier peut quelquefois ébaucher jusqu'à quatre ou cinq jours de suite, sans que les premières pièces travaillées soient devenues trop sèches pour être tournassées.

Le tourneur doit donc consulter toutes ces circonstances, si différentes les unes des autres, dans le moment de l'ébauchage. Le besoin urgent des produits, ni l'appât d'un grand gain que donne un travail non interrompu ne doivent pas l'emporter sur les soins assidus que demande la confection des pièces de faïence. Le manufacturier lui-même doit surveiller attentivement cette partie des détails dans son établissement; il ne peut trop souvent s'assurer si ceux qui ébauchent remplissent ponctuellement toutes les conditions exigées pour que les marchandises se maintinneent dans une situation convenable. A cet effet, il est utile que le fabricant fasse trois ou quatre fois le jour une tournée générale dans tous les ateliers, et qu'il n'oublie pas de donner à tout un coup d'œil en faisant l'inspection des planches qui se trouvent garnies sur les rayons. De cette manière, non-seulement il verra par lui-même le dégât, s'il en existe, mais il coopérera puissamment à le prévenir; car l'ouvrier, sans cesse tenu en haleine par la fréquence des visites du chef, sera forcé de mettre plus de constance dans des soins qu'il se plaît quelquefois à regarder comme une *corvée*, parce que, dit-il, pendant le temps qu'il regarde et retourne les pièces, son tour se trouve dans une stagnation qui lui est préjudiciable sous le rapport de la besogne qui ne se fait pas.

Je suis loin de vouloir insinuer que tous les tourneurs en faïence raisonnent ainsi; mais il suffit que je sois certain qu'il en existe, pour que j'en fasse ici mention. Il est constant qu'un ouvrier négligent en souffre le premier, comme je l'ai démontré plus haut, puisque les ouvrages qui ne sont pas livrés ne lui sont pas comptés le jour de la paie; mais souvent il passe légèrement sur cette considération, en se figurant bien mal à propos que, pendant que dix pièces se détériorent, trente demeurent à peu près dans leur état naturel, et qu'il viendra à bout de les tournasser les unes et les autres en prenant de certaines précautions.

Il serait urgent aussi que tous les tourneurs en faïence renonçassent à la vicieuse habitude d'humecter les vases en les passant dans l'eau lorsqu'ils s'aperçoivent qu'ils sont trop secs, et cela afin qu'ils redeviennent souples et propres au tournassage. Ce remède n'est pas pire que le mal, mais assurément il ne vaut guère mieux; en ce que les pièces de faïence ainsi humectées font rarement atteindre le but qu'on se propose : 1° les parois extérieures qui sont en contact avec l'eau se trouvent trop mouillées par rapport à l'intérieur de l'épaisseur de la pièce, ce qui fait que cette dernière se fend presque toujours; 2° de telles pièces, qui ont subi une semblable opération, et qui ont été amollies au point d'entrer convenablement sur le mandrin, ne réussissent presque jamais au coup de feu de *biscuit*.

On trouvera, j'en suis plus que certain, des ouvriers qui déposeront contre mon assertion; non que je veuille dire cependant que ceux-là ne consulteront que leurs propres intérêts, mais ils seront mus par des préjugés d'ateliers qui ont dans leur esprit force de principe, quoique je sache parfaitement bien que les premiers qui ont débité de pareils sophismes, dans la fabrication qui nous occupe, n'ont eu réellement d'autre mobile que leur intérêt pour accréditer cette fausse opinion. Cette erreur est du nombre de celles que des manufacturiers privés des connaissances suffisantes laissent germer dans le sein des établissemens qu'ils dirigent. Pour se convaincre que ce que j'avance est bien fondé, qu'on prenne un vase de faïence quelconque non cuit, mais bien sec, qu'on essaie de le ramollir en l'humectant dans l'eau, on ne tardera pas à s'apercevoir qu'il se délaiera plutôt que cette circonstance ait lieu, ce qui prouve incontestablement que la terre est peu propre à reprendre l'eau qu'elle a perdue par la dessiccation, et conserver en même temps sa forme primitive.

Il est encore une autre mauvaise habitude à laquelle bien des fabriques sont en proie, c'est celle de laisser sortir les planches garnies de pièces ébauchées hors des ateliers, et les laisser exposer en plein air et quelquefois à l'ardeur du soleil, pour hâter la dessiccation. Le moindre inconvénient que produise cette manière de faire sécher les vases de faïence, suffirait seul pour l'interdire. On sent assez qu'une terre nouvellement travaillée sur le tour n'est pas capable d'endurer le grand air sans éprouver un retrait forcé par la dissipation trop prompte de l'eau qu'elle retient avec opiniâtreté. Cette gêne, ou plutôt ce tiraillement, si je puis m'exprimer ainsi, qu'éprouvent les vases de faïence, lorsqu'on les soumet aux influences d'une température trop vive et trop élevée, les fait vaciller dans leur forme, les rend presque tous *valandrés* et *gauchis*, au point de n'en tirer parti qu'avec une extrême difficulté.

Non-seulement ces pièces de faïence se trouvent en *rebut* avant d'être cuites par suite de leur déformation, mais souvent elles se fendent sur les planches. Cet effet n'est pas difficile à saisir; il suffit, pour le faire concevoir, de considérer qu'un vase de faïence n'est point dans toutes ses parties d'une épaisseur égale, et que par conséquent celles qui sont plus minces doivent nécessairement se sécher les premières. Or la terre en se séchant fait un retrait assez considérable sur elle-même; mais ce retrait ne pouvant avoir lieu sur les parties épaisses aussi promptement que sur les parties minces, il en résulte ce tiraillement qui fait gauchir le vase, si toutefois il ne le fait pas fendre; et voilà comment; en voulant activer les ouvrages, on tombe dans des pertes qui font regretter la marche qu'on a prise.

Ceux qui liront ce passage de mon livre avec quelque attention trouveront extraordinaire que des chefs de manufactures permettent un mode de dessiccation si préjudiciable. Cependant ce fait n'est que trop réel: quelquefois j'ai vu la cour de certaines fabriques remplie çà et là de planches garnies de pièces ébauchées. Une fois entre autres le hasard m'a fait voir que cette vicieuse habitude avait encore plus d'inconvéniens que je ne l'avais cru, car dans une visite que je rendis un jour d'été à l'un de mes amis, chez lequel cette manière de sécher les pièces était en vogue, il vint tout à coup une pluie d'orage qui força tous les ouvriers de la manufacture à se mettre sur pied. Tous voulaient en même temps enlever à la fois leurs ouvrages afin de les préserver de l'eau qui tombait par torrens. Vous eussiez vu ébaucheurs, mouleurs, manœuvres, apprentis, mouliniers, etc., se précipiter les uns sur les autres, armés de planches, pour passer les premiers dans les ateliers; c'était à qui aurait eu l'avantage d'en sauver le plus. Ici la précaution, si nécessaire au transport des marchandises non achevées, était totalement oubliée; il ne s'agissait que de les sauver du déluge, sans s'inquiéter si les vases recevaient par-ci par-là quelques coups qui les mettaient dans un état à n'en pouvoir plus tirer aucune utilité, excepté celle de les jeter dans la fosse. Cependant ce désastre, qui était bien fait pour que le manufacturier interposât son autorité afin de forcer les ouvriers à renoncer à cette manière de faire sécher les pièces, n'empêcha point qu'on y revînt de nouveau, tant il est vrai qu'une habitude, quelque mauvaise qu'elle soit, s'abandonne difficilement lorsqu'elle a pris racine dans un établissement.

Comme il est contraire aux principes de faire sécher les vases de faïence trop promptement en les exposant à une température élevée, il ne l'est pas moins de les abandonner à eux-mêmes dans une température trop basse. Tout excès est également à éviter : outre que les pièces resteraient fort long-temps dans le même état d'humidité, surtout en hiver, si l'on n'avait le soin d'entretenir dans les grands ateliers une douce chaleur artificielle produite par des poêles qu'on place à certaines distances, les pièces seraient encore exposées à être gelées, et alors plus d'espérance d'en rien faire ; celles qui ont passé par cet état sont absolument perdues, puisqu'en le quittant elles tombent par morceaux sans que pour cela on ait besoin de les toucher.

La précaution de ne pas exposer les vases encore humides à un air trop froid et qui soit capable de les geler doit s'étendre sur toutes les parties de la fabrication où il est question de sécher; et l'on sait qu'il en existe beaucoup, attendu que depuis la gasette et la tuile, jusqu'aux pièces de faïence le plus délicatement travaillées, toutes doivent passer par là. Combien de fois pour n'avoir pas donné l'attention que demande cette partie des manipulations, le manufacturier qui a le malheur d'être insouciant n'a-t-il pas été obligé de faire recommencer des travaux auxquels il ne manquait pour être valides que de les préserver du contact d'un air froid! C'est surtout dans les objets grossiers tels que les gasettes et les tuiles que de semblables ravages arrivent plus fréquemment, parce qu'ils se trouvent souvent éloignés du centre de la fabrique. On a coutume de les placer dans des endroits isolés à cause de leur volume, qui, j'en conviens, ne permet pas qu'ils soient où ils devraient être; mais cette circonstance est une raison de plus, ce me semble, pour qu'on doive y apporter quelque attention. Il n'est certainement pas convenable d'oublier ou de négliger des matériaux qui ne se trouvent pas sous nos yeux, par la seule raison qu'ils ne s'y trouvent pas, alors que sans eux on ne peut rien faire, et qu'ils sont plus précieux aux manufacturiers que les pièces qui font l'ornement de leur magasin.

Assurément ce que je viens d'avancer est arrivé à quiconque s'est trouvé à la tête d'une fabrique de faïence; je n'aurai pas même la vaine prétention de m'exclure du nombre; mais je puis dire aussi que je n'y ai été pris qu'une bonne fois, et que chaque année, à l'entrée de la mauvaise saison, je me hâtais de faire passer dans les ateliers où se trouvaient les tuiles, les gasettes, les rondeaux, etc., des tuyaux de chaleur ou des poêles qui prévenaient le retour de tels inconvéniens. C'est ce que je recommande de faire à quiconque veut éviter de grandes pertes, en considérant que dans les matériaux il en est de fortes pour les fabricans; les façons qui sont payées ne se reprennent point à l'ouvrier, ce dernier ne pouvant répondre d'un travail qui ne doit plus lui passer par les mains et qui est abandonné au seul soin du temps. D'un autre côté, en supposant que le maître de fabrique, peu soucieux, abandonne l'inspection des matériaux aux yeux de ceux qui les ont confectionnés, peut-il se figurer qu'ils auront le même intérêt que lui à les préserver d'un danger dont la conséquence nécessaire est de leur apporter une double besogne, qui ne peut que les mettre en position de ne pas manquer d'ouvrage?

D'après tout ce qu'on vient de voir pour les précautions à prendre dans la dessiccation des pièces de faïence, on trouvera peut-être que je me suis trop étendu sur cette dessiccation ; mais je ne l'ai fait que parce que cette partie est, sans contredit, la plus importante après la cuisson, et qu'elle mérite d'assez grands développemens dans la manière de la décrire, et dans ce qu'il est urgent d'observer pour prévenir les désagrémens que le défaut de soins occasione dans cette partie des manipulations. L'expérience que j'ai acquise, tant au sein de mes ateliers que dans ceux d'un grand nombre de manufactures, que j'ai visités en détail et avec les propriétaires, desquelles j'ai pu avoir quelques relations, m'a mis à même d'exposer ce tableau avec connaissance de cause et de lui donner toute l'étendue nécessaire. J'eusse pu même y ajouter encore quelques traits ; mais je pense que ce que j'en ai dit est suffisant pour engager ceux qui voudront entrer dans cette carrière, à s'entourer de précautions afin de n'éprouver que le moins d'avaries possible. Je dis le moins, parce qu'il n'y a pas un manufacturier qui puisse dire qu'il ne lui arrive pas de temps à autre quelques contrariétés, plus ou moins graves, relativement aux opérations. Quelque expert que soit un fabricant dans la branche d'industrie dont il est ici question ; quelque versé qu'il puisse être dans la science chimique qui en est certainement le flambeau, il ne peut pas répondre (qu'on me pardonne cette expression) de marcher toujours droit devant lui et de n'avoir jamais de sujets de mécontentement; il est certain qu'ils ne sont pas alors d'une nature aussi grave, ni comparables à ceux que j'ai signalés plus haut, et qu'ils n'empêchent pas la prospérité d'un établisment bien monté. D'ailleurs quelques petits écarts réveillent l'attention de l'artiste, tandis que les trop grandes déviations le tuent lorsqu'ils sont trop fréquens; et le malheur qu'il éprouve alors est d'autant moins plaint qu'il est le résultat de la négligence et de l'inertie.

CHAPITRE XI.

Du Tournassage.

Lorsque les pièces de faïence qui sont ébauchées ont acquis le degré de dessiccation qui leur est convenable pour qu'elles puissent être tournassées, on leur fait subir cette opération; on reconnaît qu'un vase est propre à recevoir le coup de tournassin lorsqu'il se tient ferme dans les mains, et qu'en passant l'ongle dessus et enlevant un peu de terre il laisse une raie dont le creux paraît poli. En sonnant le vase il ne doit rendre aucun timbre, car ce serait une preuve qu'il est trop sec et que par conséquent il a besoin d'être mouillé pour entrer sur le mandrin; c'est ce qu'il faut soigneusement éviter, comme on a pu le voir.

Tournasser une pièce de faïence, c'est lui enlever sur le tour, par le moyen d'un outil qu'on nomme tournassin, toutes les *bavures* et l'excédant des épaisseurs qu'il a fallu lui donner dans l'ébauchage, afin qu'elle se tînt sur la planche dans une position verticale et ne retombât point sur elle-même.

C'est aussi entre les mains du tournasseur que la pièce prend une forme agréable et légère : le tournassin sert à découper le pied des vases, à l'échancrer dans certains endroits, à lui donner un beau rond de bosse. Dans d'autres enfin, à terminer la pièce en *cru* de manière à lui faire contracter cette forme dégagée qui marque la grâce et l'élégance qui caractérise si bien le goût des artistes français dans cette branche d'industrie.

Avant d'entrer dans le détail du tournassage et de décrire la manière avec laquelle il faut s'y prendre pour le bien faire, je dois parler des outils qui lui sont propices.

Ces outils sont en petit nombre ; ils consistent en un mandrin, cinq à six tournassins de différentes formes et quelques morceaux de corne qui servent à polir.

Les mandrins peuvent être en bois ou en terre. Lorsqu'ils sont en bois, on doit en avoir de plusieurs grosseurs, afin qu'ils puissent servir à toute sorte de pièces ; mais quand ils sont en terre il suffit, lorsqu'ils sont faits pour de grandes pièces, de les découper avec le tournassin pour les faire servir à de petites.

Pour tournasser sur le tour qu'on nomme tour anglais et dont il a été question à l'article des tours, le mandrin, au lieu d'être placé verticalement, ainsi qu'on le pratique aux tours français, l'est au contraire horizontalement; de sorte que la pièce de faïence tourne dans un sens tout-à-fait différent dans ces deux espèces de tours; cependant cela n'empêche pas que celui qui sait tournasser sur l'un ne puisse tournasser sur l'autre au bout de quelques jours de pratique; mais je pense (et je crois ne pas me tromper) que le tournasseur français parviendra plutôt à travailler avec dextérité sur le tour d'un Anglais que ce dernier ne le fera sur le tour français, parce que ici il faut que le pied agisse, et il n'est pas aisé à celui qui n'en a pas l'habitude de pouvoir mettre en mouvement les extrémités du corps tout en donnant de la perfection à son travail. C'est pourquoi il ne serait pas mauvais que tous ceux qui se destinent à cet art commençassent par monter sur le tour français avant de se mettre sur le tour anglais; ils auraient sûrement lieu de s'en applaudir plus tard.

Il faut que la terre avec laquelle on fait le mandrin soit assez ferme pour que la pièce de faïence qu'on y attache ne puisse l'entamer d'aucune manière; d'un autre côté il ne faut pas non plus qu'elle le soit trop, de peur que la pièce ne s'endommageât elle-même. C'est pour éviter tous ces inconvéniens qu'on doit conserver son mandrin d'une consistance toujours égale; à cet effet on a soin de l'envelopper dans un torchon de linge qu'on entretient sans cesse dans un état d'humidité convenable. La figure du mandrin, soit grand, soit petit, est toujours celle d'une cône tronqué.

Sur le tour français, le mandrin étant en terre, le tourneur, lorsqu'il veut s'en servir, le fixe sur la tête du tour au moyen d'un colombin mouillé qu'il applique assez fermement avec les doigts. Cet appareil ne peut se faire sur le tour anglais, parce qu'ici le mandrin devant être placé horizontalement, le colombin n'aurait pas assez de force pour le soutenir dans cette position d'une manière solide, afin que le tournasseur pût à l'occasion appuyer sur la pièce de faïence avec son tournassin. Cette raison seule a suffi pour qu'on ait eu recours au bois dans la confection du mandrin ; en conséquence c'est tout uniment un morceau de hêtre façonné par le tourneur en bois, dans la forme indiquée plus haut, c'est-à-dire d'un cône tronqué ; seulement au centre de cette pièce se trouve un trou marqué d'un pas de vis, soit dans le bois, soit dans un petit cube de fer qu'on y adapte, et qui entre juste dans l'arbre horizontal du tour auquel est attachée la poulie qui le fait mouvoir par le moyen d'une corde.

Les tournassins (fig. 24) sont des outils en fer ou en acier à demi trempé, dont la forme varie suivant la fonction à laquelle le tournasseur les destine : ils consistent en des morceaux de tôle un peu épaisse, ou en de petites bandes que l'on découpe dans une lame de scie. Ces bandes de fer, qui peuvent avoir 6 à 8 centimètres de long sur 4 à 5 de large, sont jointes par le milieu à une petite branche de même métal, longue de 10 centimètres, et d'un centimètre et demi de diamètre. Cette branche vient se river fortement par une extrémité à la bande de fer, tandis que par l'autre elle entre dans un manche en bois garni d'une virole.

Je n'ai pas besoin de dire que c'est avec la petite bande de tôle rivée au bout de la branche en fer qu'on travaille sur les pièces de faïence. On donne à cette partie du tournassin la figure la plus propre à remplir le but qu'on se propose ; on se sert pour cela d'une lime *demi-douce* avec laquelle on parvient à former des ronds, des ovales, des carrés ; quelquefois on en fait qui sont échancrés, pour pouvoir exécuter les moulures. Enfin, pour tout dire en un mot, le tournasseur donne à ses outils, par le moyen de la lime, telle figure qu'il juge à propos de lui donner, afin qu'il puisse en tirer le meilleur parti possible, ayant toujours l'attention de lui faire un taillant pour que le tournassin morde dans la terre et en enlève une bonne quantité tout en laissant sur la pièce de faïence une impression fine et délicate.

La corne dont le tournasseur a besoin lui sert

à donner à la superficie des pièces un poli qu'on ne peut obtenir avec le tournassin. Cette corne est la même que celle qui se trouve aux lanternes de campagne; on fait en sorte seulement de s'en procurer qui soit un peu grosse et ferme, parce qu'alors ayant plus de résistance elle polit mieux.

Lorsque l'ouvrier veut se mettre à tournasser, il prépare et visite toutes les planches garnies de pièces qui doivent lui passer par les mains. Si son travail a été bien conduit et s'il a eu plusieurs jours d'ébauche, les premières pièces ébauchées seront celles qui devront être dans le meilleur état. Il les arrange convenablement, ensuite il monte son mandrin sur la tête du tour; cela fait, il prépare ses tournassins, il considère l'espèce d'ouvrage duquel il va s'occuper, et après avoir apprécié ce qu'il en doit être, il donne à ses outils le coup de lime qu'il juge nécessaire pour qu'ils aient ce qu'on appelle en terme d'atelier du *mordant*, c'est-à-dire pour qu'ils puissent bien trancher la terre.

Avant de tournasser, le tourneur éloigne de son tour tout ce qui peut le gêner; n'ayant pas besoin d'eau, il ôte la *terrine* qui la contient et néttoie les planches en les débarrassant de la barbotine et de toutes les saletés qu'amène l'ébauchage. Il est urgent de ne pas passer légèrement sur cet article, car la propreté, comme je crois l'avoir déjà dit, est une des qualités les plus utiles que le tourneur puisse avoir. Cela est vrai à tel point qu'il n'est pas rare qu'un maître de fabrique se défasse d'un ouvrier par la seule raison que ce dernier est trop négligent dans cette partie. Enfin, quoi qu'on en puisse dire, un ouvrier, quelque talent qu'il ait d'ailleurs, s'il manque de propreté, il faut toujours que ses ouvrages s'en ressentent plus ou moins, et à la fin l'effet de son peu de soin devient la cause de sa disgrâce.

Lorsque le tout est convenablement arrangé, le tourneur prend une planche garnie de pièces, la pose sur la table de son tour à sa gauche; il prend une de ces pièces, et il l'applique sur le mandrin en la frappant d'un coup léger, afin de la bien fixer; en même temps il fait mouvoir fortement son tour avec le pied, et fait en sorte avec la main gauche de mettre la pièce dans une situation parfaitement droite. Aussitôt qu'il la voit dans cet état, il prend le tournassin de la main droite, le pose sur la pièce du côté du tranchant et en ôte toute la terre excédante en commençant par le pied; ensuite venant au ventre, puis au bord, enfin mordant et emportant de la terre partout où il en voit la nécessité jusqu'à ce que la pièce de faïence ait la forme exigée.

Tout en exécutant cette manipulation, le

tourneur ne doit pas abandonner à elle-même la pièce sur le mandrin, c'est-à-dire se fier sur ce qu'elle pourrait paraître assez fixée à ce dernier pour résister au choc du tournassin : au contraire il importe beaucoup qu'il ait constamment la main gauche effleurant la pièce du côté opposé à l'outil qui tranche; sans cette précaution le vase serait susceptible de vaciller au point d'empêcher le succès de l'ouvrage. Aussi toutes les fois que la pièce semble s'écarter du point central, le tournasseur donne-t-il un petit coup de la main gauche contre elle, du côté où elle veut pencher, et par ce moyen il la remet dans son état naturel.

La pièce étant amincie, découpée sur toutes les parties où il faut qu'elle le soit, est ensuite polie par le tournasseur. Pour cela, il prend la corne dont nous avons parlé, l'appuie sur la pièce pendant qu'elle est en mouvement; aussitôt elle prend à l'extérieur un brillant soyeux plus ou moins fort, selon qu'on a pressé la corne contre les parois avec plus ou moins de rudesse. Après cette opération le vase ne doit plus repasser entre les mains du tourneur; il est remis sur les planches, et ensuite sur les rayons, jusqu'à ce que la dessiccation soit parfaite pour aller au four, excepté cependant dans le cas où le vase aurait besoin d'une anse ou de quelqu'autre ornement; alors cette opération rentre dans le domaine du garnisseur, et fait l'objet du garnissage dont nous parlerons ci-après. Avant, je crois indispensable de m'arrêter un moment sur le polissage; ce que j'ai à dire sur cet article est d'autant plus important que je puis dire sciemment que cela n'est pas généralement connu de tous ceux qui professent la partie, et par conséquent moins encore de ceux qui voudraient y entrer, et auxquels je destine particulièrement cet ouvrage.

Le polissage ne peut se faire indifféremment sur toutes les terres ; celles par exemple dans lesquelles l'alumine est en partie dominante, sont peu propres à le recevoir, parce que la corne leur donne un poli qui, en resserrant leurs pores, leur donne un brillant très-éclatant, mais qui disparaît en quelque sorte lorsque la pièce est totalement séchée. Ce n'est pas cependant seulement à cause de cela qu'un grand défaut résulte du trop de polissage, mais bien de ce qu'il n'existe plus à la superficie de la terre une certaine quantité d'aspérités qui favorisent considérablement l'adhérence de l'émail aux parois des vases. Voilà pourquoi les manufacturiers qui ont commencé à fabriquer des vaisselles avec des terres éminemment grasses, et dans lesquelles par conséquent l'alumine était en quantité trop notable, ont toujours éprouvé de grandes pertes dans les premiers temps de leur fabrication, surtout si la corne était employée et faisait sa fonction par les mains du tourneur.

Le défaut qui se fait voir par un polissage hors de saison, ou pour avoir confectionné les pièces avec une terre trop grasse, est un *écaillage* presque général de la part de l'émail; ce dernier s'élève de la superficie des vases en forme de coquilles d'œufs et laisse le bis cuit à nu. Le même effet a lieu quand on emploie des terres trop calcaires, ainsi qu'on pourra le voir lorsque nous parlerons de l'émail blanc. Cet inconvénient est un des plus préjudiciables à la prospérité d'un établissement de faïence; les produits qui en sont atteints se *tressaillent* au bout d'un très-court espace de temps d'exposition à l'air : quant à l'usage, il n'en faut point parler. On sent bien que si les vaisselles se détériorent en magasin, il en doit être bien autrement dans le service habituel; aussi peut-on dire qu'un semblable produit est tout-à-fait nul pour remplir le but auquel il était destiné.

Il ne faut pas songer à peindre les pièces au réverbère quand l'émail de la faïence s'écaille facilement; car il est sûr que bien peu resteraient intactes, attendu que le troisième feu faisant jouer diversement la pâte par la dilatation et la contraction que le calorique exciterait dans toutes les parties, ces effets de la chaleur favoriseraient extrêmement l'écaillage et feraient que toutes les pièces peintes se trouveraient en déchet. Il est donc urgent de prendre toutes les précautions possibles pour éviter des inconvéniens aussi graves, soit dans la bonne manière de travailler la terre, puisqu'ils peuvent naître de quelque négligence en cette partie ; soit en corrigeant le corps de la pâte quand on a reconnu que ces défauts viennent de ce que la terre est trop grasse ou de ce que le carbonate de chaux entre trop abondamment dans sa combinaison. Nous donnerons plus tard le dernier moyen; en attendant, comme nous en sommes au tournassage, tâchons d'expliquer ce qu'il faut faire pour éloigner ce fâcheux résultat.

Je disais il y a un instant que, lorsque le tournasseur avait terminé son vase avec le tournassin, il se servait d'un morceau de corne arrondi pour le polir; c'est pourquoi quand l'expérience de plusieurs fournées a démontré que l'émail appliqué à la surface des pièces était enclin à s'écailler, il faut ne plus polir les pièces ; on se contente alors de ne faire agir que le tournassin, et rien de plus.

S'il a fallu que le tournasseur prît beaucoup de soin des ouvrages ébauchés jusqu'à ce qu'ils arrivassent sur le mandrin pour être totalement terminés, je dois dire qu'après ce travail les pièces ne sont plus soumises à sa surveillance, et qu'ainsi il ne répond plus de leur déformation. D'après cela il est donc urgent de placer dans le sein de la fabrique un ouvrier dont l'occupation journalière soit sans cesse d'avoir soin des vaisselles qui, pour arriver à une parfaite dessiccation, sont abandonnées à elles-mêmes. Les pièces creuses n'ont pas besoin d'être l'objet d'une grande sollicitude; assez souvent, et je dirai presque toujours, elles arrivent à bon port; mais il n'en est pas de même des assiettes et de la platterie. Ces objets sont très-susceptibles de devenir gauches en perdant les dernières parties d'eau qu'ils peuvent contenir, ce qui fait que ces produits réclament encore des soins après qu'ils ont été tournassés.

Quand les pièces qui appartiennent à la platterie n'ont point de pieds, on se contente de les mettre les unes dans les autres, et comme elles se touchent ou qu'elles doivent rigoureusement se toucher dans toutes les parties, elles trouvent par conséquent des points d'appui sur lesquels le milieu et la circonférence peuvent se reposer.

On commence donc par mettre un plat ou une assiette dans une autre, puis le lendemain ou le surlendemain on en met deux, ensuite trois, quatre, enfin on peut aller jusqu'à six; mais on a la coutume de ne pas dépasser ce nombre, de peur que les pièces, étant en *cru*, la première, en bas, qui supporte toutes les autres, ne se brise par le poids.

Les vaisselles auxquelles il y a un pied ne peuvent pas s'arranger de la même manière, et je pense qu'on en conçoit facilement la raison : en effet, en supposant qu'on suivît la même marche, il est clair qu'on n'obtiendra pas les mêmes résultats, car les pièces empilées les unes dans les autres, ne se touchant que par le pied et laissant nécessairement un vide dans toute la circonférence des bords, rien n'empêche que les bords ne se valandrent et ne se gauchissent. Il a donc fallu recourir à un autre moyen pour éviter le gauchissement de la platerie munie d'un pied ; voici comment on s'y prend :

L'ouvrier qui est chargé du soin qu'il faut avoir des vaisselles plates en *cru*, commence par doubler toutes les pièces ; mais au lieu d'introduire le pied de la seconde dans le fond et l'intérieur de la première, on les met bord contre bord, de sorte qu'il y a un pied qui repose sur la planche, c'est celui de la pièce inférieure, et un pied qui est en l'air, c'est celui de la pièce supérieure. Par ce moyen, le gauchissement n'est pas autant à craindre ; il ne l'est même pas du tout lorsque tous les points de la circonférence des bords se touchent. Mais dans le cas où un air vif vient, par son influence, déformer quelques vaisselles, on y remédie en changeant sur les bords les points de contact ; c'est-à-dire en faisant faire un demi-cercle à la pièce supérieure sur la pièce inférieure ; alors on remarque des vides dans quelques parties de la circonférence ; mais le poids de l'objet, joint à la flexibilité que la terre a toujours lorsqu'elle n'est pas tout-à-fait sèche, amènent bientôt l'effet qu'on en attend. Il faut cependant, pour cela, que la dessiccation ne soit pas trop avancée, car alors toute tentative de redressement d'une pièce de faïence quelconque n'aboutit à rien moins que cela.

CHAPITRE XII.

Des Moules, du Moulage et de la Garniture.

Dans l'art de fabriquer la faïence recouverte d'un émail blanc opaque, ou dans celui de la faïence brune, on ne se sert pas du tout de moule pour les pièces creuses. Dans la faïence brune, on n'en connaît pas l'usage même pour la platterie; tout se tourne sur la girelle et se rachève sur le mandrin; mais dans la fabrication de la faïence blanche, on ne confectionne pas une pièce, soit ronde, soit ovale, appartenant au service de table, sans qu'elle ne soit faite sur le moule, ce qui exige de ma part l'obligation de parler de cet instrument, et de donner la manière de l'obtenir.

Lorsque la manufacture est grande, et que les produits s'y font en abondance, il est urgent qu'il y ait toujours au milieu de l'établissement un modeleur pour tenir les moules dans le meilleur ordre et au grand complet. Dans celles, au contraire, où la quantité des produits est limitée par des bornes plus resserrées, on se contente de faire séjourner dans la fabrique un modeleur l'espace de quelques mois dans le courant d'une année; cela suffit pour qu'on soit constamment pourvu de moules nécessaires à la fabrication des pièces. Dans ce cas, on ne fait confectionner à l'artiste modeleur que des mères de moules, et l'on met un bon tourneur au fait d'en tirer autant de *copies* qu'on désire en posséder : on va même plus avant, car quand le tourneur dont je parle est doué d'intelligence, il peut aussi créer tous les moules qui ont une forme circulaire, parce que, ayant l'habitude du tour, il ne lui manque seulement qu'une grande précision, et cette qualité est bientôt acquise par un peu de pratique.

Quant aux moules des pièces ovales, par exemple, et aux garnitures des vaisselles qui en sont susceptibles, il est indispensable d'avoir recours au talent du modeleur; ces objets sont essentiellement du domaine de son art; et cet art est si difficile à bien pratiquer, que très-peu d'ouvriers arrivent à toute la perfection et à toute la finesse qu'il réclame.

Quand on veut créer une *matrice* de moule rond, supposons un moule de plat ou d'assiette, on pose sur un rondeau en plâtre une masse de terre un peu ferme, et qui ait le volume convenable; on comprime cette terre de manière à ne laisser dans son intérieur que le moins de pores possibles; on ajuste le rondeau sur la tête du tour, et on le place dans une direction parfaitement droite; ensuite le tourneur (qui fait en ce moment l'ouvrage du modeleur) prend un bâton dont il pose l'extrémité qui lui est opposée sur une planche placée derrière la tête de son tour; il le soutient de la main gauche tandis qu'avec la droite il forme, mais grossièrement, à l'aide du tournassin, la figure intérieure de la pièce dont il veut obtenir le moule. Comme la terre, attendu son peu de dessiccation, ne lui offre pas beaucoup de résistance, il ne peut pour ainsi dire qu'indiquer les traits délicats des champs vifs; aussi ne cherche-t-il pas à terminer son moule, ou plutôt sa matrice, dans une seule séance; il détache le rondeau de dessus la tête du tour, et laisse prendre à la terre une certaine fermeté avant de donner la dernière main à son travail.

Arrivé à son point de dessication convenable, la matrice est remise de nouveau sur le tour; on s'attache alors à donner de la grâce, de la finesse et de la régularité dans tout son ensemble par le moyen d'un tournassin qui tranche nettement la terre; ensuite, avec un morceau de corne façonné exprès pour cet objet, on procure à la matrice un poli qui le rend très-propre à donner à l'empreinte du plâtre qui doit former le moule un coup d'œil agréable et propre.

Pour obtenir le moule dont il est ici question, on entoure la matrice d'une bande de fer-blanc qui doit surpasser la terre de 5 à 6 centimètres, puis on verse dans le creux une quantité de plâtre fin bien gâché jusqu'à ce que la cavité en soit pleine; lorsque le plâtre est rendu solide, on ôte la bande de fer-blanc et l'on tournasse le revers du moule. Cette opération achevée, on enlève la terre, qui adhère toujours un peu au plâtre, et le moule est terminé, ou s'il ne l'est pas, il n'a plus besoin que de subir quelques coups d'éponge ou de corne, afin de faire disparaître plusieurs petites parcelles de terre qui ont pu demeurer à sa surface.

Nous avons bien un moule, mais ce n'est pas tout ; car s'il fallait que nous prissions la peine, toutes les fois que nous avons besoin d'un moule, de faire une matrice, certes, il faudrait beaucoup de temps pour pouvoir s'en procurer un certain nombre. Cette remarque n'a point échappé aux hommes ingénieux qui ont enrichi l'art que nous traitons de leurs précieuses découvertes ; ils conçurent l'idée d'un procédé simple en lui-même, mais qui pour cela n'en est que plus important, puisqu'il donne un moyen facile de pouvoir tirer une quantité considérable de moules en fort peu de temps, et tous d'une grande régularité: c'est de faire, avec le premier moule qu'on obtient, une *mère*, de laquelle doit sortir tous les moules qu'on veut se procurer. Pour cela, on entoure aussi ce moule de la bande de fer-blanc; ensuite on enduit sa surface avec un pinceau de poil de porc et une composition de savon blanc, d'huile et d'eau; cette substance empêche le nouveau plâtre qu'on doit verser sur l'ancien d'y adhérer.

Lorsque la couche de cette composition est uniformément étendue sur le moule, et que ce dernier, déposé sur un rondeau, est entouré de la bande de fer-blanc, on gâche une quantité suffisante de plâtre que l'on verse dessus le moule. Dès que le plâtre est figé on dégage la bande de fer-blanc et l'on *rachève* l'extérieur de la *mère* comme on l'a fait pour le moule.

Au bout de quelques instants, on voit que le moule et la mère se désunissent; on profite de cette circonstance pour donner une légère secousse à l'une ou à l'autre des deux pièces, et aussitôt la mère se sépare; on la laisse sécher; quand elle en est à ce point, on peut, en suivant la marche que je viens d'indiquer, en retirer autant de moules que l'on désire sans d'autre travail que d'en tournasser un peu les bords et l'extérieur.

Les moules des pièces plates ovales se font d'après les mêmes principes, mais le tour n'y a point de part. Ils se confectionnent à la main et avec des outils qui ont une autre forme que les tournassins : les principaux sont des lames en fer, en acier, en ivoire ou en buis; de petits *coutelets* à pointes arrondies, aiguës, ovales, triangulaires, etc.; enfin des compas de différentes espèces, le tout approprié pour cet art, qui est celui du modeleur, et qui, comme je l'ai dit, est fort difficile et exige un assez long apprentissage.

Les moules des pièces creuses ovales se font aussi à peu près de la même manière, excepté, toutefois, que les mères ou souches qui servent à donner les moules, au lieu d'être comme dans les vaisselles plates, d'une figure concave, sont au contraire d'une figure convexe. Alors ces objets changent de nom; on les appelle *noyau*, parce que effectivement lorsque les moules y sont accolés ils ressemblent véritablement à un noyau au milieu d'un fruit.

Je dois encore dire que les moules des pièces creuses ovales sont toujours ou presque toujours de plusieurs morceaux qui s'unissent ou se désunissent à volonté. On sent bien qu'il en devait être ainsi, car si le moule se formait d'une seule pièce, où serait la possibilité de pouvoir en détacher la vaisselle qu'on y aurait moulée? surtout lorsque cette vaisselle a des formes rentrantes et évasées. La multiplicité des pièces dans le moule vient ici au secours de cette difficulté, et par le moyen qu'on a de les disjoindre à volonté, on parvient à obtenir des vases d'une élégance parfaite, sauf la réparation des espèces de sutures que le petit vide qui paraît toujours au long des parois de l'union des pièces laisse nécessairement.

On n'a pas oublié que nous avons dit que la terre avait en général un sixième de retrait ; il ne faut pas omettre cette circonstance dans la confection des moules ; sans cela on risquerait de tomber dans une grave erreur, d'où résulterait une notable diminution dans la grandeur de l'objet, diminution qui se trouverait toujours en rapport avec le retrait de la terre qui est, comme on vient de le voir, d'un sixième. On sent que cette diminution frappe étrangement au premier coup d'œil, surtout quand la pièce a un certain volume ; ainsi pour ne pas tomber dans cette méprise, il faut, quand on imite un modèle quelconque, augmenter en dimension sur tous les sens son travail de cette valeur de retrait, et l'on ne courra aucun risque de se tromper.

Les moules de garnitures de soupières rondes ou ovales, des lavabo, des sucriers, des théières, etc., etc., se font aussi de plusieurs pièces, selon que les formes sont plus ou moins tranchées. Les noyaux s'exécutent à la main ; on les fait en terre ou en cire, mais plus souvent en terre fine et bien pétrie. Ces garnitures représentent souvent des fruits, des fleurs, quelquefois des reptiles. Ce travail doit être délicatement exécuté ; il est le fait d'un bon modeleur ; c'est même dans ces sortes d'ouvrages qu'il déploie tout son talent. Les principes du dessin doivent s'y faire remarquer, et le modeleur y réussira d'autant mieux qu'il aura davantage étudié la nature. Il est bon que le plâtre avec lequel on coule les moules de garnitures soit un peu plus fin que celui dont on se sert pour couler les moules des grandes pièces, parce que étant plus souvent et plus lourdement maniés, ils ont besoin d'offrir une plus grande résistance sans laquelle ils seraient bientôt détériorés; surtout si l'on considère que ce sont presque toujours des enfans qui sont chargés dans les fabriques de mouler les garnitures, et que ces petits sujets n'apportent point aux moules les soins que les grandes personnes leur donnent et que réclamment de tels instrumens.

Le plâtre le plus propre à la confection des moules est celui qui paraît le plus transparent et le mieux cristallisé ; les ouvriers qui travaillent dans les carrières l'appellent alors plâtre *à Jésus;* il est plus léger que le plâtre grossier, et se vend un peu plus cher, mais il remplit mieux l'objet; en conséquence, c'est donc de celui-là qu'il faut prendre. On le casse par petits morceaux, on le tamise par un tamis de soie assez fin, ensuite on l'introduit dans une chaudière de cuivre garnie d'un couvercle, et l'on fait du feu dessous de temps en temps. On ôte le couvercle pour remuer la matière avec une petite pelle en bois Lorsqu'on s'aperçoit que la vapeur d'eau de cristallisation ne sort plus de la chaudière, on retire ce qu'elle contient, puis on remet une autre quantité de plâtre pulvérisé et l'on conduit l'opération de la même manière.

Cette chaudière est montée fort simplement : son bord recourbé en angle droit vient reposer sur une maçonnerie en brique formant une tour. Ce fourneau prend naissance sur le sol, qui lui sert de cendrier; un peu au-dessus est une grille assez serrée pour que la grosse braise et les menus morceaux de charbon de terre ne puissent passer au travers. La porte par où l'on introduit le combustible est une ouverture de 16 centimètres 56 millimètres de haut, sur 16 centimètres de large; elle est fermée avec une feuille de tôle épaisse, attachée sur l'un des côtés par des gonds. Cette porte doit pouvoir s'ouvrir et se fermer à volonté.

Il est bon de ne pas faire calciner une trop grande quantité de plâtre à la fois, parce que ce corps, exposé quelque temps à l'air libre, reprend peu à peu son eau de cristallisation, tout en absorbant aussi une certaine quantité d'acide carbonique qui se trouve répandu dans l'air atmosphérique. Alors ce plâtre n'est plus propre à remplir l'objet pour lequel il est destiné; il n'a plus la vertu de se figer, on est obligé pour lui rendre cette précieuse propriété de le repasser au feu; mais quoi que l'on fasse, et si bien que l'on s'y prenne, il est fort difficile de faire reprendre à cette matière sa qualité primitive. D'après cela il est urgent de n'en préparer qu'autant qu'on en a besoin. Cependant quand il en reste beaucoup, le meilleur moyen de le conserver plus long-temps est de l'enfermer dans un tonneau bien couvert. Dans ce cas, privé du contact de l'air, il peut demeurer l'espace de quatre et même cinq mois sans éprouver d'altération sensible. Néanmoins, je le répète, il vaut infiniment mieux calciner le plâtre au fur et à mesure qu'on l'emploie dans les ateliers; les moules y gagnent beaucoup en bonté, ce qui n'est pas peu de chose.

Quand on confectionne les moules, il est important de ne mettre que la quantité d'eau, et rien de plus que la portion que le plâtre demande pour être bien gâché; l'excès dans ces deux choses nuit également: le manque d'eau rend la matière trop épaisse, elle ne coule pas assez, et fait que les traits délicats ne sont pas bien représentés dans les moules; d'un autre côté, le plâtre se fige trop vite, on perd l'avantage de l'étendre comme on le désire, et beaucoup de parties essentielles ne se forment pas. Enfin quand l'eau abonde d'une manière trop prononcée, le plâtre a une peine extrême à se coaguler; toutes les variations du moule, il est vrai, sont parfaitement représentées, mais la masse est si tendre qu'avec l'ongle on peut y faire des empreintes fort profondes; ce qui dénote qu'un moule n'aura pas un long usage. D'après cet exposé, on voit qu'il est urgent de demeurer à l'égard de l'introduction de l'eau dans le plâtre, ou du plâtre dans l'eau, dans des proportions assez fixes.

D'après le grand nombre d'expériences qu'on a faites à ce sujet, il a été reconnu que, pour que le plâtre après avoir été gâché ait toutes les qualités requises, il faut qu'étant en poudre, il soit mélangé avec un volume d'eau à peu de chose près égal au sien.

Maintenant que nous avons les moules, il nous faut passer au moulage: je répète que dans la faïence brune, on ne moule aucune pièce, c'est à l'aide du tour qu'on façonne tous les produits. Cette espèce de faïence étant d'un usage plus commun, elle n'a pas besoin d'un fini aussi soigné que la faïence blanche; d'ailleurs le prix dont elle se vend ne le permettrait pas: par conséquent tout ce que nous allons dire du moulage ne regarde absolument que la faïence blanche recouverte d'un émail opaque.

On doit se rappeler que nous avons donné (page 208) la description d'une tournette ainsi que sa forme (planche 1re fig. 20); c'est sur cet instrument qu'on moule les plats et les assiettes. Avant de le faire, le mouleur doit se procurer un grand nombre de *croûtes*; ce sont des *balles de terre* aplaties sur une pierre au moyen de la batte. Cette pierre est faite avec du plâtre tamisé très-fin pour qu'elle dure plus long-temps; elle a régulièrement 70 centimètres de côté avec une épaisseur de 16 centimètres, et même davantage si on le désire, car plus elle sera épaisse, et plus elle offrira de résistance à l'action de la batte. Cette dernière est aussi en plâtre; sa forme (fig. 25, planche II) ressemble assez à une cloche de jardin qui serait massive et dont le col serait allongé de manière à pouvoir le prendre dans la main, et l'entourer en partie de ses doigts. Aussi quand il fait la croûte, l'ouvrier tient la batte de la main droite, tandis que de la main gauche il soulève le croûte à chaque coup qu'il donne de la batte. Lorsque la croûte lui paraît assez mince, il la pose sur un rondeau, il en recommence une seconde, qu'il met sur la première, une troisième qu'il pose également sur la seconde, et ainsi de suite, jusqu'à ce qu'il juge que la pile soit assez haute.

Pour qu'on ait de la facilité dans la confection des croûtes, il faut que la pierre de plâtre sur laquelle on les aplatit, et la batte qui sert à cette opération, soient constamment imbibées d'eau; sans cette condition expresse il serait bien difficile, pour ne pas dire impossible, de pouvoir se procurer une croûte entière : elle collerait tellement tantôt à la batte, tantôt à la pierre, qu'on aurait toutes les peines du monde à l'étendre, et par conséquent à la former comme il convient.

Après avoir fait autant de croûtes qu'on le juge à propos, on se prépare à mouler : pour cela, on prend le moule soit de plat, soit d'assiette de la main gauche, on souffle la poussière qui peut s'y rencontrer à la surface, et on dépose ce moule sur la tête de la tournette : aussitôt avec la main droite on donne une secousse à cet instrument; si le moule n'est pas placé positivement dans le centre, et que par conséquent il ne tourne pas droit, on lui donne quelques coups du côté qu'il dépasse le cercle, et bientôt il se trouve dans la position convenable. Cela étant, on s'empare d'une croûte en la tenant des deux mains, on l'applique sur le moule, ensuite le mouleur donne un grand mouvement à la tournette, tandis qu'avec le calibre (fig. 26) il appuie légèrement sur la croûte, il forme la pièce à l'extérieur en même temps qu'elle reçoit son empreinte à l'intérieur par le moule sur lequel elle est comprimée. Dès que la vaisselle paraît assez unie, que les bords en sont bien découpés, on arrête la tournette; on élève le moule, et on le dépose sur une planche, placée non loin du mouleur. Cette planche, qui peut contenir six à sept moules, est ensuite mise sur les rayons.

Le calibre dont nous venons de parler est un instrument d'une grande utilité dans la manipulation du moulage des pièces sur la tournette. Avant qu'on s'en servît, on se contentait de passer l'éponge un peu imbibée d'eau sur l'extérieur de la croûte; par ce moyen, on parvenait, à la vérité, à mieux polir la terre que si l'on n'avait employé pour cela que le simple frottement du doigt ; mais le calibre fait arriver beaucoup plus vite au but, en ce qu'il détermine partout une épaisseur égale, et donne un poli tellement parfait que les pièces n'ont plus besoin d'être retouchées, si ce n'est pour faire disparaître quelques bavures qui demeurent toujours autour de la circonférence des vaisselles.

C'est avec de la terre qui sert à fabriquer la faïence fine, dite terre de pipe, qu'on fait le calibre. Celle qui est propre à la faïence à pâte rougeâtre recouverte d'un émail opaque et qui fait l'objet de notre étude en ce moment ne vaudrait rien pour cela; sa texture n'est pas assez compacte ni assez serrée, d'où il résulte que cette matière n'offrirait pas assez de résistance au frottement qu'occasione le polissage, ce qui ferait qu'au bout d'un temps fort court, les ca libres seraient usés. D'après cela il a donc fallu, comme je viens de le dire, recourir à une autre espèce de terre, à une terre qui pût recevoir un grand coup de feu sans se fondre, et celle avec laquelle on fait les faïences dites aussi anglaises (fort mal à propos), s'est trouvée bonne à remplir cette condition.

La manière de faire le calibre est très-simple : on prend un morceau de terre, on en fait un colombin qui ait 16 à 20 centimètres de diamètre; on applique ce colombin sur le revers d'un plat ou d'une assiette cuite en biscuit, puis on laisse sécher à demi cette terre dans la même situation. Arrivée là, la terre se détache avec facilité, et on lui adapte une espèce de manche dans le milieu, afin d'avoir la commodité de tenir et d'appuyer le calibre sur la partie extérieure de la pièce dans les momens où on la moule. Lorsque ce manche est bien soudé, que le calibre est arrondi dans tous les sens, on le passe au four; mais comme il a besoin de recevoir un coup de feu beaucoup plus fort que celui que l'on donne à la faïence ordinaire, on est obligé de le mettre sous la voûte du four, où l'on jette le combustible. L'intensité de la chaleur étant, dans cet endroit, le double pour ainsi dire de celle de l'intérieur du four, elle convient très-bien à la

tellement grave qu'il ne mérite pas ce nom, mais une expression beaucoup plus forte, puisqu'il s'agit de la vie des ouvriers, dans l'emploi du sable broyé pour le moulage des plats et des assiettes ; c'est que la poussière de la silice, rendue excessivement fine et légère par sa grande division, s'échappe avec abondance du sac et se soutient dans l'air fort long-temps : alors elle est respirée par l'ouvrier qui ne se doute pas qu'elle est un véritable poison pour lui, en ce que cette substance introduite dans la poitrine bouche peu à peu les tuyaux capillaires des poumons qui reçoivent l'air atmosphérique; ce qui fait qu'au bout d'un certain temps plus ou moins long, selon la bonne ou mauvaise complexion de l'individu, il devient asthmatique et éprouve une inconcevable difficulté dans la respiration. Ces symptômes affligeans sont ordinairement accompagnés d'accidens, de douleurs tellement aiguës que le malade termine ses jours au milieu des plus affreux tourmens.

Cette malheureuse circonstance me ramène naturellement à ce que j'ai dit dans mon *Art de fabriquer la porcelaine* à l'article du *silex pyromaque*, classé dans le vocabulaire des mots techniques, où je parle du broiement de cette substance qui fait partie constituante de la pâte propre à la faïence dite terre de pipe. En effet, il y a là aussi, mais d'une manière bien plus alarmante, un principe funeste de destruction pour l'économie animale, qui devrait obliger les manufacturiers à avoir recours à d'autres moyens de macération pour réduire cette matière minérale en poudre impalpable; et au lieu de la broyer à sec, comme on l'a fait jusqu'ici dans plusieurs établissemens, il faudrait se résoudre à la broyer à l'eau. En agissant ainsi le danger est tout-à-fait éloigné, car l'eau absorbant la poussière, l'ouvrier n'a plus rien à craindre. Il est vrai de dire que l'opération devient un peu plus longue; mais un misérable calcul d'intérêt doit-il être mis un seul instant en balance avec la santé et je dirai même la vie des hommes? Non assurément, et tout manufacturier qui pratique ce genre d'industrie, et qui persiste dans cette vicieuse méthode de réduire le silex en poudre fine sans l'interposition de l'eau, doit être considéré comme un véritable ennemi de ses ouvriers. Je reviendrai sur ce sujet lorsque je traiterai, dans un ouvrage qui suivra la publication de celui-ci, de l'art de fabriquer la faïence blanche recouverte d'un émail transparent.

On voit par ce que je viens de dire combien il faut avoir de précautions lorsqu'on se sert du petit sac contenant de la fine poussière de sable pour faciliter le *dépouillement* de la pièce sur le moule : on ne doit même y avoir recours que quand la terre offre une adhérence absolument trop opiniâtre. Dans ce cas, la chose est indispensable ; mais il faut exercer cette manipulation avec un extrême ménagement, et donner au sac de très-petites secousses afin que la poussière ne s'en exhale pas plus qu'il n'en faut pour en saupoudrer un peu le moule et donner les résultats qu'on en attend. Avant qu'on eût connu le mal, on ne se défiait point de cette opération ; aujourd'hui qu'on en a vu le danger, c'est à ceux qui pratiquent cet art à se mettre sur leur garde. J'ai cru pour moi ne devoir pas passer légèrement sur cet article, en ne signalant point les risques que l'ouvrier court dans cette carrière ; j'aurai même encore l'occasion, quand nous en serons au *brossage* des parties de la faïence sur lesquelles il ne doit pas rester d'émail, de m'étendre sur de semblables dangers ; heureux si je puis avoir la satisfaction de penser que ces avis ont pu éviter quelques regrets. Revenons au moulage.

La platterie ovale se moule à la main et sur les genoux du mouleur ; cependant je l'ai vu mouler sur le tour, mais le tour français : car la tournette ni le tour anglais ne sont pas propre à cette opération. Quand les manipulations du moulage des pièces ovales se font sur le tour, il faut ne faire marcher celui-ci que lentement, afin d'avoir l'aisance de donner à l'éponge ou au calibre qu'on tient en main le mouvement qui lui convient, qui est celui d'une ligne ovale. Quant au reste, l'opération se conduit comme pour la platterie ronde, c'est-à-dire, que lorsque les objets sont à demi secs, on les introduit les uns dans les autres quand ils n'ont point de pieds, et qu'on les met bord à bord quand ils en ont.

Les pièces creuses ovales, telles que des soupières, des cuvettes, des bidets, etc., doivent se mouler absolument à la main et sur les genoux, ou sur une table posée à une hauteur convenable. Pour cela on forme une croûte ovalaire, on l'insinue avec une éponge dans tous les creux du moule, où appuie un peu fort dans les endroits où il y a un champ vif, afin que l'empreinte en soit bien marquée. Cela fait, on abandonne la pièce à elle-même l'espace de quelques heures : pendant ce temps le plâtre qui constitue la matière du moule attire par sa vertu spongieuse l'eau qui se trouve dans la terre, ce qui détermine nécessairement un retrait assez sensible dans toute l'étendue de la pièce ; ce retrait opéré avec lenteur, force les parois de cette pièce de se diriger vers le centre, mais comme cela ne se peut faire sans que l'objet ne se détache du moule, il vient un moment où la vaisselle se trouve pour ainsi dire isolée au milieu du moule ; alors on désunit des pièces qui assemblent ce dernier, et le vase est déposé sur un rondeau ou sur une planche.

Les garnitures, c'est-à-dire les anses, les becs, les boutons de soupières qui représentent des fruits, sont moulées par pression; pour cela on fait en sorte de n'avoir que des moules de deux pièces; on introduit le morceau de terre qui doit former la garniture dans l'une, ensuite on réunit la seconde à la première en les pressant toutes deux entre les mains avec force, et l'on voit sur-le-champ la garniture se mouler parfaitement; on la retire du moule peu d'instans après, et l'on recommence la même opération. C'est un travail qui s'expédie promptement que le moulage des garnitures; il n'est même pas difficile; aussi voit-on dans les fabriques que ce sont les enfans qui en sont chargés.

L'application des garnitures sur les pièces qui en ont besoin constitue ce qu'on appelle l'art du garnisseur : cet art n'est professé en grand qu'au milieu de vastes manufactures de porcelaine, ou de ce qu'on nomme terre de pipe. Dans les fabriques de faïence du genre dont nous traitons, où la garniture est moins pratiquée, on n'a point de garnisseurs proprement dits. On apprend cette manipulation aux femmes, et leurs mains délicates se sont bientôt mises au fait de cette besogne, lorsque les garnitures sont simples et n'offrent point de grandes difficultés: on obtient de cette manière un travail à un prix plus modéré que si des hommes y étaient employés.

Pour que les garnitures soient solidement collées aux pièces auxquelles elles doivent appartenir, il faut qu'il y ait un grand rapport entre la dessiccation des objets, c'est-à-dire que si la garniture, par exemple, était trop sèche, comparativement au corps du vase, ou ce dernier par rapport à la garniture, il est certain que la soudure sera défectueuse parce que le retrait s'étant exercé davantage sur l'une des parties que sur l'autre, il faut nécessairement que la désunion s'en suive. En conséquence la plus grande attention qu'on doit apporter ici, c'est, comme je viens de le dire, que les pièces et les garnitures aient beaucoup d'harmonie, quant au degré de sécheresse. Dans tous les cas, il vaut mieux que les objets en manquent que d'en avoir trop, parce qu'on est obligé alors d'humecter les parties afin de les ramener au point convenable à cette opération ce qui ne laisse pas que de déranger infiniment.

La matière dont on se sert pour faire la soudure des ornemens aux corps des vases, est ce qu'on appelle de la barbotine; c'est tout uniment de la terre délayée dans un peu d'eau et formant une espèce de bouillie un peu épaisse. Quand on veut appliquer une anse, un bec, un bouton, etc.; on commence par faire quelques petites entailles sur les parties qui doivent se joindre; ensuite on les charge de barbotine, mise avec assez d'abondance, et l'on joint les deux pièces en les pressant l'une contre l'autre; elles se tiennent au même instant; puis avec une éponge on ôte l'excédant de la barbotine, on passe aussi le pinceau à longs poils imbibé d'eau, pour que toutes les aspérités disparaissent. Cela fait, on laisse sécher le tout à une faible température.

CHAPITRE XIII.

De la cuisson en bis-cuit.

La faïence blanche recouverte d'un émail opaque et la faïence brune se cuisent en biscuit et en émail dans le même four et à un seul coup de feu ; la différence qui existe entre ces deux opérations c'est que les vaisselles émaillées sont placées dans le bas, tandis que celles en *cru* sont mises dans le haut du four. Il résulte de cet arrangement que les produits placés dans ces deux situations distinctes, c'est-à-dire les uns en bas et les autres en haut, reçoivent un coup de feu inégal sous le rapport de l'intensité de chaleur. On sent assez que cela doit être ainsi ; car la flamme venant d'en bas et passant par les carnaux de la première voûte, les objets qui sont placés le plus près de cette voûte doivent recevoir plus de calorique que ceux qui en sont éloignés. Cette circonstance n'est pas amenée sans dessein ; car les pièces en cru ne devant pas recevoir une cuisson aussi forte que celles qui sont passées en émail, toutes sont arrangées dans les endroits qui leur conviennent.

On voit donc que, quant à la cuisson, cette espèce de faïence a quelque chose de commun avec la porcelaine dure, puisque cette dernière reçoit aussi en *dégourdi* un léger coup de feu avant d'être émaillée, et que ce n'est que revêtue de sa couverte qu'elle reçoit toute la quantité de chaleur qui lui est nécessaire pour qu'elle soit bien blanche et transparente. Le bis-cuit de la faïence n'a donc besoin que de peu de feu pour être tel; mais l'émail, pour qu'il se fonde à la superficie de ce bis-cuit, doit éprouver un degré de chaleur de beaucoup supérieur à celui qu'il a fallu pour bis-cuire la terre; en sorte que la faïence, ainsi que la porcelaine, n'acquiert sa beauté et sa solidité qu'après le coup de feu de l'émail.

Il n'en est pas de même des porcelaines tendres et faïences blanches, dites terre de pipe; ici, par exemple, le bis-cuit reçoit d'abord toute la somme de chaleur qui lui est nécessaire pour le constituer parfait : solidité, transparence, compacité, tout doit se trouver réuni dans le bis-cuit; il ne lui manque plus, pour être livré au commerce, que d'être recouvert d'un émail fusible, transparent, ce que l'on fait après coup dans un autre four, dont la température est beaucoup plus basse que celle qui convient au bis-cuit, en quoi on voit le contraire de ce qui a été dit plus haut.

C'est donc dans le même four que l'on cuit et le cru et le bis-cuit de faïence émaillée. Mais, jusqu'ici nous n'avons pas encore de bis-cuit, par conséquent, nous ne pouvons pas cuire en émail; d'ailleurs nous ne possédons même pas encore cet émail, et que nous n'en connaissons pas la composition, puisque nous n'en avons pas eu besoin jusqu'à présent : donc nous allons faire une fournée tout entière de bis-cuit; ensuite on pourra marcher sans entrave dans la carrière des opérations, parce que chaque cuisson apportera la quantité de bis-cuit nécessaire à la fournée qui doit suivre.

Avant de placer les pièces dans le four, on doit observer une condition expresse et des plus essentielles, c'est qu'il faut absolument et de toute rigueur, qu'elles soient parfaitement sèches; sans cela, autant de vases (surtout de la platterie) qui entreront dans le four, autant de pièces qu'il faut compter comme perdues, en admettant même que l'on conduisît le feu avec une extrême douceur. Ce funeste résultat ne doit point surprendre celui qui connaît l'effet de la vapeur sur une terre non cuite; il saura que le moindre inconvénient qui puisse arriver à une pièce de faïence en cru, lorsqu'elle est exposée au contact de l'humidité et de la chaleur, c'est de devenir tellement gauche qu'il n'est plus possible d'en tirer aucun parti. On sent bien que dans une masse aussi considérable de vases de faïence que celle que contient un four, si l'on ne prenait toutes les précautions du monde pour n'introduire que des objets privés d'humidité autant qu'ils peuvent l'être, il en résulterait, aux premières impressions de la chaleur, une abondance de vapeurs qui produirait les plus fâcheux effets. D'abord l'issue des carnaux ne fournissant point un passage assez grand à la masse de vapeurs aqueuses qui cherche à s'échapper, cette humidité serait forcée de séjourner dans l'intérieur du four assez de temps pour permettre à la terre de se ramollir au point de céder au moindre poids qui pèse sur elle, ce qui ne pourrait manquer de produire un déchet considérable.

Si toutes les pièces en cru se cuisaient isolément et appuyées sur leur pied dans des gasettes déjà cuites, la question changerait peut-être un peu de face; mais il n'en est pas ainsi: le cru de la faïence n'est pas introduit dans les gasettes, lorsqu'on fait usage de fours carrés; il est posé sur des tuiles à l'air libre: mais en supposant qu'il fût enfermé au milieu des gasettes, les pièces, dans ce cas, se touchent et se joignent de tous côtés; elles sont mêmes appuyées les unes sur les autres. Il peut donc résulter de cet appui qu'elles se prêtent mutuellement, les inconvéniens que je viens de signaler, lorsqu'on place dans le four les pièces sans qu'elles soient totalement sèches, c'est-à-dire, autant qu'il est possible, privées d'humidité, ce qu'on appelle dans les fabriques, pièces vertes, pour désigner les vases qui n'ont pas encore atteint leur degré de dessiccation.

Nous commencerons l'enfournement et ensuite la cuisson dans un four rond; nous reviendrons après à la cuisson du four carré, parce que ces deux manières d'enfourner et de cuire sont tout-à-fait différentes l'une de l'autre.

Dans un four rond l'enfournement se fait en gasettes; dans un four carré il se fait en tuiles. Ainsi la manière de procéder ne peut pas être la même; les instrumens qui servent dans ces opérations ont une autre forme et une autre destination: par exemple, dans la cuisson de la faïence blanche on ne fait usage ni de *pillets*, ni de tuiles, ni de coins, mais bien de gasettes, de colombins et de tenons; et dans la faïence brune on ne se sert que des premiers ustensiles.

Ceci établi, pour commencer l'enfournement en bis-cuit, en attendant que nous ayons de l'émail, on encaste les vaisselles dans les gasettes fig. 27. Cette opération se fait en passant un rondeau sur le talon qui se trouve dans le bas des parois de la circonférence intérieure de la gasette ; le rondeau étant placé, on met dessus six assiettes les unes dans les autres ; ensuite on introduit trois pernettes dans les trous destinés à les recevoir, en prenant toutefois la précaution de les poser un peu plus haut que la distance de la sixième assiette, pour ne point en casser les bords. On surcharge ce second rondeau d'une semblable quantité d'assiettes, et s'il se trouve encore de l'emplacement dans la partie supérieure de la gasette, on remet un nouveau rondeau et ensuite un nombre de pièces suffisant pour remplir totalement l'étui.

Lorsque ce sont des pièces creuses qu'on encaste, telles que des soupières, cuvettes, lavabo, pots de nuit, etc., on les pose sur leur pied. Si à côté de quelque grand vase la gasette n'offre plus assez d'espace pour y introduire un objet d'une semblable dimension, on y met une espèce de vaisselle un peu plus petite, afin de ne point perdre place. D'un autre côté, quand une ou quelques pièces surpassent la hauteur de la gasette, on surmonte cette dernière d'un cerceau plus ou moins haut, selon que les pièces l'exigent. En conséquence une manufacture doit être amplement munie de ces espèces d'instrumens, car ils sont souvent mis en usage.

Ils se font par le même moyen que celui employé pour faire les gasettes, excepté cependant que le cerceau n'a besoin ni de *talon*, ni de trous pour placer les pernettes, attendu qu'il ne reçoit jamais de rondeau dans son intérieur, et qu'il ne fait que rendre la gasette plus élevée, sans cependant qu'aucune pièce soit supportée par lui, en sorte qu'il n'a pas besoin d'être percé de trous triangulaires pour y loger les pernettes.

L'encastage étant fort avancé, on commence l'enfournement du cru. (Il ne faut pas perdre de vue que nous sommes toujours à la première cuisson, et que nous n'avons pas encore de biscuit; sans cela ce seraient des pièces en émail que nous devrions introduire en premier lieu dans le four.) On arrange autour de la circonférence intérieure toutes les gasettes qui contiennent du creux, en ayant soin de laisser entre les gasettes un intervalle de 40 à 45 millimètres, afin que la flamme puisse s'insinuer sur tous les points de l'intérieur du four. Par la même raison les gasettes ne doivent pas toucher les parois de la circonférence, car les jets de flamme se trouveraient nécessairement arrêtés dans leur cours. On doit donc faire attention d'observer la même distance de séparation par rapport au mur, comme on l'a fait par rapport aux gasettes entre elles.

On rencontre un avantage dans les fours

ronds à voûte inférieure qu'on ne rencontre pas dans les mêmes fours ronds sans voûte; c'est que, dans les premiers, on peut, sans inconvénient, poser les gasettes dans tous les points de la circonférence du four, à peu de distance des parois : on ne craint pas que le devant des allandiers soit trop cuit, car on sait que dans ce cas il n'y a pas d'allandier et que la flamme qui vient de la chambre à feu est répartie également dans toute l'étendue du four. Il n'en est pas ainsi des derniers dans lesquels la chaleur ne pénètre que par trois ou quatre points seulement ; alors, pour laisser un libre passage à la flamme, et pour qu'elle s'insinue d'une manière régulière dans la capacité du four, on est obligé d'éloigner un peu les premières gasettes de l'embouchure des allandiers, de laisser même entre elles des espaces assez sensibles afin de permettre à la chaleur de pouvoir pénétrer partout où elle a besoin de pénétrer. La différence qui existe dans la conformation de ces deux fours en amène beaucoup dans les observations à faire à l'égard de l'enfournement.

En conséquence, si l'on pose les gasettes dans un four rond, à voûte inférieure percée de carnaux, on les arrangera le long des parois des murs de circonférence, sans perdre plus d'espace que 40 à 45 millimètres. On élève la première rangée que forment les colonnes de gasettes à peu près jusqu'à la naissance de la voûte supérieure, et pour que ces colonnes ou *files* de gasettes demeurent constamment jusqu'à la fin de la fournée dans une position verticale, on a soin d'appliquer sur la longueur de la distance qui les sépare, des *tenons* qui leur servent d'appui. Ces *tenons* sont tout uniment des morceaux de terre à gasette dans laquelle on introduit une forte quantité de sable, afin d'en diminuer considérablement le retrait, et de lui ôter en grande partie sa force et sa ténacité. Ces morceaux de terre ne sont guère plus gros que le poing; on les comprime fortement contre les gasettes qu'elles séparent, en sorte que tout l'assemblage des *files* semble être appuyé de toute part, ce qui maintient la réunion totale des gasettes dans un état d'équilibre parfait.

Si l'on exécute l'enfournement dans un four sans voûte inférieure, et que, par conséquent, on pose les gasettes sur une aire qui ait le sol pour fondement, alors, vis-à-vis des allandiers on éloigne les gasettes d'à peu près 46 à 48 centimètres des parois intérieures de la circonférence du four. Ici, par exemple, l'opération de l'enfournement devient beaucoup plus difficile, et le placement des gasettes mérite une attention toute particulière ; car la distance qui se trouve entre le mur et les premières files vers les allandiers étant trop grande pour pouvoir y placer des tenons, on est fort embarrassé pour trouver les moyens de fixer les gasettes d'une manière convenable pour qu'elles ne tombent point en avant des feux. Ce qu'il y a de mieux à faire pour empêcher ce désastre, c'est de donner aux files, dans cette partie du four, une pente opposée aux allandiers; c'est-à-dire, qu'il faut faire décrire aux colonnes de gasettes une courbe légèrement prononcée vers le point central du four, en sorte que les files soient plutôt disposées à pencher en dedans du cercle qu'à en sortir; une semblable disposition est facile à obtenir, en introduisant entre les bords supérieurs et inférieurs des gasettes un morceau de *colombin* positivement du côté des allandiers, tout en négligeant de faire la même chose sur les autres points de ces gasettes, et notamment à ceux qui font face à l'intérieur du four.

Il faut surtout ne jamais perdre de vue que dans les fours ronds sans voûte inférieure, on doit rigoureusement laisser des intervalles entre toutes les files de gasettes qui composent une fournée, pour que la flamme ait la facilité de s'insinuer sur tous les points du four. Cela est nécessité par la direction que prend la flamme, qui ne vient dans l'intérieur que par trois ou quatre allandiers ou issues; tandis que dans ceux qui ont une voûte, on peut, jusqu'à un certain point, approcher les gasettes les unes contre les autres, en prenant toutefois la précaution de conserver totalement le passage des carnaux pour l'échappement de la fumée et de la flamme. D'après cela on voit que ce dernier four peut contenir une plus grande quantité de marchandise dans son intérieur; mais cet avantage est contrebalancé par la masse de combustible qu'il faut en plus pour le cuire. Cette masse, comparée à celle qui suffit pour cuire un four sans voûte, offre une si grande différence, que, pour peu qu'on y fasse attention, on ne devra pas balancer un instant à adopter un four ainsi construit.

Quand les premières files de gasettes sont placées, on continue d'en élever d'autres en rentrant toujours dans l'intérieur, jusqu'à ce que le four soit comblé. Chaque fois qu'une colonne arrive à la naissance de la voûte supérieure, on fait ce qu'on appelle le *redoublage*, c'est-à-dire qu'on place un rondeau ou une tuile, de manière à ce que deux files soient en dessous. Pour que cette disposition fasse une espèce de liaison entre toutes les colonnes, on profite aussi de la place qu'offrent les rondeaux ou tuiles pour y mettre des vases d'une grande dimension; on doit toujours, dans le placement des rondeaux, tâcher de conserver en ligne perpendiculaire les ouvertures des carnaux; mais d'un autre côté, il ne faut perdre que le moins de place possible : tout espace qui paraît pouvoir contenir une pièce de faïence quelconque, doit être incontinent rempli. Une économie bien entendue dans l'enfournement contribue pour beaucoup à la prospérité d'une manufacture. Si trop d'encombrement dans un four nuit d'une manière sensible à l'activité de la cuisson, si le four essuie des inégalités dans le coup de feu, si enfin les résultats qu'il apporte dans l'ensemble de la fournée sont décourageans, d'un autre côté la multiplicité des places vides est cause que les bénéfices s'évanouissent en fumée. Il y a donc un certain milieu à prendre, qui ne vient souvent qu'à la suite d'une longue pratique et de beaucoup d'expériences.

L'enfournement des fours carrés, pour la faïence blanche, recouverte d'un émail opaque, se fait comme pour les fours ronds, par le moyen des gasettes. Ici, cependant, il y a toujours nécessairement une voûte inférieure, et, par conséquent toujours des carnaux dont la place est à conserver dans l'arrangement des gasettes ; ces dernières sont disposées dans l'intérieur du four carré, avec le même ordre que dans un four rond; elles suivent absolument le plan géométral, en observant aussi les distances qui doivent exister entre elles et les parois intérieures.

Les fours carrés, dans lesquels on cuit la faïence blanche et brune, demandent une autre méthode d'enfournement; on met fort peu de gasettes dans ces espèces de fours, le reste se remplit en tuiles carrées, soutenues par des *pillets*, fig. 28. On commence d'abord par placer plusieurs rangs formés en colonnes de gasettes dans le fond du four; ensuite on pose des vases de faïence sur le premier plancher, c'est-à-dire sur la plate-forme ou l'aire de la voûte inférieure; lorsque l'étendue qui se trouve entre quatre carnaux est suffisamment remplie, l'on met trois pillets debout appuyés sur leur base; ces trois pillets sont placés triangulairement, puis on prend trois petits boulets de terre imprégnés de sable, on en pose un sur chaque pillets; pendant ce temps un enfourneur apporte une tuile; celui qui est occupé à l'arrangement de la vaisselle s'empare de la tuile et la repose bien doucement sur les trois pillets ou supports: après cela on recommence l'introduction d'autres pièces de faïence sur cette tuile, et ensuite d'autres pillets, jusqu'à ce que tout soit d'une hauteur convenable.

Ce qu'il faut observer avant tout, quand on remplit un four avec des tuiles, c'est de n'en pas mettre de plus hautes ni de plus basses sur la même ligne horizontale, parce qu'alors elles ne se trouveraient plus appuyées les unes contre les autres par leur champ : c'est là une condition rigoureuse qu'il faut remplir si l'on veut éviter des malheurs ; pour y arriver, on ne doit mettre absolument que des pillets d'une hauteur égale à celle des pillets qu'on a employés en premier lieu, et à la première tuile ; mais comme les vases sont tantôt plus hauts et tantôt plus bas, on a soin de se munir de pillets de différentes dimensions, en sorte que, quand on place des vases qui demandent de hauts pillets, on trouve à satisfaire aux besoins du moment.

Bien qu'il faille que toutes les tuiles se touchent par leurs champs, elles ne laissent pas cependant, lorsqu'elles sont assemblées, de laisser passer entre elles la flamme qui vient des carnaux, parce que leurs coins étant coupés en lignes courbes rentrantes, forment un vide par où la fumée pénètre et s'échappe hors du four en suivant la direction des issues de la voûte supérieure. Cependant les mêmes tuiles que je dis devoir se toucher les unes les autres, pour l'affermissement de la masse entière, ne peuvent pas, pour bien faire, être *accolées* contre les parois intérieures du four ; car cela étant, la flamme se trouverait indubitablement arrêtée dans son cours : c'est pourquoi, afin de lui permettre un libre passage sur les quatre faces des murs, on interpose des *coins* de terre cuite entre les bords des tuiles et le carré long que forme le four.

Quant à la manière dont les tuiles doivent se joindre avec les gasettes, on fait arriver les premières jusque sur le corps des dernières, et comme elles sont circulaires, elles laissent naturellement des vides de chaque côté, qui sont très-propres au passage de la flamme.

Le four ovale, avec deux allandiers, s'enfourne de la même manière que le four carré; c'est-à-dire qu'on commence l'enfournement par des gasettes posées dans le fond, et qu'on le termine par d'autres gasettes placées en se rapprochant de la porte; dès qu'on est arrivé là, on bouche cette porte avec de grosses briques qu'on fabrique soi-même; on leur donne une grande dimension afin d'en employer un plus petit nombre pour boucher ces vides. Le mortier dont on se sert pour cette maçonnerie provisoire est tout uniment de la terre commune qu'on nomme terre à four. Avant de clore tout-à-fait la porte, on laisse dans le haut un trou par lequel on puisse voir comment le feu se dirige dans l'intérieur, et juger des progrès de la chaleur qui s'y manifeste, au fur et à mesure qu'on introduit du combustible sur les allandiers ou dans la chambre à feu.

Sur le côté du four, vers les derniers planchets, on introduit les pots de *montre* par une ouverture qu'on y a pratiquée. Ces pots de montre consistent en des espèces de tasses cylindriques, garnies d'une anse qui sert à les enlever du four dans les momens opportuns, afin de s'assurer si la faïence a acquis son degré de cuisson.

Il serait intempestif de m'étendre sur la conduite qu'on doit tenir pendant l'opération difficile de la cuisson, puisque je dois le faire lorsqu'il s'agira de cuire les pièces de faïence en émail; en conséquence ceux qui nous auront suivis jusqu'à présent dans nos descriptions, devront, pour terminer la fournée de bis-cuit, recourir au chapitre de la cuisson en émail. En attendant, nous allons parler des émaux, et donner la manière d'en obtenir de diverses couleurs.

CHAPITRE XVI.

Des Émaux propres à la faïence.

L'émail opaque destiné à recouvrir la terre plus ou moins rougeâtre qui constitue la faïence, a été, dans les temps très-reculés, une découverte d'autant plus précieuse, que sans elle nous n'aurions peut-être pas aujourd'hui l'avantage de posséder une vaisselle fort agréable et fort commode. En effet, qu'est-ce que la faïence sans être recouverte d'*émail*? rien autre chose qu'une terre spongieuse qui laisse passer les liquides au travers de ses pores, qui prend les corps gras et qui se laisse souiller par eux au point de devenir, par le moindre usage, tellement dégoûtante, qu'on n'aurait pu l'employer le moins du monde à nos besoins journaliers : aussi cette importante partie de l'art de la faïencerie mérite-t-elle d'être étudiée d'une manière spéciale par le manufacturier qui entre dans la carrière. Ce n'est pas tout en effet d'avoir des terres convenables et de bons fours, il faut aussi posséder un émail qui s'identifie si bien avec le bis-cuit, que les deux corps n'en forment qu'un et ne puissent se détacher l'un de l'autre. Sans cette condition expresse, il n'y a point de succès à espérer dans la fabrication.

On doit se rappeler qu'il a été dit au commencement de cet ouvrage, à l'article des terres, que c'était s'exposer à de grandes pertes, que d'élever une manufacture avant de s'être bien assuré de la propriété des terres, et sans avoir reconnu qu'elles pouvaient convenir à ce genre de produit. Eh bien! il n'y aurait pas moins d'imprudence à commencer ses opérations tant que l'on n'est pas certain de posséder un émail qui s'accorde bien avec le corps du bis-cuit. Il ne faut pas s'y tromper, cette condition ne se rencontre pas toujours, et ce n'est souvent qu'à force de modifications d'une part et d'autre, c'est-à-dire, tantôt dans les terres, et tantôt dans la composition de l'émail, qu'on parvient au but désiré.

Le nombre des substances qu'il faut combiner pour composer un émail blanc propre à la faïence, est de quatre, savoir : l'oxide d'étain, l'oxide de plomb, le sable légèrement talqueux et l'hydrochlorate de soude ou chlorure de sodium (sel marin). Avant de faire connaître les quantités respectives de ces matières dans la composition de l'émail, je dois, pour procéder avec méthode, donner quelques notions sur ces mêmes substances considérées sous leurs rapports physique, minéralogique et chimique : lorsque le lecteur sera au fait de ces documens, il sera à même non-seulement de reconnaître ces corps dans la nature, mais aussi d'apprécier au juste le rôle que chacun d'eux joue dans la composition de l'émail; appréciation d'autant plus importante qu'elle donne la faculté au fabricant de pouvoir apporter toute sorte de modification à son blanc de faïence. C'est être en effet dans une position bien précaire et chanceuse que d'ignorer comment chaque corps vient opérer dans le mélange total des matières. Le moindre accident qui peut arriver au manipulateur, l'entraîne de suite à des tâtonnemens très-incertains, et desquels il à bien de la peine quelquefois à pouvoir se tirer; mais dès qu'il s'est fait un fond de connaissances théoriques, on voit du premier coup d'œil à quoi tient un changement dans les résultats, et le remède suit de près la connaissance de la cause qui a produit le mal.

De l'Etain.

L'étain est un métal blanc argentin, sonore, très-ductile, s'étendant bien sous le marteau et au laminoir. Celui qui est bien pur fait entendre, lorsqu'on le ploie, un léger craquement qu'on appelle le cri de l'étain. Ce métal est très-fusible et absorbe facilement l'oxygène à une température peu élevée ; il se métamorphose en un oxide grisâtre fort divisé. Cet oxide passe aux yeux des chimistes pour être infusible, ou au moins très-difficile à fondre. L'oxigène qui est uni à l'étain, abandonne aisément cet oxide, lorsque celui-ci est mis en contact avec des corps pour lesquels ce gaz a plus d'affinité que pour l'étain, ce qui fait que la révivification s'opère très-facilement.

L'étain, ou plutôt son oxide, joue un grand rôle dans l'émail de la faïence; il lui donne de l'opacité et de la blancheur. Cette propriété lui est propre parce que ses molécules étant d'une division extrême, et d'une grande infusibilité, elles sont sans cesse interposées dans la masse du verre, la troublent, et empêchent les objets d'être vus à travers. De là vient qu'il n'est pas nécessaire que le bis-cuit de faïence soit parfaitement blanc pour que les vaisselles paraissent jouir de cet avantage jusque dans la texture du corps de la pâte. Cependant puisque nous parlons de la couleur du biscuit, il est bon toutefois de rappeler que ce dernier doit être après le coup de feu, le plus blanc possible, parce que la quantité ou si l'on veut l'épaisseur de l'émail qu'on doit appliquer dans ce cas à sa surface n'est pas à beaucoup près aussi considérable que dans le cas, où le bis-cuit affecte une teinte rouge ou brunâtre.

L'observation que je viens de faire mérite, de la part du manufacturier, une attention toute particulière. Il est aisé de concevoir qu'un biscuit un peu chargé en couleur demandera une plus forte dose d'émail pour le couvrir qu'un autre dont la couleur serait à peine prononcée. Cette disposition amène des résultats bien différens dans les bénéfices sur la fabrication; car l'émail étant une matière infiniment chère comparée au prix que coûtent les substances qui concourent avec lui à former la faïence; on ne peut trop faire en sorte de la ménager dans son emploi : la plus légère diminution d'épaisseur qu'on peut effectuer sur les pièces de faïence suffit pour se faire sentir d'une manière sensible et profitable.

Quelquefois les manufacturiers dans les établissemens desquels le biscuit ne jouit pas d'une assez grande blancheur pensent, pour obvier à cet inconvénient et ne pas mettre l'émail en plus grande épaisseur, qu'il suffit d'introduire dans la composition du blanc une certaine quantité d'oxide d'étain en sus de celle exigée: ils croyent que par là ils parviendront à couvrir davantage la terre, et se fient sur ce que l'oxide d'étain apportant l'opacité dans le blanc, cette manière d'opérer doit amener le résultat cherché. J'avoue que la théorie semble d'une part admettre ce raisonnement, mais de l'autre elle le rejette en partie; voici comment :

Si en introduisant davantage d'oxide d'étain,

dans la composition du blanc, on acquiert par la propriété de cet oxide une plus grande opacité, d'un autre côté; par sa qualité apyre, on éloigne la fusibilité; car puisque l'opacité est dans ce corps le résultat de l'infusibilité, plus il dominera, moins la matière sera fusible: cela est incontestable. C'est pourquoi ceux qui ont recours à cet expédient pour tâcher de réparer le mauvais coup d'œil de leur bis-cuit se trompent étrangement: outre que le blanc d'émail leur devient alors beaucoup plus cher, attendu que l'étain l'est lui-même, il leur faut un surcroît de chaleur dans toute la capacité du four pour pouvoir effectuer une cuisson générale; encore y a-t-il une infinité de pièces dans lesquelles le beau brillant se fait désirer. On voit donc qu'il vaut bien mieux chercher les moyens de blanchir la terre, soit par l'introduction du carbonate de chaux dans les mélanges (si toutefois la composition le permet), soit par la soustraction d'une terre dans laquelle domine l'oxide de fer qui amène nécessairement la couleur. Cette manière d'opérer est préférable à celle qui consiste à augmenter la quantité voulue d'oxide d'étain, surtout sous le rapport de l'économie.

Ce métal doit être choisi dans son état de plus grande pureté, et tel que le commerce des Indes peut nous l'offrir pour servir à la confection du blanc de faïence. Celui qui nous vient de Banca on de Malaca est fort bon pour cet usage ; on le reçoit en *saumons* plus ou moins gros, revêtus d'une marque distinctive selon le pays d'où ils sortent.

Les étains qui viennent d'autres parages ne sont pas aussi propres à l'objet dont il est ici question : le cuivre qu'ils peuvent contenir en telle petite proportion que ce soit, nuit considérablement à la beauté du blanc. Dans cette espèce de matière, il ne faut pas chercher celle qui se vend le meilleur marché, car le profit qu'on croirait faire s'évanouirait bientôt vis-à-vis de l'infériorité des produits.

Long-temps on a cherché, et c'est encore aujourd'hui l'objet des travaux de plusieurs manufacturiers très-instruits, le moyen de se passer d'oxide d'étain dans le blanc de faïence, en le remplaçant par d'autres substances qui ont aussi la propriété de donner de l'opacité au verre. Le phosphate de chaux n'a pas été oublié dans la série d'expérience qui ont été faites à cet égard ; mais jusqu'ici il paraît que le but n'a point encore été atteint. Cela ne veut pas dire pourtant qu'on ne parviendra pas à trouver ce que l'on désire : certainement nous avons maintenant sous les yeux une foule de découvertes qui, si elles avaient été prédites avant d'être faites, auraient paru impossible à effectuer. Il ne faut souvent qu'un heureux hasard pour mettre sur la voie d'une création nouvelle d'un procédé d'industrie très-avantageux.

L'oxide d'antimoine, celui de zinc et d'arsenic mis en assez grande quantité sans être exposés à une haute température, font obtenir aussi des émaux parfaitement blancs. Mais le prix auquel ils sont et la volatilité qui leur est propre, ont été des obstacles à leur adoption pour ce dont il s'agit. L'oxide d'arsenic, d'ailleurs, quoiqu'il soit employé pour la confection de l'émail propre aux tableaux de miniature, et à l'émaillage des cadrans de montre, ne saurait l'être pour l'objet qui nous occupe. Il serait très-imprudent, et je dirai même dangereux, de l'introduire comme partie constituante d'un corps destiné à recouvrir des vases qui doivent contenir nos alimens usuels. On a beau se dire qu'un poisson vitrifié cesse d'être délétère, il faut toujours craindre que la réaction de certaines substances, telles que des acides ou des graisses, ne vienne en faire développer les dangereuses influences. J'aime à croire qu'un homme sensé et ami de ses semblables évitera toujours avec grand soin l'introduction dans ses objets d'industrie de tout ce qui peut nuire à l'économie animale; mais j'ai voulu, en passant, parler des expériences qui pourraient être faites sur l'oxide d'arsenic en particulier. Au reste je déclare que les tentatives seraient infructueuses; car outre que son prix est trop élevé, le coup de feu assez intense qu'il faut pour cuire la faïence, le ferait volatiliser; il ne resterait rien sur le corps de la terre qu'un enduit cristallin qui laisserait voir à nu la couleur du bis-cuit. Il n'y a aucun succès à espérer avec cet oxide.

La manière d'oxider l'étain et la quantité pour laquelle il doit entrer dans une composition de blanc, sera décrite ci-après.

Du Plomb.

Le plomb est un métal blanc tirant fort sur le bleu : il n'a pas sensiblement de son, il est doux, malléable et si tendre qu'il se laisse rayer avec l'ongle; son poids spécifique est plus fort que celui de l'étain, mais il est à peu près aussi fusible, et se convertit en oxide avec la même facilité. Cet oxide se vivifie encore plus promptement que celui d'étain, lorsqu'il est mis en contact avec des matières hydrogénées; mais il a cela de particulier que lorsqu'il est exposé seul dans un creuset à l'action d'une chaleur un peu intense, il se transforme en un verre jaune d'une grande transparence, mais attaquable cependant par les acides.

L'oxide de plomb entre pour une assez grande partie dans la composition du blanc de faïence; il doit cette prépondérance uniquement à sa grande fusibilité. C'est en effet lui qui apporte ce qu'on appelle le fondant, car plus il domine dans la composition, et plus l'émail se cuit à une basse température; il faut pourtant être modéré dans son introduction, parce que si l'on dépasse les limites prescrites par l'art, il amène des inconvéniens qu'il est bon d'éloigner. Premièrement le plomb jaunit et verdit considérablement le blanc d'émail; il fait contracter aux produits une teinte sale qui rebute l'œil le moins exercé; secondement, et c'est ici le principal défaut, il apporte une mauvaise qualité à la matière par sa vertu délétère: non que je veuille dire pourtant qu'étant vitrifié avec le sable et l'étain, il puisse agir puissamment sur l'économie animale; mais il est toujours bon d'être réservé sur le trop grand emploi d'une substance qui, étant isolée, a été reconnue être un véritable poison. Je ne parle point ici au hasard : les manufacturiers mes collègues ne doivent pas s'irriter si je publie qu'il entre dans notre émail propre à couvrir les pièces de faïence, une substance dangereuse pour l'homme, puisque je déclare en même temps, d'un autre côté, que ce n'est que l'abus dans la quantité de cette substance qui peut la rendre dangereuse. En effet, il a été démontré par des corps savans, tels que la faculté de médecine réunie, que la proportion existante de plomb dans l'émail bien composé n'était aucunement nuisible à la santé de ceux qui faisaient un usage journalier de la vaisselle de faïence pour leurs alimens usuels.

On devra donc, à l'égard du plomb, suivre exactement la dose indiquée dans la composition qu'on trouvera ci-après.

Il y a quelques années que la sollicitude du gouvernement fut éveillée sur ce point, et que l'on crut utile d'après plusieurs rapports, cependant dénués de vraisemblance, d'attirer l'attention des principaux savans. Ils furent chargés d'examiner si les diverses couvertes de faïence n'exposaient pas à des dangers réels, et s'il ne serait pas possible de remplacer l'oxide de plomb, dans l'émail, par une autre matière quelconque. A cet effet, et pour stimuler le génie des artistes, un prix de six mille francs et une médaille d'or furent proposés : l'un et l'autre furent remportés par un savant manufacturier que tout le monde connaît, et à qui l'on doit plusieurs belles découvertes dans l'art des poteries; mais, quoi qu'il en ait été, les fabricans ne voulurent point renoncer à l'introduction du minium, parce qu'il facilite extraordinairement la fusibilité des substances, et que par là non-seulement il économise une grande quantité de combustible, mais qu'il permet en même temps l'emploi des terres les moins réfractaires.

D'après cela, on voit qu'il n'est pas impossible,

mais au moins très-difficile, de substituer un autre corps au plomb dans le blanc de la faïence. Je me plais à le répéter, on doit rigoureusement faire en sorte de ne pas le prodiguer et de donner un bon coup de feu à la masse, afin d'opérer une vitrification complète, et pour que les diverses substances soient toutes dans un grand état de combinaisons; alors j'ose espérer avoir assez étudié cette partie de l'art pour pouvoir affirmer, sans crainte de me tromper, qu'il ne peut en résulter aucun inconvénient.

L'oxidation du plomb se fait avec celle de l'étain dans un fourneau à réverbère, comme on le verra plus tard.

Du Sable.

Le sable est une matière pulvérulente qui se rencontre très-abondamment tantôt à la surface de la terre, et tantôt dans son sein, à des profondeurs plus ou moins considérables. Sa couleur varie beaucoup: les oxides métalliques, et surtout celui du fer, lui donnent des teintes grises, jaunes, et quelquefois noires. Cependant on rencontre assez souvent des sables noirs qui ne doivent point cette couleur foncée à la présence d'un oxide, mais à quelques débris de matières végétales ou animales. Outre plusieurs de cette espèce, je pourrais en citer un qui se trouve dans les plaines de la Belgique, non loin de la ville de Mons : ce sable, de noir qu'il est avant sa calcination, devient d'une grande blancheur lorsqu'il a passé par un coup de feu qui n'a pas besoin d'être très-vif pour cela. Cette expérience prouve bien d'une manière incontestable que l'oxide de fer n'y est pour rien du tout, quoiqu'il paraisse à la première vue être la matière colorante; et ce qui peut achever de lever le plus léger doute à cet égard, c'est qu'il est employé à former la base de la matière avec laquelle on fabrique la porcelaine de Tournai et celle de Saint-Amand-les-Eaux, où l'on doit éviter certainement tout corps étranger qui pourrait nuire à la beauté des produits.

Les sables ne sont pas non plus d'une égale finesse, quant à leurs grains. Cette différence n'est pas aussi peu importante qu'elle pourrait le paraître d'abord: elle renferme deux questions qui touchent grandement l'intérêt du manufacturier.

La première c'est que le sable, devant être broyé sous la meule avant ou après sa calcination avec le plomb et l'étain, sera plutôt divisé et mis en poudre impalpable, lorsque ses grains seront fins, que lorsqu'ils seront d'un gros volume. Cette simple manipulation peut amener ou éloigner d'une manière assez sensible des bénéfices, car si cent kilogrammes de composition demandent deux jours pour être broyés sous la meule quand elle est faite avec un sable fin, et qu'au contraire il en faille trois et même quatre avec un autre sable double en grosseur, il est clair que dans le dernier cas il y a une différence de moitié dans la main-d'œuvre, ce qui ne peut manquer de la faire entrer pour beaucoup dans les calculs manufacturiers. En vain voudrait-on prétendre que les gros grains sont réduits par la fusion du coup de feu de calcination : toujours est-il qu'il en reste autour du *bassin* qui n'a pas eu la faculté de se fondre, et par conséquent la meule doit faire alors ce que le feu n'a pas fait. Encore un coup les sables fins doivent être préférés ; voici pour quelle autre raison :

La seconde question relative à la finesse des sables qui entrent comme partie constituante du blanc de faïence, c'est que deux sables de même nature sous le rapport de leur composition élémentaire, et qui n'ont entre eux de différence que dans la grosseur plus ou moins prononcée des grains, seront par cela même d'une inégale fusibilité. Je ne pense pas qu'il faille employer une longue argumentation pour démontrer cette vérité incontestable. Quelque faibles que soient les connaissances que l'on peut avoir sur la manière dont s'opère la fusion du sable dans l'oxide de plomb ou les alcalis à l'aide de la chaleur, on ne manquera pas d'être promptement convaincu de la chose: En effet, on ne peut révoquer en doute qu'un grain de sable sera plus tôt dissous quand il sera mince que quand il sera gros; or, une fois la dissolution du sable opérée, la vitrification est totalement achevée pour cette sorte de produit, donc le but se trouve rempli.

Je rappelle que j'ai dit ici plus haut qu'il fallait pour qu'on pût voir cette différence de fusibilité sur deux sables dont les grains étaient inégaux en grosseur, qu'ils fussent semblables sous le rapport de leur composition élémentaire : sans cela les remarques que nous venons de faire cessent d'avoir lieu; car un sable quoique gros peut paraître ou plutôt peut être effectivement très-fusible, comparé à un autre sable dont les grains sont beaucoup plus fins. Mais ici il faut faire une observation judicieuse, c'est que le sable gros contient quelquefois un fondant par lui-même : tel est celui qui se trouve à Desise près Nevers. Tels sont encore les sables de Bacara et ceux sur les rives de la Loire. Tous recèlent une certaine quantité de matière fondante, soit un peu de potasse, soit de la soude ou une terre éminemment fusible. Aussi voit-on que de semblables sables ne sont jamais fort rudes au toucher, toujours on remarque quelque chose de gras qui s'interpose entre les grains; lorsqu'on en lave une portion quelconque dans l'eau, on s'aperçoit d'un dépôt assez marquant dans le fond du vase qui contient l'eau de lavage; c'est ce qu'on ne voit pas dans les sables ordinaires qui servent à la fabrication du verre blanc et du cristal, où l'on se sert des sables les plus purs possibles.

D'après ce qu'on vient de voir, tous les sables ne sont donc pas propres pour la confection du blanc de faïence; ceux qui sont colorés par des oxides métalliques doivent être rigoureusement exclus; ceux qui sont réfractaires ne devront pas non plus être employés, parce qu'ils forcent à des additions de fondant qui rendent la composition du blanc fort coûteuse.

Ce sont donc les sables fusibles qu'il faut choisir de préférence pour cet objet, et parmi ces derniers les sables de Nevers et de Baccara jouissent de la plus grande réputation; aussi tous les manufacturiers dont les localités permettent de s'en approvisionner avec aisance s'en servent-ils pour leur produits, et ils s'en trouvent bien.

Cependant ceux dont les établissemens sont trop éloignés des lieux où les sables dont je viens de parler se trouvent, sont bien forcés d'en employer d'autres : alors ils prennent les sables les plus blancs qu'ils peuvent rencontrer, ils se servent de ceux qu'on appelle ordinairement sables cristallins, parce que leurs grains vus à la loupe semblent être des morceaux de cristal pulvérisé. Ces espèces de sables étant un peu plus dures à fondre obligent à une plus forte introduction de substances alcalines dans la composition. On devra donner la préférence aux alcalis sur l'oxide de plomb pour amener de la fusibilité dans la matière, et cela pour deux raisons également importantes: la première, c'est que la masse du blanc acquiert, comme je l'ai déjà dit, une teinte jaune sale lorsque cet oxide domine trop; la seconde c'est que la salubrité des vaisselles et leur solidité exigent qu'on soit modéré dans l'introduction de cette substance.

Le sable est d'une nécessité indispensable dans le blanc de la faïence: d'abord il augmente considérablement son volume en entrant pour beaucoup dans la composition; il y sert de base en même temps qu'il aide aussi à donner de l'opacité: car la vitrification qui se fait de toutes les matières qui composent le blanc n'étant pas tout-à-fait complète faute d'une chaleur assez élevée, le sable alors en trouble toujours un peu la transparence. C'est ce qui fait que quand on emploie des sables réfractaires, le blanc couvre mieux les pièces de faïence, mais aussi il est infiniment plus difficile à fondre; et, comme un blanc dur est un obstacle au bénéfice du fabricant, on est obligé de faire une addition de fondant, prise dans les sels alcalins, pour éviter les graves inconvéniens de l'oxide de plomb.

C'est une question assez importante que celle de savoir si les sables pourraient être remplacés, dans le blanc de faïence, par une autre substance qui viendrait y jouer le même rôle. Je pense (et c'est d'après mes propres expériences) qu'on ne hasarderait pas trop en se prononçant pour l'affirmative. En effet, qu'est-ce que le sable pur? de la silice presque en totalité; eh bien, n'avons-nous pas, dans la nature, des corps analogues? le silex, par exemple, n'est-il pas, pour ainsi dire, entièrement composé de silice? il serait donc susceptible dans l'occasion d'être substitué au sable? et de remplir les mêmes fonctions, puisqu'il est de la même nature. Il est vrai de dire que cette pierre demanderait des opérations préalables, telles que la calcination et la pulvérisation; mais toujours est-il que rien ne s'oppose, si ce n'est quelques manipulations, à ce qu'elle pût remplacer le corps dont nous parlons. Il n'y a point de doute que tant qu'on pourra se procurer facilement de beaux sables, on ne devra pas faire emploi d'une substance qui demanderait des travaux à l'avance; aussi n'ai-je fait cette remarque que pour mettre le manufacturier commençant sur la voie de l'instruction, et lui faire sentir, en passant, que la nature ne s'est pas bornée à ne nous donner que des matières uniques pour chaque opération, mais qu'au contraire, sa main bienfaisante a répandu partout une inconcevable variété que l'homme intelligent exploite et met à profit quand il le veut.

Des Sels vitrescibles.

Nous appelons sels vitrescibles ou vitrifiables des substances qui ont la propriété de dissoudre les terres et le sable au moyen d'un coup de feu plus ou moins fort, selon que ces sels dominent plus ou moins dans les mélanges. Ceux qui sont propres à la faïence, sont la potasse et la soude, ou plutôt les sels qui ont la potasse ou la soude pour base. On ne se sert même que des derniers, dont les principaux sont le sous-carbonate de soude, l'hydrochlorate et le sulfate de la même base. Parmi ces trois il en est un qui mérite la préférence sur les deux autres, c'est l'hydrochlorate (sel de cuisine) ou chlorure de sodium. Le sous-carbonate de soude a, certainement, une plus grande propriété vitrescible que l'hydrochlorate; mais il n'a pas, comme ce dernier, la propriété de blanchir la masse de l'émail.

Le sulfate de soude peut convenir aussi jusqu'à un certain point pour le blanc de faïence; mais il ne profite pas autant que le sel marin;

parce que l'acide avec lequel la soude est unie ne l'abandonne qu'avec une extrême difficulté, et il faut, pour que cela ait lieu, que la température soit portée au plus haut degré, ce qui n'arrive pas dans la demi-vitrification du blanc, opération dans laquelle le feu ne va pas au-dessus de 60 à 70 degrés du pyromètre de Wedgwood.

La blancheur que nous remarquons dans l'émail de faïence, lorsqu'il a été fait avec de l'hydrochlorate de soude, semble devoir son origine à une cause assez simple en apparence, qu'on pourrait, je crois, expliquer ainsi : c'est que l'acide hydrochlorique se volatilisant par l'action de la chaleur d'une part et que, de l'autre part la soude se combinant avec l'étain, le plomb et le sable, détermine une fusion et un amalgame plus complet de ces corps, et fait disparaître ainsi les substances susceptibles, en restant dans la masse, de ternir la beauté du produit. Il faut nécessairement bien qu'il y ait quelque chose d'à peu près semblable, puisque lorsque nous employons le sulfate de soude ou d'autres sels dont les acides sont étroitement unis aux bases et qui, par là, ne permettent pas à la base de remplir complétement son rôle, nous n'obtenons point les mêmes résultats.

On voit quelquefois des manufacturiers introduire dans la composition de l'émail, une matière que les verriers retirent de la surface du verre dans les creusets au moment où l'on écume la masse vitreuse. Cette substance étant un mélange de sels neutres qui ne peuvent se combiner avec la silice, est par conséquent peu propres à remplir le but qu'on se propose d'atteindre dans cette circonstance; car ces sels neutres divers étant l'écume ou si l'on veut le *fiel* du verre, ne parviendront jamais à nettoyer le blanc de faïence. Ainsi donc je pense fermement que c'est une grande erreur que de se servir de cette matière pour cet objet; peut-être bien est-ce la modicité de son prix qui la fait rechercher pour être employée en cette occasion; mais il ne faut pas s'y tromper, les avantages qu'on croit obtenir s'évanouissent vis-à-vis des considérations que nous venons d'exposer.

Si quelque chose pouvait remplacer le plomb dans le blanc de faïence, ce serait certainement les alcalis; car ayant la propriété de dissoudre le sable à l'aide de la chaleur, et de former un verre plus ou moins parfait, selon le degré de température auquel on a opéré, ils formeraient donc un composé qui serait susceptible de s'étendre sur la terre cuite et la couvrir assez pour la rendre propre aux divers usages habituels de la vie. Alors aucune crainte, si petite qu'elle puisse être, ne viendrait plus alarmer l'ami de l'humanité. Encore un coup je ne prétends pas faire naître de l'inquiétude sur l'emploi des vaisselles de faïence : je réitère l'assurance qu'un émail bien composé ne se laisse jamais attaquer par les graisses ni le vinaigre; mais il n'en serait pas moins beau, cependant, de fermer tout à coup la porte aux abus en bannissant pour toujours de la matière qui sert à confectionner les vases qui doivent contenir nos alimens usuels, une substance dont on voudrait en vain se dissimuler les dangereux effets lorsqu'elle peut agir sur les organes sensibles des intestins. Les hommes qui travaillent au *minium* ou oxide rouge de plomb et tous ceux qui mettent les mains aux opérations plombifères, sont malheureusement là pour attester ce que j'avance. (Quand nous en serons au *trempage* de l'émail et à *l'époussetage* des pièces émaillées, nous reviendrons sur cet article, et nous nous appuyerons sur les précautions à prendre pour se garantir des mauvaises influences de la poussière du blanc. Partout où l'homme de bien croit pouvoir prévenir le danger, il doit le faire, même alors qu'il peut blesser quelqu'amour-propre ou léser quelqu'intérêt.)

Dans les nombreux essais que j'ai faits pour la suppression de l'oxide de plomb dans le blanc de faïence, quelques-uns ont été parfaitement heureux. De ce nombre sont ceux que j'ai faits en introduisant le cristal pesant en remplacement de cet oxide, mais dans une plus grande proportion; j'en donnerai ci-après la composition. Sans doute on ne manquera pas de me dire qu'en mettant du cristal pesant dans les mélanges, je ne manque pas d'y apporter également du plomb, puisque ce corps en contient jusqu'à 60 et 70 pour cent. Cela est vrai dans toute la force du terme, mais ce qui ne l'est pas moins, c'est que l'oxide de plomb est si fortement combiné avec la silice et les alcalis qui font les élémens du cristal, qu'aucun danger n'en peut résulter; l'usage est la preuve la plus convaincante qu'on puisse donner de cette assertion. En effet, ni les graisses ni les acides les plus corrodans (le fluorique excepté) n'attaquent point ce produit de l'art; voici quelles sont les raisons de son inaltérabilité:

La haute température nécessaire pour la fabrication du cristal, en fait un corps parfaitement homogène; les molécules de l'oxide de plomb sont tellement disséminées, tellement combinées avec celles du sable et des fondans avec lesquels on les met en contact, que le tout ne forme qu'une seule et même matière indécomposable par les agens ordinaires. Il serait absurde de prétendre que toutes les combinaisons de plomb sont dangereuses et nuisibles par cela seul qu'il y entre du plomb: assurément ce serait mal raisonner, car dès que ces combinaisons sont suffisamment intimes pour ne pas se laisser altérer par des liqueurs spiritueuses et alcooliques, tout danger cesse naturellement : mais pour arriver là, je le répète, c'est un coup de feu très-vif qu'il faut administrer à la matière. Ce coup de feu, le blanc de faïence le subit-il ? Je soutiens que non : donc il est attaquable, il ne faut pas que le plomb y domine, et le cristal vient ici fort à propos. J'engage les manufacturiers désireux de s'instruire, et de faire des progrès dans cette carrière, de répéter mes essais par l'emploi du cristal au lieu de plomb, en mettant un peu plus d'alcali qu'on ne fait ordinairement, afin d'amener de la fusibilité dans la composition.

Je suis sûr d'une chose, c'est que le fabricant qui fera ces essais, se trouvera arrêté dans sa marche par une circonstance qui pourra peut-être lui paraître un obstacle invincible à la réussite de la chose cherchée : cette circonstance sera que son blanc de faïence, vu l'addition d'alcali, pourra se ternir et se couvrir d'une substance saline, au bout de quelques jours d'exploitation à l'air atmosphérique ; mais je suis assez heureux pour pouvoir annoncer que j'ai en partie, si toutefois je ne puis dire tout-à-fait, prévenu ce grave inconvénient ; et cela par un moyen assez simple que voici : quand on recueille le blanc du bassin qui se trouve sous la voûte du four lorsqu'il en existe, on le pulvérise le plus fin possible, ensuite on le lave à grande eau, puis on le remet une seconde fois dans le bassin, pour qu'il subisse une nouvelle vitrification.

Par le lavage, le blanc s'est débarrassé de l'excédant du sel neutre qui ne doit pas faire partie constituante. Par la seconde vitrification, le peu de ce sel superflu qui pouvait exister dans l'intérieur des grains de blanc un peu gros se dissipe au coup de feu subséquent, et la masse acquiert un degré de pureté convenable qui la rend impropre à attirer l'humidité de l'air, et par conséquent à se couvrir d'une substance blanche saline.

Il ne faut pas que des calculs mercantiles, comme cela arrive souvent, viennent encore ici arrêter les progrès de l'art, et que la considération de deux cuissons, d'une pulvérisation et d'un lavage de la part du blanc, effarouche l'esprit du fabricant et l'empêche d'adopter cette innovation. La pulvérisation et le lavage sont peu de chose, et quant à la cuisson, en faisant un bassin beaucoup plus grand, on met le double de matière, de sorte que le produit d'émail, pour suffire aux fournées, se trouve être dans la même harmonie quant à la quantité. D'un autre côté, les tessons de cristal ne coûtent pas autant que l'oxide de plomb, et quoiqu'il faille les réduire en poudre par le pilon, le prix diffère toujours presque de moitié, ce qui donne infiniment de latitude pour faire les frais de quelques opérations ultérieures.

Si au lieu de mettre l'émail sous la voûte inférieure, on le faisait cuire dans des creusets, et dans un fourneau particulier, alors il ne faudrait pas avoir recours au lavage pour extraire le sel excédant, parce qu'on aurait la facilité de donner un plus fort coup de feu, ce qui permettrait aux sels neutres de se dissiper en partie; ou s'il en restait, ils viendraient surnager à la surface de la matière dans le haut du creuset, et avec un instrument concave tel qu'une cuillière, on aurait la facilité de retirer ce qui peut nuire à la perfection des produit. De plus, avec un semblable mode de vitrification, on peut puiser le blanc en fusion et le jeter dans des baquets remplis d'eau; par cette immersion, la matière se délite en petits fragmens très-divisés, ce qui équivaut déjà à une pulvérisation fort avancée. On voit qu'en perfectionnant les choses on les simplifie considérablement.

De l'oxidation du plomb et de l'étain.

Nous venons de passer en revue les différens corps qui entrent dans la composition du blanc de faïence; nous nous sommes arrêtés un moment sur des données qui tendraient à les faire remplacer en partie ou en totalité par d'autres substances analogues, ou du moins qui en auraient les propriétés. On a vu que le phosphate de chaux ou les os calcinés, et même la baryte, donnaient l'opacité aux vitrifications; que les alcalis, mais surtout le cristal, pouvaient se substituer au plomb, jusqu'à un certain point; que le silex était susceptible de jouer le même rôle que le sable : enfin non-seulement on s'est familiarisé avec les matières qui composent ordinairement l'émail blanc, mais on a dû entrevoir la route qu'il fallait suivre pour arriver aux innovations que réclame l'art que nous traitons.

Assurément j'eusse pu donner ici une foule de compositions d'essais, qui auraient peut-être satisfait plusieurs personnes amateurs de ce genre de travail; mais comme ce ne sont que des expériences non encore poursuivies en grand, j'ai craint que leur description ne pût égarer ceux qui ne sont pas pourvus de toutes les connaissances qu'on doit accumuler pour ne point s'exposer à des pertes de temps et de capitaux qu'on a bien souvent de la peine à recouvrer par le travail le plus assidu. J'ai préféré donner les élémens principaux des innovations, en laissant à l'artiste le soin de faire les recherches de détails qui lui ouvriront la carrière qu'il doit parcourir. En marchant éclairé des lumières de la science, chaque pas lui fera découvrir et surmonter des difficultés qu'il eût été loin de supposer, si tout à coup je l'avais placé devant le but sans qu'il eût eu à parcourir l'espace qui l'en séparait. Qu'on ne s'y trompe pas, dans tous les arts difficiles, c'est en cherchant qu'on trouve, et rarement la pratique la plus servile d'une recette donnée permet de faire bien. Nous allons passer à l'oxidation des deux métaux dont nous avons besoin.

Le fourneau qui sert à oxider l'étain et le plomb est un de ceux qu'on nomme à réverbère : cependant dans les fabriques on l'appelle *fournette*. Cette fournette ressemble beaucoup pour sa forme au fourneau dans lequel on fabrique le minium, ou si l'on veut à un fourneau de boulanger, excepté qu'au lieu de placer le bois dans l'intérieur, et sur l'aire du four, on le pose sur deux grilles qui se trouvent à chaque côté du fourneau, la flamme alors frappe la voûte qui est très-surbaissée, et vient rejaillir et se *réverbérer* vers la partie sur laquelle repose le métal et qui est l'aire.

L'aire de la fournette est faite avec de la terre qui comporte beaucoup de sable; elle doit être d'une figure concave, afin de rassembler le bain de métal dans le point central. C'est la partie du fourneau la plus épineuse et la plus difficile à exécuter; on a bien de la peine à empêcher la formation de quelques crevasses, qui laissent toujours couler le plomb en fusion : ce n'est qu'à force de soins et de précautions de toutes espèces, qu'on parvient à éviter cet inconvénient. Ce qui paraît le plus important à faire, c'est de laisser sécher lentement cette partie, de la rebattre deux à trois fois par jour, et de boucher avec beaucoup d'attention les petites fentes qui se manifestent dans toute son étendue.

Le désagrément du coulage de la part du plomb et de l'étain, au travers de l'aire de la fournette, a donné l'idée à plusieurs fabricans d'en faire une en fer de fonte; je dois pour être fidèle à la tâche que je me suis imposée de rectifier toutes les erreurs qu'on peut commettre dans la fabrication, ne pas laisser passer cette circonstance sans m'arrêter un instant sur la pratique et sur les résultats qu'elle peut avoir.

Personne n'ignore que le fer est un métal qui s'oxide facilement à l'action de la chaleur, d'autant plus qu'il se couvre de rouille, même à la température de l'atmosphère, pour peu qu'il soit en contact avec l'humidité. D'après cela on sent bien que le feu nécessaire à la calcination du plomb et de l'étain, quoique peu intense, l'est suffisamment pour oxider petit à petit l'aire de la fournette lorsqu'elle est en fer. Or, comme l'oxide de ce métal a la mauvaise propriété de tacher en jaune et en noir toutes les vitrifications dans lesquelles il entre, le manufacturier de faïence qui se sert d'un semblable expédient pour empêcher l'écoulement du bain, ne doit point aller chercher ailleurs la cause d'une multitude de petits points bruns et noirs qui peuvent se rencontrer à la surface de ses produits.

J'eus plusieurs fois l'occasion de faire remarquer ce défaut dans l'émail, à ceux des fabricans qui se servent d'une aire en fer de fonte, et j'avoue avec confusion qu'il a fallu employer toute la force d'un raisonnement basé sur la plus saine théorie, pour parvenir à les convaincre; tant il est vrai qu'un préjugé une fois enraciné ne peut être extirpé que bien difficilement de chez les personnes même douées d'un grand sens et de beaucoup de raison.

Il est un moyen de se garantir de la perte du métal dans la calcination, sans que pour cela il faille recourir à l'expédient d'une aire en fer fondu : c'est en intercallant dans la masse de cette aire, et à une profondeur d'un décimètre de la partie supérieure, une feuille de tôle épaisse qui comprenne toute l'étendue du bassin. On a soin de faire un rebord à la feuille de tôle; ce rebord doit venir jusqu'à fleur de l'aire, en sorte qu'il est de toute impossibilité qu'aucune parcelle de métal soit perdue, en supposant même qu'il s'en insinuât entre les pores ou les crevasses qui pourraient exister dans la terre qui forme l'aire, car la feuille de tôle se trouve justement à portée de retenir le liquide si toutefois il s'infiltrait. Pour cela on se figure bien qu'il faut que les angles de la pièce en tôle soient rivés de manière à ne point laisser de vide si petit qu'il puisse être.

En disposant ainsi les choses on ne craindra ni l'écoulement du métal, ni l'oxidation du fer, puisque la flamme ne sera pas en contact avec lui, attendu que la tôle est revêtue, comme je l'ai dit, d'une couche de terre compacte, ayant un décimètre d'épaisseur.

On ne fait pas toujours deux foyers à la fournette, quelquefois on n'en pratique qu'un; mais alors il est un peu plus grand. Dans tous les cas, il y a toujours une grille assez serrée, en dessous de laquelle se trouve un cendrier qui descend jusqu'au sol.

La porte de la fournette est placée dans le milieu et à ceinture d'homme, comme dans le four du boulanger.

On doit se rappeler que j'ai dit qu'il fallait que la figure de l'aire fût concave, pour le rassemblement du métal fondu; de plus, pour éviter que l'oxide qui tient beaucoup plus de place, ne retombe pas dans les foyers, on élève un petit mur qui les sépare de l'aire; ce mur doit avoir 16 à 20 centimètres d'élévation.

Lorsque la fournette vient d'être maçonnée,

on la laisse sécher d'elle-même sans hâter sa dessication par le feu, dans la crainte de perdre le fruit de son travail; cependant lorsqu'on s'aperçoit qu'il n'y a plus d'inquiétude à éprouver, on allume les foyers, mais on procède avec une extrême circonspection, on continue le feu très-lentement pendant plusieurs jours, au bout desquels le fourneau est rouge de toute part; on le maintient quatre à cinq heures dans cette température, ensuite on laisse diminuer la chaleur jusqu'au rouge absolument brun. Arrivé là on pèse le plomb et l'étain, on met vingt-deux parties du dernier sur cent du premier; la masse totale doit varier selon la grandeur de la fournette; cependant comme les frais de manipulation sont à peu de chose près les mêmes, il est bon d'avoir une fournette un peu grande et qui puisse contenir au moins trois cents kilogrammes d'oxide.

Dès que les métaux sont introduits dans la fournette, et qu'ils sont parvenus à une parfaite liquéfaction, pour peu qu'on pousse le feu avec vigueur, on voit la superficie du bain se couvrir d'une espèce d'écume, parmi laquelle on remarque de temps en temps comme des étoiles briller avec la plus grande splendeur; ce sont les instans où l'oxigène de l'air atmosphérique se combine avec le métal. Quand on juge que l'épaisseur de l'écume est assez forte, on la pousse avec un ringar dans le fond du fourneau : aussitôt une nouvelle quantité d'oxide se forme; celle-ci, lorsqu'elle est arrivée à son point, est à son tour refoulée soit sur les côtés soit dans le fond, et ainsi de suite jusqu'à ce qu'il ne reste plus de métal en nature.

Il est urgent lorsqu'on veut aller un peu promptement dans cette opération, de souvent repousser l'oxide; car ne se formant qu'autant que l'air est en contact avec la surface du métal, plus ce dernier sera mis à découvert et plus l'oxide sera abondant, puisque ce phénomène n'est dû qu'à la combinaison d'un principe de l'air atmosphérique avec le plomb et l'étain.

Lorsque les métaux sont totalement épuisés, c'est-à-dire qu'il n'en reste plus sur l'aire de la fournette sous cette forme, on ramène dans le milieu ce qu'on a poussé dans le fond et sur les côtés, on continue le feu avec un peu moins d'ardeur, on trace des sillons sur la matière avec le ringar, et on laisse le tout en repos pendant cinq à six minutes. Au bout de ce temps on retourne l'oxide en y traçant encore des sillons, afin d'augmenter les surfaces. Chaque fois qu'on répète cette manipulation, on voit une infinité de petites étoiles; tant qu'on observe cette particularité il faut continuer à retourner de cinq en cinq minutes, parce qu'on a la preuve qu'il existe encore dans la masse des parcelles de métal qui ne sont point tout-à-fait oxidées. Dès que cette condition cesse d'avoir lieu, on retire l'oxide avec des pelles en fer, et on le place dans l'endroit qui lui est destiné ; il doit affecter alors une couleur jaune orangé.

Pour mettre de l'économie dans les opérations de ce genre, il faut les répéter successivement pendant plusieurs jours, et faire un amas d'oxide, ou, comme on dit en fabrique, de *calcine*, qui puisse suffire à la fabrication pour quelque temps ; car une fois le fourneau échauffé, il peut marcher aussi long-temps qu'on le désire en l'entretenant modérément de combustibles ; tandis que si l'on recommençait souvent cette opération, on serait en perte du combustible nécessaire pour l'échauffement du fourneau, ce qui certes n'est pas peu de chose, surtout lorsque les bois sont à haut prix.

Les bois sont préférables au charbon de terre pour l'entretien du feu dans le fourneau d'oxidation ; on doit même choisir ceux qui donnent beaucoup de flamme, tels que le hêtre.

Si le mélange des deux métaux a été bien oxidé, le fabricant doit trouver une augmentation de poids de 9 à 10 pour cent. Ce phénomène est maintenant trop connu, et les causes en sont à la portée de trop de monde pour que je daigne m'y arrêter un instant. Cette explication était bonne dès l'origine de la connaissance des parties constituantes de l'air atmosphérique; aujourd'hui personne n'ignore que ce surcroît de pesanteur est dû à l'oxigène qui s'est séparé de l'air que nous respirons pour se combiner avec le métal. Toutefois il n'est pas inutile de dire ici que plus on aura eu de soin dans le *retournement* de la matière, et plus le poids sera grand en proportion.

Il est surtout une chose à laquelle il faut prendre une attention toute particulière, c'est de ne pas faire trop de feu dans l'idée d'accélérer l'opération, parce qu'il arriverait un grave inconvénient qui pourrait devenir extrêmement préjudiciable. Il consiste en ce que l'oxide de plomb, par sa grande fusibilité, venant à s'agglomérer, entrerait en fusion, et s'attacherait tellement aux parois du fourneau qu'on aurait infiniment de peine à l'en faire sortir; en même temps qu'il en resterait toujours beaucoup dans le fourneau, ce qui serait réellement une perte qu'on évite lorsqu'on ne s'écarte pas de la chaleur rouge brun.

D'un autre côté, le manque d'intensité de calorique fait traîner l'opération en longueur. Le temps, qui est toujours précieux, s'écoule rapidement, et l'oxidation demeure en arrière, ou, si elle a lieu, une infinité de grains de métal y échappent. On ne peut s'imaginer combien il est désagréable de n'avoir pas une *calcine* bien oxidée : premièrement, on y perd par un défaut de poids qui ne peut se réaliser ; secondement, quelque fin que puisse être le tamis par lequel on passe l'oxide, il s'y glisse une certaine quantité de petits grains de métal en nature. Ces grains, quoiqu'ils dussent passer sous la meule, ne sont pas toujours entièrement anéantis, de sorte qu'ils font partie du blanc, ils sont donc appliqués à la surface des vaisselles de faïence, et quand en cuisant les produits dans le four, le malheur veut qu'il y ait un peu de fumée, la rapparition (car je ne dirai pas la révivification, puisque les grains n'ont pas été oxidés) du métal se fait remarquer par une infinité de points noirs comme ceux que l'oxide de fer occasione.

Avant de retirer la calcine de la fournette, pour bien juger s'il ne reste plus de plomb sous l'état métallique, on retire une pincée d'oxide, on le met sur une palette de verre, et avec une molette de même matière, on le broie à sec de suite en inclinant convenablement la glace à la lumière : on voit briller le métal d'une manière frappante, car le frottement de la molette y a déterminé un poli qui saute aux yeux les moins exercés. Si par cette expérience on remarque du plomb, on continue la calcination ; si au contraire la petite masse est entièrement terreuse, on retire l'oxide de la fournette. En marchant ainsi toujours par des conséquences tirées des faits mêmes, il est impossible de ne point arriver droit au but qu'on se propose. Je sais que tout cela demande une grande surveillance, de l'attention, et enfin des soins tout particuliers; mais quel est donc l'art ou l'industrie qui n'en demande pas? Celui de la faïencerie est peut-être le plus difficile qui existe lorsqu'on veut le faire marcher d'une manière convenable, et l'on sent qu'alors il faut y apporter beaucoup de vigilance; ceci est la tâche d'un bon directeur.

Quoique je n'aie prescrit que 22 parties d'étain sur 100 de plomb, pour l'amalgame de la calcine, cela ne veut pas dire qu'on ne puisse varier, et qu'on ne varie en effet dans ces proportions de fabrique à fabrique. Il est même rare de rencontrer deux manufactures dans lesquelles on compose d'une manière uniforme. Quelques fabricans mettent 20 parties d'étain, les autres 22, il en est qui vont jusqu'à 25 et même 30; mais le plus communément c'est 22: c'est pour cela que je suis parti de ce point comme étant le terme moyen; mais ensuite rien n'empêche d'ajouter ou soustraire quelques parties au-dessus ou au-dessous de ce nombre; cela dépend du produit qu'on a en vue. Pour les faïences blanches à l'intérieur des pièces, et brunes à l'extérieur, par exemple, on ne met que 20 parties d'étain sur 100 de plomb; mais pour celles qui leur sont supérieures en beauté, on va jusqu'à

30 : d'après cela, on voit bien que plus l'étain domine, plus le blanc devient parfait; mais aussi il ne faut pas perdre de vue que l'émail acquiert plus de dureté par la qualité infusible de l'oxide d'étain, et qu'en conséquence on doit y ramener de la fusibilité, non pas par du plomb, car ce serait retomber dans le même cas que si l'étain n'était pas en plus, mais avec des alcalis.

Maintenant que nous avons la calcine, les sables et les sels, nous allons donner la composition de plusieurs blancs de faïence.

Première composition.

Calcine composée de cent parties de plomb et trente d'étain	100 part.
Sable Désise, près de Nevers	100
Hydrochlorate de soude ou sel marin	18
Minium ou oxide rouge de plomb	5
Total des parties	223

Deuxième composition.

Calcine composée de cent parties de plomb et de vingt-cinq d'étain	100 part.
Sable Désise, près de Nevers	100
Hydrochlorate de soude ou sel marin	15
Minium ou oxide rouge de plomb	5
Total des parties	220

Troisième composition.

Calcine composée de cent parties de plomb et de vingt-deux d'étain	100 part.
Sable Désise, près de Nevers	100
Soude d'Alicante du commerce	6
Hydrochlorate de soude ou sel marin	6
Total des parties	212

De ces trois compositions, la dernière est la plus usitée : quelquefois au lieu d'y mettre de la soude, on remplace cette substance par du sel marin, de sorte que cette dernière substance y figure pour 12 parties; mais alors la composition n'est plus aussi fusible, car la soude d'Alicante possède à un degré plus élevé que l'hydrochlorate de soude la propriété de dissoudre le sable Au reste, cela dépend aussi de la nature des terres qui forment les vaisselles. Certains émaux se fendent plus aisément sur une terre qu'ils ne le font sur une autre. Cela cependant ne se montre jamais à l'extrême, mais marque assez toutefois pour devoir contraindre le manufacturier à quelques variations dans la dose des sels fusibles qu'on doit introduire dans le blanc de faïence.

Comme tous les fabricans ne peuvent pas travailler avec les sables de Désise près Nevers, parce qu'ils en sont trop éloignés, il faut donc qu'ils aient recours à d'autres sables, et dans ceux qui se présenteront à leur portée, ils auront soin d'employer les plus blancs et les plus cristallins qu'ils pourront trouver. Ces sables, étant un peu plus réfractaires, exigent un surcroît de fondant dans la composition; c'est ce que la pratique apprendra bientôt dès qu'on sera en train de fabriquer; les préceptes sont excellens, mais l'expérience vaut beaucoup mieux quand elle est bien dirigée. Voici plusieurs compositions avec un sable cristallin :

Première composition.

Calcine composée de cent parties de plomb et de trente d'étain	100 part.
Sable cristallin lavé	100
Hydrochlorate de soude ou sel marin	12
Soude d'Alicante	6
Minium ou oxide rouge de plomb	5
Total des parties	223

Deuxième composition.

Calcine composée de cent parties de plomb et de ving-cinq d'étain	100 part.
Sable cristallin lavé ou non lavé	100
Hydrochlorate de soude ou sel marin	12
Soude d'Alicante	4
Minium ou oxide rouge de plomb	4
Total des parties	220

Troisième composition.

Calcine composée de cent parties de plomb et de vingt-deux d'étain	100
Sable cristallin	100
Hydrochlorate de soude ou sel marin	15
Soude	6
Total des parties	221

On doit remarquer que, dans ces trois dernières compositions, le fondant domine davantage que dans les trois autres; la raison pour laquelle cette différence a lieu provient de ce que les sables de ces compositions d'émail se trouvent être plus réfractaires : il a donc fallu pour arriver au même degré de fusibité apporter ce qui manquait, c'est-à-dire, du fondant.

Je ne crains pas d'assurer qu'on peut procéder avec pleine sécurité en suivant exactement les proportions ici indiquées, pour la composition des différens blancs de faïence, pourvu que les terres qui doivent les recevoir se trouvent dans la catégorie de celles dont on a fait mention dans le courant de cet ouvrage, pages 58 et suivantes, et que les matières qui les forment soient de bonne qualité; aussi ne faut-il jamais rien y ajouter ni soustraire, à moins d'y être forcé par les circonstances. Il arrive quelquefois que, par un motif d'économie hors de raison, on emploie de l'étain d'une qualité inférieure ou du plomb; plus souvent encore on met une plus grande quantité de sable pour augmenter la masse, ou de la terre calcaire très-blanche, etc. etc. Toutes ces innovations ne donnent que de fausses lueurs de réussite; ou, les produits sont loin d'être aussi beaux, ou, comme dans le dernier cas, le blanc devient fort difficile à fondre. On s'imagine aisément parce qu'on a fait cuire quelques pièces d'essai, fabriquées économiquement à diverses places du four, et qu'elles ont assez bien réussi, que toute une fournée aura le même succès; on s'aventure en faisant une grande masse d'émail, dans lequel le sable figure pour cent quinze et quelquefois cent vingt; mais alors qu'arrive-t-il? que très-communément il n'y a que les pièces qui, par leur position, étaient susceptibles de recevoir un bon coup de feu, qui soient bonnes à livrer au commerce dans les choix supérieurs : le reste doit presque toujours repasser au four, pour recevoir plus de cuisson, ou être vendu à très-bas prix. Alors une fabrique est entraînée vers sa ruine certaine, pour avoir abandonné les bonnes compositions, et s'être laissé dominer par des calculs prétendus économiques, qui ne font jamais qu'éloigner la prospérité d'un établissement dans lequel elle pourrait se fixer.

Que les jeunes manufacturiers y prennent bien garde, ce ne doit jamais être dans la qualité inférieure des matières premières, ni dans l'introduction en plus grande quantité dans la composition du blanc d'une substance beaucoup moins chère, telle que le sable, qu'il faut chercher les économies. Toutes les fois que les produits seront beaux, ils seront accueillis avec empressement par le commerce, et trouveront d'eux-mêmes un écoulement prodigieux ; mais du moment qu'ils seront au-dessous de ceux de telle ou telle manufacture, ils resteront en magasin et tout languira. Je ne prétends pas dire qu'on ne doit pas toujours tendre à obtenir des économies, mais j'avance qu'on ne doit jamais les chercher dans l'altération des matières premières, parce que c'est arrêter tout progrès dans la fabrication, et s'ôter volontairement la plus belle de toutes les prérogatives qu'il est toujours flatteur de faire valoir, c'est celle de la supériorité des produits.

Je l'ai déjà dit, et je me plais à le répéter ici, parce que c'est une vérité qui ne peut être trop prouvée, si les fabricans de faïence recouverte d'un émail opaque veulent faire des innovations économiques et productives, ils sont à même; il y a peu d'industrie qui en réclame autant que celle-ci ; une des principales, par exemple, c'est l'adoption des fours ronds sans voûte inférieure :

les manufacturiers y trouveraient un bénéfice considérable sur l'emploi du combustible, et tout homme instruit dans cet art conviendra que c'est un des élémens les plus coûteux de la fabrication. Le moyen d'imprimer le mouvement au mécanisme qui sert à pulvériser l'émail et à le broyer; le mode de gâcher et de macérer les terres, sont encore des parties qui doivent aussi attirer l'attention et les recherches du fabricant et recevoir des améliorations et des perfectionnemens très-étendus. Voilà certes des sujets dignes d'être médités avec fruit, et qui nécessairement feraient faire d'immenses progrès à cette belle branche d'industrie manufacturière. Revenons maintenant à la composition du blanc.

Lorsqu'on a pesé assez de matière, tant de l'une que de l'autre, pour en former un volume qui puisse comprendre quatre à cinq cents kilogrammes plus ou moins, on passe le tout par un crible assez clair, afin de bien mélanger ensemble les diverses substances; on répète même cette opération plusieurs fois pour que les corps se combinent mieux lorsqu'ils subiront l'action de la chaleur.

Dans les manufactures où les estimables directeurs ont soin de la santé des ouvriers, on fait mettre un mouchoir en forme de bandeau sous le nez de ceux qui exécutent le tamisage de la composition de l'émail non vitrifié.

Cette sage précaution est fort louable, mais elle ne suffit pas tout-à-fait pour l'intention qu'on se propose; car il faut toujours que l'individu respire, et quelque fine que soit la poussière qui passe au travers du tissu ou par les petits vides qu'il laisse sur la face, il n'est pas moins vrai qu'il s'en introduit toujours dans son intérieure. Je ne connais qu'un moyen d'empêcher totalement cette introduction, c'est en humectant un peu les matières; alors la poussière se trouve absorbée par l'eau, et le mélange ne s'en fait pas moins bien quand cette eau n'y est pas mise en trop grande quantité, ce qu'il faut soigneusement éviter. Il ne faut pas craindre que la présence de l'eau puisse nuire ici en quoi que ce soit; au contraire, les substances solubles telles que les sels se dissolvent en partie, et cela fait que le mélange est d'autant plus intime. Ainsi il résulte deux avantages réels de cet expédient : le premier, qui est inappréciable, c'est de garantir la santé des hommes employés à cette manipulation des atteintes que l'oxide de plomb est capable de lui porter, et le second d'obtenir une union plus parfaite de toutes les matières. On ne peut être plus heureux en s'écartant en cette occasion de la route ordinaire; il serait à désirer que tout allât toujours de même, on ne quitterait presque jamais le chemin des innovations; il aurait trop d'attrait.

Pendant le temps que plusieurs ouvriers sont occupés à la préparation de l'émail, un autre est sous le four dans la chambre à feu, qui arrange convenablement le bassin qui doit le recevoir : il parsème d'abord le fond de ce bassin du même sable que celui avec lequel on compose le blanc. Cette précaution est indispensable, parce que l'émail, dans sa fusion, s'attacherait à tout ce qu'il touche si l'on n'y mettait obstacle par l'interposition d'un corps qui vient par sa présence empêcher cet effet, et le sable remplit fort bien cette fonction. L'ouvrier qui dispose le bassin a soin de pratiquer, sur les bords, une petite élévation en sable ayant une forme en talus, à l'effet d'arrêter le blanc, qui, sans cela, pourrait s'échapper pendant le coup de feu.

Tout étant bien disposé d'une part comme d'une autre, on transporte dans des auges la composition qu'on étend soigneusement sur toute la surface du bassin; il est une chose à laquelle on doit prendre attention, c'est de ne pas mettre l'émail à une trop forte épaisseur dans l'espérance de faire encore ici une fausse économie, en en cuisant à la fois une plus grande quantité; car on serait indubitablement trompé dans son attente. En effet, la masse étant trop épaisse, la force du feu ne pourrait vitrifier les parties qui se trouveraient dans le fond; et l'on risquerait d'en avoir beaucoup qui pourrait être encore sous forme de poussière; ce qui amène toujours une perte assez sensible, parce qu'il se perd de la matière, soit dans le four, soit dans le moulin où l'on *épluche* le blanc. On évite ce grave inconvénient en n'entassant l'émail qu'à une épaisseur convenable, qui est d'un décimètre environ. Cette épaisseur se réduit par la cuisson à 6 ou 7 centimètres.

Le blanc de faïence se vitrifie dans le bassin pendant qu'on cuit les vaisselles en émail et en bis-cuit dans l'intérieur du four. L'endroit où est le bassin étant celui dans lequel on jette le combustible et où la flamme passe en premier lieu, pour sortir par les carnaux et entrer dans le four, on sent bien que la chaleur doit être plus intense en cet endroit que partout ailleurs : aussi l'a-t-on choisi pour y déposer le blanc qui a besoin d'un fort coup de feu pour être bien vitrifié et propre à l'usage qu'on en veut tirer.

Après que la cuisson de la faïence est terminée (nous reviendrons sur cette cuisson en son lieu) et que la chambre à feu est assez refroidie pour pouvoir s'y introduire sans incommodité, on enlève le blanc en le cassant dans le bassin avec un gros marteau de fer. On emporte les fragmens au moulins où on l'*épluche*; on le nettoie avec une hachette dont le taillant doit être en acier; on ôte avec cet outil tout le sable qui a pu s'attacher aux parois inférieures de la masse, et l'on fait disparaître en même temps les corps étrangers qui, pendant la cuisson, ont été apportés à la superficie du bain. Ce sont des morceaux de bis-cuit, de faïence, ou des débris de briques que la voûte laisse échapper, et quelquefois des *larmes* tombant de cette même voûte, où la force du feu vitrifie le surface des briques et forme un verre noir dont la chute est facilement déterminée sur le blanc. En un mot, on débarrasse ce dernier produit de tout ce qui peut nuire à sa blancheur, qui est la chose la plus essentielle à l'émail de faïence.

Quand on retire la masse de dessous le four, elle doit être d'un beau blanc : cependant cela n'arrive pas toujours, mais il ne faut pas s'en alarmer; un émail marbré et parsemé de veines noires ou bien entièrement noir, ne laisse pas de donner de bons produits et de devenir très-blanc lorsqu'il est cuit sur les vaisselles. Cette coloration est due à ce que, dans certaines circonstances, l'extrême superficie se vitrifie trop tôt; alors les corps volatils et vaporisables qui ont la propriété de colorer l'émail en noir, se trouvent enfermés dans la masse; ils ne peuvent plus en sortir puisque les pores un peu larges qu'il leur faudrait pour s'échapper sont en partie bouchés; alors ils demeurent dans la matière et la colorent.

Ce qui paraît prouver évidemment la théorie que j'expose, c'est qu'il ne suffit que de mettre cet émail noir en contact avec l'air et le feu pour qu'il devienne aussi blanc qu'il doit être. C'est ce qui a lieu dans la cuisson des vaisselles qui ont été couvertes d'un blanc de faïence ainsi coloré. D'un autre côté, ce qui semble encore appuyer mon raisonnement, c'est que toujours la surface extérieure du bassin d'émail est d'un beau blanc, tandis que son intérieur est noir : or, pourquoi cela est-il ainsi ? Parce que l'oxigène de l'air atmosphérique a pu exercer son influence sur les parties qu'il pouvait atteindre, et que la volatilisation des substances colorantes a pu se faire sans obstacle. J'ajouterai encore une autre raison (car il en faut quelquefois beaucoup pour prouver une chose assez simple en fabrication); c'est que si l'on faisait calciner et *fritter* toutes les matières ensemble, et qu'on prît le soin de les retourner souvent pendant la calcination, jusqu'à ce que les corps volatils fussent totalement dissipés, et qu'ensuite on mît l'émail ainsi fritté dans le four, on aurait une masse parfaitement blanche partout. Il y a même peu de fabriques dans lesquelles les fours ne rendent pas quelquefois l'émail parfaitement blanc : c'est qu'alors le feu n'ayant pas été trop actif dès le commencement de la cuisson, a permis que l'oxigénation et la volatilisation des substances colorantes s'opérassent d'elles-mêmes. Au reste, comme cette particularité d'un émail blanc ou coloré n'influe en rien sur la beauté des produits, je n'ai eu en vue ici que de démontrer la source de la coloration, afin que celui qui commence à parcourir cette carrière n'en soit point effrayé, et qu'il sache à quoi l'attribuer.

L'émail étant bien nettoyé on le pulvérise. On peut le faire par plusieurs moyens, celui de la batte et particulièrement de la roue en fer tournant sur elle-même, comme pour le ciment, seraient assez avantageux; mais le mode de pulvérisation par le secours de pilons mus simultanément avec les meules qui broient le blanc de faïence au moyen d'un manége, semble être le plus économique.

Aprés que le blanc est bien pulvérisé et passé par un tamis assez fin, on le met sous la meule pour y être broyé d'une finesse extrême, au point qu'il représente une bouillie claire qui ne laisse sentir entre les doigts rien de rude qui puisse annoncer le moindre petit grain. Le fabricant a un intérêt bien puissant à ce que le blanc d'émail soit d'une grande finesse; c'est qu'ainsi divisé, il coule beaucoup plus long, c'est-à-dire qu'il s'étend davantage sur les pièces, et qu'une quantité donnée étant infiniment réduite couvrira une plus grande portion du vase que si cette quantité l'était moins.

Le moulin propre au broiement de l'émail se compose de huit, dix, et quelquefois douze *cuvelles* ou *tines*, lesquelles renferment chacune deux meules, dont l'une inférieure est fixe, et l'autre supérieure mobile. Le diamètre des meules est toujours calculé sur celui des cuvelles, c'est-à-dire que plus les cuvelles sont grandes, et plus les meules le sont aussi ; mais alors le nombre diminue en proportion ; car on ne peut avoir et beaucoup de cuvelles, et grandes tout à la fois, parce qu'alors les meules deviendraient d'un poids supérieur à la force qu'on emploie pour les faire mouvoir, et qui est ordinairement celle d'un cheval.

Chaque meule supérieure est garnie d'un axe en fer attaché à une lanterne à fuseaux. Toutes les lanternes sont prises circulairement par une grande roue d'engrenage fixée à un arbre central tournant. La queue qui reçoit le cheval est fixée sur cet arbre à un mètre cinquante centimètres. Au-dessus de cette grande roue, il s'en trouve une autre plus petite de moitié, dont les dents sont perpendiculaires et qui prennent une lanterne d'une assez grande dimension, laquelle à son tour donne le mouvement à un arbre de *couche* à l'extrémité duquel se trouvent des *mentonnets* qui élèvent et qui laissent tomber alternativement des pilons dans une espèce de coffre dont le fond est une plaque épaisse de fer fondu : là se pulvérise le blanc d'émail avant d'aller dans les meules.

Le cercle que le cheval doit décrire dans sa marche ne peut jamais être trop grand. Plus il l'est, plus il allége le poids du moulin. Presque toujours les différens manéges pêchent sous ce rapport ; il faut donc faire en sorte, dans l'établissement d'un semblable mécanisme, de ne rien laisser à désirer. J'ai, dans mon Art de fabriquer la porcelaine dure, donné avec les plus grands développemens la description et le plan gravé de cette importante machine. Afin de ne pas me répéter ici, je me vois forcé malgré moi de renvoyer le lecteur à cet ouvrage, tome premier, page 202, où il trouvera très en détail tout ce qui est relatif à l'érection du moulin.

Dès que le blanc de faïence est broyé, ce qui a lieu plus ou moins promptement selon que les meules sont plus grandes ou plus petites, ou qu'on a mis sous la meule plus de matière, on le puise de la cuvelle au moyen d'un vase creux en bois ; on le met dans des baquets ou tonneaux jusqu'à ce qu'on ait besoin de s'en servir pour couvrir les vaisselles.

De l'émail brun.

Comme cet ouvrage est spécialement adressé aux manufacturiers de faïence blanche et brune, il est essentiel que nous parlions un peu en détail de cette composition dont on fait un très-grand usage en l'appliquant sur une vaisselle dont la fabrication forme toute l'industrie d'une infinité de fabriques existantes tant au sein de la capitale que dans les départemens. En parlant des manufactures établies dans Paris, je ne puis qu'inviter ceux qui veulent ériger de semblables usines à s'écarter d'un lieu où les combustibles et la main d'œuvre sont à si haut prix, surtout pour confectionner un produit si médiocre en valeur, et qui cependant tient un grand espace dans le four, et demande autant de feu pour sa cuisson qu'une marchandise beaucoup plus fine. Il est vrai de dire que les établissemens qui se trouvent aujourd'hui dans un lieu si peu fait pour eux, pouvaient, dès l'instant de leur formation, présenter quelque avantage, parce qu'alors les combustibles étaient moins coûteux, et que des produits supérieurs en beauté, tels que des faïences fines qu'on appelle terre de pipe, celles recouvertes d'un émail blanc opaque et qui ont reçu des formes élégantes, n'étaient pas aussi répandus. Mais par la suite, le luxe qui donne le désir de posséder des vaisselles plus soignées, est venu s'emparer de la majeure partie des individus qui composent la société, et cette circonstance est sans doute une de celles qui a contribué le plus à rendre la position des fabricans de faïences brunes placés au milieu de la capitale, infiniment moins prospère que celle de manufacturiers qui en sont éloignés, mais dont les communications par eau sont faciles. Aussi je ne puis trop engager celui qui veut entrer dans la carrière, à se prémunir contre un avenir inquiétant et à peser les raisons que je viens d'alléguer avant de se décider sur le lieu de son établissement.

L'étain n'entre pour rien dans la composition de l'émail brun : pour peu qu'on se rappelle le rôle qu'il joue dans l'émail blanc, on voit qu'en effet il ne doit point entrer comme partie constituante du premier, puisqu'il est destiné à procurer la blancheur et l'opacité, première condition fort éloignée de celles qu'on recherche dans l'émail noir : car en effet chez tous les fabricans de Paris et des environs, c'est donner une grande beauté à l'émail que de faire en sorte qu'il soit du noir le plus parfait.

Les matières qui composent l'émail noir sont au nombre de trois, savoir: le minium, ou oxide rouge de plomb, la brique rouge pilée, et le manganèse.

L'oxide de plomb vient encore ici jouer le

rôle de fondant; je ne reviendrai pas sur tout ce que j'ai dit relativement à cet oxide : on doit savoir maintenant à quoi s'en tenir sur l'emploi de ce corps. Les mêmes substances que j'ai fait entrevoir comme susceptibles de le remplacer dans le blanc de faïence, le peuvent également dans l'émail noir. Après avoir indiqué ce moyen assez sûr de perfectionnement, je dois renvoyer le lecteur à la question que j'ai agitée à ce sujet, en parlant de l'émail blanc.

L'oxide de plomb est employé dans l'émail brun à l'état de minium; ce n'est pas qu'il ne puisse l'être à l'état de *massicot;* il ne peut exister le plus léger doute qu'il ferait obtenir les mêmes résultats. L'avantage que le *massicot* présenterait en le substituant au minium est digne d'attention, car on aurait alors la faculté de le fabriquer soi-même puisqu'il ne s'agirait pour cela que d'introduire le plomb dans la fournette sans y mettre d'étain, de le faire oxider parfaitement et de le passer au tamis afin de le recueillir en poudre très-fine.

Ce serait une erreur fort grande de croire que le massicot à son maximum d'oxidation ne pût remplacer l'oxide rouge de plomb dans le mélange de l'émail noir. Cette erreur ne pourrait être permise qu'aux personnes auxquelles il manquerait les premières notions de chimie. Car qu'est-ce en effet que le minium ? de l'oxide de plomb extrêmement oxidé, ou si l'on veut, un tritoxide rendu rouge par des opérations subséquentes, dont le feu est le principal agent. Ainsi, quand je recommande de bien oxider le massicot, c'est afin qu'il n'y ait pas de différence sous ce rapport avec le minium. Quant à la couleur qui est rouge vif dans le dernier, et jaune orangé tendre dans le premier, cela n'influe en rien sur les résultats demandés, car, aux premières impressions de la chaleur, les couleurs propres à l'oxide de plomb disparaissent pendant que ce corps se vitrifie. On voit donc que le massicot peut, dans toute l'acception du terme, remplacer le minium dans la composition des bruns.

La matière vitrifiable qui figure dans le brun se tire des fragmens de briques rouges qu'on nomme à Paris de Sarcelles, parce qu'elles se fabriquent à cet endroit: elles sont faites avec une terre très-ferrugineuse qu'on trouve à la surface du sol. Ces briques sont peu cuites, par la raison qu'elles ne peuvent supporter un haut degré de chaleur sans se fondre: cela tient essentiellement à la quantité d'oxide de fer que la terre comporte; mais cette imperfection, loin de nuire à notre objet, vient au contraire aider à la fusion; en conséquence, il faut bien se donner de garde de faire usage de briques réfractaires pour introduire dans le brun, car on se trouverait obligé d'augmenter la proportion de minium comme fondant, ce qui éleverait nécessairement le prix de la matière. On doit aussi préférer les briques qui sont d'une couleur plus foncée en rouge; les produits en sont plus beaux.

On pulvérise les briques par les mêmes moyens que nous avons indiqués pour le ciment: le tamis par lequel on en passe la poussière doit seulement être un peu plus fin pour que le broiement en soit plus tôt opéré.

La coloration en noir foncé est apportée dans cette composition d'émail, par l'oxide de manganèse, qu'on trouve dans le commerce sous forme de rognons très-lourds, et d'une couleur noire qui s'attache aux doigts lorsqu'on les manie. Comme cette matière est naturellement fort dure, on la passe d'abord sous le four de faïence, afin de détruire en quelque sorte l'extrême agrégation des molécules, et de la rendre plus facile à la pulvérisation; on fait en cela une assez notable économie sur le temps que l'ouvrier doit employer à ce travail.

On doit s'apercevoir que je m'attache particulièrement à indiquer tout ce qui peut procurer une économie quelconque dans les manipulations sans nuire aux produits. J'en prévois une bien importante sous plusieurs rapports, et qu'on doit saisir avec empressement après s'en être toutefois rendu un compte exact par des expériences réitérées : c'est d'introduire dans le brun une certaine quantité de substances vitrifiées, tels que des tessons de verre de toute espèce, c'est-à-dire qu'il soit coloré ou non: le verre noir des bouteilles ne doit même pas être rejeté, puisque c'est pour composer une matière noire. On conçoit aisément qu'il doit résulter de cette façon de faire les choses un bénéfice assez marquant, car on ne peut révoquer en doute que la terre des briques, quelque fusible qu'elle puisse être, ne le sera jamais autant que les tessons de verre; or, plus on amènera de fusibilité dans les mélanges, et moins il faudra de minium, qu'on sait être la substance la plus chère du composé. Au reste, rien n'oblige à supprimer totalement la brique si l'on craint d'affaiblir la couleur noire; mais il ne faut pas d'ailleurs s'imaginer que cette teinte vienne de la brique; non assurément: elle est produite par l'oxide de manganèse qui, par sa nature très-infusible, ne peut entrer en vitrification au faible coup de feu de la faïence, et alors il joue le rôle d'un corps opaque noir, couleur qui ne lui est pas propre, car l'oxide de manganèse a la propriété de teindre le verre en violet; mais il faut pour cela qu'il reçoive un degré de chaleur très-intense.

Peut-être dira-t-on que la brique étant moins chère que les tessons de verre, la composition augmenterait de prix, si l'on substituait la dernière substance à la première: cela serait vrai, si es échanges se faisaient dans les mêmes proportions, et seulement entre le verre et la brique: mais il n'en est pas ainsi; l'introduction du verre, quelque commun qu'il pût être, se ferait en double; c'est-à-dire en remplacement, non pas seulement de la brique, mais aussi du minium: ce qui reviendrait au même quant au profit obtenu; car le minium ou oxide rouge de plomb ne devra figurer, par suite de l'introduction du verre, que pour la moitié, ou peut être le quart de la quantité qu'on a coutume de mettre dans les mélanges. C'est en cela que consisterait tout le bénéfice de la substitution.

Le manganèse qui apporte la couleur noire dans l'émail destiné à recouvrir à l'extérieur les vaisselles de l'espèce de faïence que nous traitons, était autrefois tiré par les manufacturiers français de l'étranger, et particulièrement d'Allemagne: mais depuis qu'on a découvert en France les mines qui renferment cette substance en quantité notable et d'une nature tout-à-fait analogue aux meilleurs manganèses venant d'autres pays, on ne sert plus dans aucune fabrique que de celui que produit notre sol; et en cela comme en bien d'autres découvertes, nous y avons gagné, car cette matière se vend maintenant à beaucoup meilleur compte qu'elle ne se vendait autrefois, tout en donnant absolument les mêmes résultats dans la fabrication.

Ainsi, les trois corps qui forment le brun ou noir de faïence sont, le minium, la brique pulvérisée et le manganèse. En voici plusieurs compositions.

Première composition.

Minium ou oxide rouge de plomb ou massicot	100 part.
Poussière de brique rouge non réfractaire	86
Manganèse de France pulvérisé	12
Total des parties	198

Deuxième composition.

Minium ou oxide rouge de plomb ou massicot	100 part.
Poussière de brique rouge non réfractaire	78
Manganèse de France	10
Total des parties	188

Troisième composition.

Minium ou oxide rouge de plomb ou massicot	100 part.
Poussière de brique rouge non réfractaire	80
Manganèse de France calciné et pulvérisé	14
Total des parties	194

Il serait inutile, je pense, de donner un plus grand nombre de compositions de brun de faïence. Le manufacturier qui commence, en faisant attention aux divers corps qui forment ensemble cette matière, et au rôle que chacun d'eux joue, saura bientôt faire les changemens que les circonstances lui prescriront. Si dans le pays où est située sa fabrique on a généralement l'habitude de préférer les vaisselles qui ont à l'extérieur une teinte extrêmement noire, sachant que c'est l'oxide de manganèse qui donne cette teinte, il est loisible au fabricant de faire à cet égard ce qui lui convient, en augmentant la proportion de cette substance : si au contraire l'on préfère une couleur marron rougeâtre, au lieu d'augmenter la quantité de manganèse il la diminue, et le but est toujours atteint dans un sens comme dans un autre. Enfin s'il s'aperçoit que le brun manque de fusibilité, circonstance dont il peut aisément juger lorsque le blanc se fond le premier sur les vaisselles, il trouve le remède à côté du mal, en augmentant la proportion de minium ou le massicot qu'il sait être le fondant par excellence. En marchant dans la carrière de la fabrication, éclairé toujours sur la connaissance parfaite de la propriété des corps, le manufacturier ne peut jamais dévier de la bonne route.

Le brun de faïence ne se vitrifie pas dans le four

comme le blanc; en cela il ne devient pas aussi coûteux, parce qu'il n'exige pas de coup de feu, ni par conséquent de pulvérisation après l'avoir subi; on se contente donc de peser les matières, de les mélanger et de les faire broyer sous la meule.

Plusieurs fois il m'est venu dans l'idée, pour tâcher de m'affranchir et de la cuisson et de la pulvérisation, qui demandent beaucoup de temps, de faire broyer en petite quantité du blanc de faïence non cuit: mais je n'ai obtenu que des résultats peu satisfaisans, la matière était trop dure à fondre. La cause de cette circonstance n'a pu m'être caché long-temps, et frappera l'esprit de tous ceux qui auront des notions dans cette partie: ils considèreront qu'en broyant l'émail avant qu'il soit vitrifié, les sels avec lesquels il est mêlé n'étant nullement en combinaison, se dissolvent dans l'eau qui sert au broiement; or ces sels demeurant dans le liquide, en sortent par la décantation; l'émail doit donc nécessairement en être privé, et de là naît le manque de fusibilité qui lui est nécessaire. Ainsi, d'après ces faits, on ne doit donc jamais espérer de pouvoir employer le blanc sur les vaisselles de faïence comme on le fait du brun, c'est-à dire sans le faire vitrifier auparavant.

De l'émail vert.

La base de cet émail est l'émail blanc, dans lequel on introduit une certaine quantité d'oxide de cuivre ; plus cette quantité domine, plus la couleur est intense ; mais il ne faut pas en mettre une dose par trop forte, parce qu'alors la couleur devient tellement foncée qu'elle a un coup-d'œil triste qui déplaît tout-à-fait ; une partie d'oxide de cuivre sur quarante parties de blanc, ou tout au plus sur trente, suffit pour donner un vert agréable à la vue.

Il y a deux manières de confectionner l'émail vert ; la première, c'est en mettant l'oxide de cuivre en même temps qu'on pèse et qu'on assemble les diverses matières, après quoi on fait passer la masse sous le four pour la faire vitrifier : alors on obtient un émail vert qu'on pulvérise et qu'on broie sous la meule. L'autre manière se fait en introduisant dans le blanc tout préparé et pulvérisé, la quantité voulue d'oxide de cuivre, et en broyant le tout ensemble : mais alors cet émail, au lieu d'être vert sur les vaisselles avant qu'elles ne soient cuites comme dans l'autre cas, est d'un gris un peu foncé. Mais cela n'empêche pas cependant qu'après la cuisson, l'émail ne soit d'une très-belle couleur verte. De ces deux manières je conseille de préférer la première.

L'oxide de cuivre s'obtient dans les fabriques de faïence, par la calcination au four, des tournures ou limures de ce métal, qu'on se procure chez les tourneurs en cuivre; les tournures de cuivre rouge sont les meilleures : ou les étale sur un plat de bis-cuit de faïence, et l'on met ce plat contenant les tournures de cuivre dans le haut du four à l'air libre. Après la terminaison de la fournée, on trouve dans ce plat une poussière très-noire et friable; c'est l'oxide de cuivre pur, que l'on introduit dans le blanc en proportion indiquée plus haut pour avoir un émail d'un beau vert.

Lorsqu'on veut donner à l'émail vert une teinte douce et agréable tirant un peu sur le vert naissant des végétaux, on ajoute dans sa composition, conjointement avec l'oxide de cuivre, le double du poids de ce dernier, de jaune de Naples ou la moitié du même poids de vert d'antimoine. On peut varier les teintes à volonté; car plus on mettra de jaune de Naples dans le vert, plus il pâlira et deviendra d'une couleur riante.

Il ne faut pas que j'omette de dire que des pièces de faïence recouverte d'un émail vert ne doivent pas se cuire dans la même gasette où il y a des pièces en blanc, parce que le vert de cuivre ayant la propriété de s'extravaser sur tout ce qui l'entoure, les vases blancs se trouveraient tachés par l'approche des vases verts, et l'on en aurait beaucoup en rebut. Je dirai plus, c'est qu'une gasette dans laquelle on a cuit du vert, ne peut recevoir à l'avenir que des faïences de cette couleur, et cela toujours pour le même motif, qui est l'extravasation du vert : en effet les parois intérieures de la gasette ayant été imprégnées de cette couleur fugace la rendent ensuite aux vaisselles que l'on met cuire plus tard dans leur intérieur, et fond un grand dégât ; en sorte qu'on peut dire que les gasettes qui ont une fois servi aux vaisselles en vert ne peuvent plus être employées qu'au même usage.

De l'émail bleu.

Il en est de l'émail bleu comme de l'émail vert, c'est toujours le blanc qui en fait la base ; mais dans le bleu par exemple, on ne vitrifie pas la masse ; on se contente tout uniment de mettre la matière colorante avec le blanc de faïence dans la meule, et de le broyer ensuite d'une grande finesse pour que la nuance soit bleu uniforme.

La partie colorante dont les fabricans se servent ordinairement pour teindre leur émail en bleu, est de l'azur qu'ils font venir de Cologne ou de la Saxe ; il y a beaucoup de choix dans cette substance : son prix décide presque toujours de sa bonne qualité. Ce prix varie depuis deux francs jusqu'à vingt, le demi-kilogramme ; ainsi on peut juger que je ne me trompe pas lorsque je dis qu'il y a un grand choix dans l'achat de cette matière. On sent bien que plus on voudra obtenir un bleu foncé en couleur et d'un coup d'œil agréable, plus on sera obligé d'élever le prix de l'azur qu'on emploiera : cependant pour la faïence que nous traitons, qui n'est pas comme on sait un produit de luxe on se contente de faire usage des espèces d'azur dont le prix ne surpasse pas cinq ou six francs le demi-kilogramme. J'entends ici pour les fonds, car pour la peinture à réverbère ou troisième feu, ce qui est la même chose, on se sert quelquefois de certain azur, dont le prix s'élève fort haut.

L'azur qu'on achète pour cet objet est tout uniment une combinaison d'oxide de cobalt, de silice et d'alcalis. Ces matières, mélangées en proportions convenables, sont exposées à un coup de feu d'une très-grande intensité; après la vitrification, la masse qui paraît noire, tant la couleur bleue en est foncée, est puisée des creusets avec une cuillière très-concave en cuivre, et jetée dans des baquets pleins d'eau froide. Par cette immersion subite et la grande différence de température, le verre bleu se brise en une infinité de fragmens. Cet effet est d'autant plus favorable que la matière n'a presque pas besoin de pulvérisation, attendu qu'elle est pour ainsi dire opérée par l'immersion dans l'eau.

Le manufacturier dont le génie ne voudrait pas dépendre de l'étranger pour se procurer de l'azur, pourrait le créer dans son établissement; il ne faut pour cela que faire en sorte d'obtenir par la voie du commerce de la mine de cobalt de Suède, la faire griller sous le four afin de la priver de l'arsenic et d'autres corps volatils qu'elle pourrait contenir et qui s'échappent par la calcination. Après avoir fait subir au minerai l'opération que nous venons d'indiquer, on le mélange avec quatre et même cinq fois son poids de silice et trois fois ce même poids d'alcalis, soit celui de la soude soit celui de la potasse; on fait un mélange exact de ces matières, et on lui donne un grand coup de feu, afin que l'oxide de cobalt puisse developper toute l'intensité de sa couleur.

La quantité d'azur qu'il faut introduire dans le blanc de faïence pour obtenir un beau bleu, dépend toujours de la qualité plus ou moins supérieure de cet azur; si par exemple on prend un azur dans un prix élevé, qui ait une teinte fort riche, on sent bien que l'introduction de cette substance sera plus ménagée que si elle était d'une qualité moindre; ainsi donc il n'est pas possible de donner des règles sûres à cet égard : seulement on prend un point de départ, comme, par exemple, d'une partie d'azur sur six parties d'émail; alors on voit clairement au terme du premier essai quelle est celle des deux matières qui domine trop. Cette circonstance appréciée, les modifications s'indiquent d'elles-mêmes.

De l'émail jaune.

L'émail jaune est employé aussi dans les manufactures de faïence, comme l'émail vert et bleu, à couvrir des vases creux, tels que pots à l'eau, cuvettes, bols, génieux, pots à confitures, et particulièrement tous les objets qui servent à la parfumerie et un peu à la pharmacie. Cet émail s'obtient comme les deux autres en introduisant dans le blanc une quantité quelconque de jaune de Naples ou de verre d'antimoine, c'est-à-dire, de l'oxide de ce métal vitrifié au creuset.

Le jaune de Naples étant un peu cher, et d'ailleurs souvent sophistiqué par la mauvaise foi, il est bon que le fabricant de faïence sache dans l'occasion s'en faire à volonté et lui donner la teinte qui lui convient. C'est sous ce premier point de vue qu'il est on ne peut pas plus agréable non-seulement de connaître comment se fait tout ce dont on a besoin dans son établissement, mais aussi de pouvoir l'obtenir de ses propres mains, dans les momens où le commerce, par des circonstances qu'on ne peut pas toujours prévoir, ne peut vous procurer les objets utiles à certaine fabrication, qu'avec les plus grandes difficultés; en conséquence, pour ce qui est du jaune de Naples qui entre comme partie constituante de l'émail jaune propre à la faïence, voici la manière de se le procurer.

On fait achat d'antimoine fondu en pain, ou, si l'on veut, de régule de ce métal; on le pulvérise parfaitement bien; ensuite on en mélange la poudre avec à peu près le double de son poids de nitrate de potasse (nitre du commerce) aussi pulvérisé; ces matières après avoir été mêlées ensemble autant que possible, sont mises dans un grand creuset ou une gasette non trouée pour les pernettes et ayant un fond; on dépose cette gasette sous le four, et après la cuisson on a pour résidu une masse blanche et pesante, composée d'oxide d'antimoine et de potasse. Ce résultat a lieu parce que l'oxigène de l'acide nitrique s'est combiné avec le métal pendant la calcination, et l'a transformé en oxide blanc.

On peut faire également cette opération dans un fourneau de laboratoire, mais alors elle devient beaucoup plus coûteuse et n'est jamais aussi belle.

Quelques jours après que la cuisson de la faïence a été effectuée, on retire de dessous le four le vase dans lequel on a fait oxider l'antimoine; on le casse et l'on détache avec soin tout l'oxide qui adhère contre ses parois intérieures : on pulvérise la masse, ensuite on la pèse; d'un autre côté on pèse aussi une même quantité de litharge en poudre et un huitième d'hydrochlorate d'ammoniaque (sel ammoniac du commerce); en outre, on met un sixième d'alun, on mélange intimement toutes ces matières, on les introduit dans un nouveau creuset ou gasette, et ensuite on les fait encore passer sous le four; après cela on recueille une masse d'un beau jaune, d'une grande pesanteur, et ayant une texture très-serrée; on la débarrasse de son creuset comme on l'a fait pour la première fois, puis on la pulvérise et la mêle avec le blanc de faïence en quantité convenable pour avoir un émail jaune. On suivra à cet égard la même marche que pour le vert et pour le bleu, c'est-à-dire que plus on introduira de cette matière dans le blanc, et plus la couleur jaune deviendra foncée. Néanmoins comme cette substance n'a pas la propriété de teindre aussi fortement l'émail que ne le fait l'oxide de cuivre et l'oxide de cobalt, on sera obligé d'en mettre davantage. C'est ce que la pratique et l'expérience apprendront au bout d'un très-court espace de temps.

De l'émail violet.

Qui pourrait croire, si ce n'est ceux qui sont initiés dans l'art de la faïencerie, que l'oxide de manganèse, avec lequel on fait le noir, est positivement celui qu'on emploie pour se procurer l'émail violet? On doit se rappeler que j'ai dit en effet que l'oxide de manganèse ne donnait pas sa couleur propre en donnant le noir que celle qui lui appartenait était réellement le violet, mais qu'il fallait, pour obtenir cette couleur, que l'oxide fût étendu dans une grande masse. Aussi n'en met-on que très-peu dans la composition; je dirai même en passant que si l'on désirait donner au violet une teinte plus agréable, il faudrait conjointement avec le manganèse mettre une petite quantité de nitrate de potasse (nitre du commerce), parce que ce sel a la propriété au plus haut degré de faire développer la couleur violette de l'oxide de manganèse.

Il est indifférent d'introduire cette substance dans le blanc de faïence, soit avant, soit après la vitrification : si l'on prend le premier parti on sera obligé de faire sous le four un petit bassin exprès pour cette masse et séparé du blanc, afin que ces deux émaux ne se mêlent pas ensemble dans le coup de feu; on sent bien qu'il doit en être de même pour toutes les autres couleurs.

Une chose que je ne dois pas oublier de dire, c'est d'avoir plusieurs petits moulins à bras pour broyer chaque couleur à la main. Cependant si l'on en faisait un grand usage, il faudrait nécessairement recourir aux cuvelles, ou tines du manége. Dans les fabriques de faïence blanche et brune, il y a toujours deux ou trois cuvelles destinées au broiement du brun. Dans tous les cas, il n'est pas convenable de changer d'espèce de couleur sous la même meule; au contraire, une fois qu'une cuvelle est employée pour du vert, du bleu, du noir, ou du blanc, il faut toujours continuer à y introduire des teintes semblables; car, quand on change indifféremment de couleur, les premières broyées que l'on fait sont, pour ainsi dire, des mixtes qui participent de l'une et de l'autre, ce qui produit un très-mauvais effet.

CHAPITRE XV.

Du trempage des vaisselles.

MAINTENANT que nous nous sommes procuré du bis-cuit (voir la page 277 de ce volume), que nous avons passé en revue les divers émaux, que nous nous sommes familiarisés avec les données qui sont relatives aux compositions de leurs masses, que nous avons fait connaître le moyen de les cuire, de les pulvériser et de les broyer; nous allons passer à l'opération du trempage des pièces, après quoi nous suivrons la cuisson en émail, qui est la plus délicate et la plus difficile de toutes les opérations qui nous ont passé sous les yeux.

On n'a pas oublié que j'ai dit qu'aussitôt que l'émail est broyé, ce que l'on aperçoit quand il est devenu d'une telle finesse qu'il ressemble alors à de la crême, et qu'aucun grain ne se laisse sentir entre les doigts, on doit le retirer des cuvelles à l'aide d'une cuillière très-concave en bois: on le met ensuite dans de grands baquets ou des tonneaux où il se dépose au bout de quelques jours. Si on le laisse long-temps en cet état, il devient si dur qu'à peine peut-on y introduire le doigt. On décante l'eau qui surnage, ensuite avec une large lame en fer on coupe l'émail en morceaux lorsqu'on en a besoin pour s'en servir.

Le baquet qui sert au trempage est posé sur une espèce de *trois pieds* un peu incliné; on y met de l'eau d'abord, puis on introduit de l'émail qu'on délaie avec les mains jusqu'à ce qu'il présente une bouillie claire. Pour s'assurer d'une manière précise de la consistance que ce liquide doit avoir, avant de l'appliquer sur les pièces on prend un tesson de bis-cuit, on le plonge dans l'émail, et l'on voit l'épaisseur qui s'y attache; si cette épaisseur est trop forte, on remet de l'eau dans le baquet, si, au contraire, elle est trop faible, cela indique qu'il n'y a pas assez d'émail, et le remède est également facile, puisqu'il ne s'agit que d'y apporter une quantité quelconque d'émail.

L'épaisseur qu'on doit donner à l'émail sur les vaisselles de faïence est une chose de la première importance; on doit d'autant mieux le sentir que l'émail étant destiné par sa nature à couvrir la terre, qui est toujours plus ou moins rougeâtre, cette dernière ne se trouvera bien cachée que dans le cas où l'émail sera mis d'une certaine épaisseur; quand cette condition essentielle manque, les vases qui en sont atteints apportent tous un coup d'œil disparate qui les fait passer au rebut. En effet, quoique, généralement parlant, les émaux soient opaques, il faut cependant aussi qu'ils soient appliqués d'une épaisseur requise pour que cette opacité se manifeste. Le blanc est de tous les émaux celui qui exige le plus de soins de ce côté; car toutes les pièces qui ont eu le malheur d'être imprégnées trop maigre affectent toutes une teinte rouge qui les dépare considérablement; elles ne peuvent figurer au nombre de celles qui ont été bien couvertes, et par conséquent elles causent un préjudice fort grand.

Plus un bis-cuit de faïence sera susceptible de cuire blanc par lui-même, et moins l'obligation sera grande d'y mettre beaucoup d'émail. Cette circonstance indique assez qu'il faut, quand on prétend avoir une terre qui puisse procurer un bis-cuit blanc, introduire dans les mélanges une substance propre à y développer ce caractère. Les terres alumineuses exemptes d'oxide de fer sembleraient devoir remplir cette condition; mais il faut pourtant les éviter jusqu'à un certain point pour deux raisons assez péremptoires: la première, c'est qu'elles deviennent trop chères, et par là elles se trouvent hors de ligne pour un semblable produit; la seconde, qui est la plus importante, c'est qu'elles reçoivent très-mal le blanc; il se *gerse* et *fendille* dans tous les sens. Cette terre donne aussi aux vaisselles un son lourd et obscur qui ferait croire que la cuisson n'est pas entière. Le carbonate de chaux est encore une substance qui a la propriété de blanchir le biscuit de faïence; mais en l'employant en trop grande abondance, on retombe dans un autre défaut beaucoup plus à craindre, c'est que l'émail se détache de la surface des pièces : il ne faut pas un grand effort pour cela, souvent il *s'écaille* dans le simple maniement, en sorte qu'on est bien étonné, au bout d'un certain temps d'emmagasinage, de trouver une multitude de pièces entièrement ou partiellement dégarnies de blanc.

Ainsi donc, d'après ce que nous venons d'exposer, il faut presque renoncer à l'espoir de pouvoir obtenir un bis-cuit bien blanc avec un émail parfait, sans sortir des limites que le commerce a posées pour les prix de vente des produits dont nous nous entretenons. Peut-être me dira-t-on que plusieurs manufacturiers en France, et en particulier dans le département de la Meurthe, le font : cela est vrai, mais ce qui ne l'est pas moins, c'est que je ne vois pas l'importance de mettre de l'émail blanc opaque sur une vaisselle qui est parfaitement blanche en bis-cuit. La saine raison indique plutôt d'y appliquer une *couverte* en émail transparent, et alors ce produit rentre naturellement dans la classe de la terre *de pipe* ou faïence à l'instar des Anglais, sur laquelle l'émail, par son peu d'épaisseur, revient à un prix de beaucoup inférieur à celui dans lequel il entre de l'oxide d'étain. Aussi je doute fort que les manufactures dans lesquelles on confectionne l'espèce de faïence dont je viens de parler, c'est-à-dire, une vaisselle qui comporte un bis-cuit blanc recouvert d'un émail opaque puisse rivaliser (je dis maintenant) avec les nombreuses manufactures de poteries où l'on fabrique des faïences à pâtes rougeâtres, et avec celles où l'on en fait à vernis transparent.

Pour revenir à notre première question relativement à l'épaisseur qu'il faut donner à l'émail dans le trempage, je dirai que cette épaisseur doit aller jusqu'à presque un bon millimètre pour l'émail blanc. Les autres émaux, qui sont ordinairement d'une couleur foncée, n'ont pas besoin d'être mis aussi épais : la plupart du temps un demi-millimètre bien nourri peut suffire, mais jamais moins, si l'on vise à avoir de beaux produits.

Il y a deux manières d'appliquer l'émail sur les pièces de faïence, l'une est par immersion, et l'autre par aspersion : la première est aujourd'hui généralement employée dans toutes les manufactures de faïence blanche ; la seconde, alliée à la première, est réservée aux fabriques de faïence blanche et brune, parce qu'ici il est tout-à-fait impossible de pouvoir entièrement tremper par immersion, attendu que les vases étant de deux couleurs, l'une se mêlerait à l'autre. C'est pourquoi on trempe l'extérieur des vaisselles par immersion, et l'intérieur par aspersion, comme on le verra ci-après.

Avant de plonger la pièce de faïence dans l'émail, il faut s'assurer qu'elle est propre, que la poussière en a été enlevée par un ouvrier occupé à nettoyer et brosser le biscuit en dehors et en dedans : surtout il faut soigneusement éviter toute espèce de graisse sur le biscuit, car les pièces qui en auraient été atteintes ne prendraient pas l'émail, et ce serait autant de pièces perdues ; aussi les ouvriers employés au tour du biscuit doivent-ils toujours se nettoyer les mains après les repas, afin d'éloigner autant que possible les fâcheux résultats qui naissent lorsque les vases ressentent le moindre vestige de graisse.

Dès que le passeur en émail a convenablement arrangé sa matière, on lui apporte les vaisselles : si ce sont des assiettes ou des plats, il les prend les uns après les autres par les deux côtés de la circonférence, il les plonge dans le liquide en leur faisant faire un mouvement circulaire en sens divers, ensuite il les retire promptement en les égouttant un peu au-dessus du baquet : au même instant l'émail qui s'est attaché à la surface du biscuit, se sèche à la vue parce qu'ici la propriété spongieuse du vase est cause qu'il s'est emparée d'une certaine quantité de l'eau qui délayait l'émail et qui entre dans les pores de la terre. La première pièce qui est trempée doit se porter au directeur de l'établissement, qui l'examine d'abord : son principal soin est de regarder si l'émail se trouve partout d'une épaisseur égale ; ensuite il fait plusieurs incisions avec l'ongle sur divers points de l'étendue du vase, pour s'assurer si cette épaisseur n'est ni trop faible ni trop forte : dans le premier cas, il ordonne d'épaissir la matière en y ajoutant de l'émail; dans le second, il commande de l'éclaircir en introduisant un peu d'eau.

Si ce sont des vases creux qu'on passe en émail, on les plonge également dans la liqueur en les tenant par leur pied, mais il faut prendre la précaution, lorsqu'ils sont enfoncés dans l'émail, de les en retirer par ce même pied en le tenant en l'air, afin que le liquide qui est entré dans l'intérieur par l'immersion, sorte du vase aussitôt que ce dernier disparaît du bain; ensuite le trempeur le dépose sur une planche qui se trouve non loin de lui. Si ce sont des vaisselles plates, on les met également sur une planche, mais elle est hérissée de pointes de clous assez saillantes et aiguës, afin que la dégradation que causerait la *pose* ne soit pas aussi grande.

Pour les faïences blanches et brunes, on s'y prend un peu autrement, c'est-à-dire qu'on emploie, comme je l'ai dit plus haut, les deux manières de tremper : ainsi comme l'extérieur des vases est en brun, c'est par l'application de cet émail qu'on commence ; on plonge les vases dans le liquide jusque vers leurs bords supérieur. Il faut, pour que cette opération se fasse convenablement, que la main gauche du trempeur soit introduite dans l'intérieur du vase ; pour qu'il ait la facilité de le retirer aussitôt qu'il juge que l'émail est assez fixé ; cela étant il enlève le vase rapidement, le pose sur la planche, tandis que de la main droite il tient un autre vase qu'il passe à la main gauche pour exécuter la même manipulation.

Lorsque les vaisselles en brun sont enduites à l'extérieur, il s'agit de les émailler en blanc à l'intérieur ; ici il n'est pas possible de faire autrement que d'employer le trempage par aspersion. Pour cela, on se munit d'un vase creux propre à puiser l'émail, on le tient de la main droite pendant que de la main gauche on prend la pièce de vaisselle qu'on veut émailler ; on puise autant d'émail qu'il en faut pour emplir à peu près l'intérieur de cette vaisselle, on l'introduit, puis on la remue en sens divers, pour que toutes les parois en soient couvertes, après quoi on vide l'émail dans le baquet.

Cette manipulation s'exécute avec une grande célérité dans les fabriques; elle est faite par des individus toujours occupés du même travail. Ce à quoi on doit faire le plus d'attention, c'est de ne pas enfoncer trop avant dans l'émail brun le vase qu'on enduit à l'extérieur, dans la crainte que l'émail ne puisse couler dans le vase, et ne vienne par sa présence gâter le blanc qu'on doit y mettre : d'un autre côté il faut pourtant faire en sorte que le même vase soit assez enfoncé dans le liquide pour que l'extrémité des bords soit couverte; sans cela il pourrait demeurer une certaine portion de biscuit à nu, ce qui ferait un très-mauvais effet après la cuisson.

Comme les vases qui ont été trempés le sont partout, et que cependant les pieds sur lesquels ils reposent ne doivent pas rester garnis d'émail, attendu que, si cela était, les vases tiendraient aux rondeaux ou aux tuiles qui leur servent d'appui, on est donc obligé pour éviter ce grave inconvénient d'*épousseter*, ou, si l'on veut, de gratter cet émail, soit avec une lame de couteau, soit avec une brosse en poils de porc fort raide. C'est ici, par exemple, que l'on doit se préserver de la poussière qui résulte de cette manipulation. On conçoit aisément qu'il n'est guère possible d'enlever avec une brosse ou autre instrument l'excédant de l'émail alors devenu sec sans qu'il ne s'élève la poussière dont je parle, qui, comme je l'ai déjà dit, est très-dangereuse à respirer. Personne n'ignore que toute poussière quelconque est essentiellement nuisible à la santé, mais celle-ci l'est d'autant plus qu'elle renferme une substance, qui est l'oxide de plomb, qui peut passer à juste titre pour être un véritable poison; il cause des coliques affreuses qu'on désigne quelquefois sous le nom de colique des peintres, parce que parmi ces derniers ceux qui font un grand usage d'oxide rouge de plomb ou minium, et qui par conséquent en broient beaucoup, sont sujets à cette colique, qui finit par donner la mort si les remèdes ne sont promptement administrés.

Je ne saurais donc trop engager les manufacturiers à recommander aux ouvriers qui exécutent le *brossage* et l'*époussetage* des pièces de vaisselle de se garantir autant qu'il est en leur pouvoir de cette dangereuse poussière. Avec des précautions on parvient toujours à rendre le mal moins grave : par exemple, dans l'opération de l'époussetage de l'émail, c'est déjà beaucoup de faire prendre à l'ouvrier l'habitude de placer sa pièce de faïence très-près du plat destiné à recevoir l'émail; car moins il y aura de hauteur pour la chute de la poussière, moins il s'en exhalera, et plus l'air que l'ouvrier respire en sera privé. Une autre chose est de donner peu de longueur à la brosse avec laquelle on travaille, parce que, dans ce cas, les poils étant plus raides ils ne s'écartent par conséquent que très-peu; c'est donc encore une bonne manière d'éloigner le danger. C'est ainsi qu'à force de précaution on parvient en quelque sorte à diminuer grandement les causes qui engendrent les funestes effets que j'ai signalés; mais pour cela il faut que l'ouvrier sache qu'il y va de sa santé pour le forcer à se mettre sur ses gardes.

Je ne trouve rien d'aussi mal placé, pour ne pas me servir d'une expression beaucoup plus forte, que le soin avec lequel la plupart des manufacturiers cachent, ou plutôt semblent ne pas faire cas de cette circonstance; ils affectent même de dire que le danger, en dernier résultat, n'est pas aussi imminent qu'on voudrait le faire croire; ils vont jusqu'à apporter des exemples d'anciens travailleurs dans leur établissement, à qui il n'est jamais rien arrivé: ces exemples encouragent les individus qui s'abandonnent à une parfaite sécurité; ils exercent leur profession sans se mettre en garde contre les suites qu'elle peut avoir, et souvent ils ne voient le mal que quand ils en éprouvent les atteintes. Ne vaudrait-il pas mieux, et ne serait-il pas plus sage de ne point cacher à l'artisan le danger que lui fait courir un travail peu rude à la vérité, mais funeste sous le rapport de l'hygiène ? Alors, comme je le disais tout à l'heure, il se garantirait par toutes sortes de précautions, que le soin de sa propre conservation ne manquerait pas de lui suggérer, au lieu que, si on le tient dans l'ignorance de ce qu'il risque en vaquant à sa besogne sans y regarder de si près, il restera dans une sécurité parfaite jusqu'à ce qu'il soit éveillé par des indices intérieurs qui seront pour lui les avant-coureurs de la crise.

Puisque je suis sur le chapitre de l'influence malfaisante de la poussière d'une composition dans laquelle l'oxide de plomb entre comme partie constituante, je ne puis le terminer sans rapporter qu'un jour en visitant une des belles manufactures de France, où l'on confectionne les produits qui nous occupent, je fus extrêmement étonné, en entrant dans l'atelier des passeurs en émail et des brosseurs, de voir qu'on paraissait fort peu s'inquiéter de la poussière ; il en existait même une assez abondante au moment où j'y mis le pied. Cette fabrique était alors à sa naissance, on avait placé dans cet atelier des gens du pays, qui raclaient à qui mieux mieux, et qui n'avaient aucune idée de l'espèce de travail qu'ils faisaient, hors celle de la manipulation dont ils se tiraient parfaitement. Surpris de trouver si peu de ménagement pour se préserver de la poussière de l'émail, je ne pus m'empêcher de leur témoigner qu'il était imprudent à eux d'aller ainsi au-devant des maux qui les attendaient : ils rirent de mon étonnement, et loin de me croire, quelques-uns m'assurèrent que la poussière dont je parlais ne devait pas, selon eux, avoir les mauvaises qualités que je lui prêtais, attendu que fort souvent ils ressentaient au milieu de la gorge un goût qui leur rappelait celui du sucre. En effet, leur répondis-je, le plomb combiné a une saveur sucrée ; mais prenez garde que ce ne soit pour vous du miel empoisonné, vous aurez malheureusement lieu de vous en convaincre plus tard. En attendant, je vous conjure d'apporter plus de soin dans cette opération, et d'éviter surtout de respirer cette poussière qui vous laisse dans la bouche un goût si agréable.

En m'entretenant avec le directeur de cet établissement, je lui fis observer avec douceur combien je le trouvais, sinon coupable, au moins très-inconsidéré de ne point avertir ces bonnes gens du danger qu'ils couraient en respirant avec abondance et sans précaution la poussière de l'émail ; à cela il me répondit, comme presque tous les maîtres de fabriques, qu'il croyait bien qu'en effet cette poussière devait à la longue nuire à l'économie animale, mais que cependant les personnes qui ont étudié la chimie exagéraient un peu la chose. Ah! lui dis-je, si vous étiez à la place de ces malheureux que vous changeriez de langage!

Revenons maintenant aux opérations qui suivent le trempage, desquelles je me suis écarté pour m'appesantir sur un sujet qui pourra bien ne pas trouver grâce vis-à-vis de la majeure partie des manufacturiers de faïence blanche et brune. Sans doute ils me mettront au nombre de ceux qui exagèrent, mais j'en appelle à la figure pâle et livide des ouvriers qui tiennent la brosse à la main dans leur fabrique; dans tous les cas, ce que j'en ai dit n'est pas pour décrier un art dont j'apprécie l'importance, et auquel j'ai toujours consacré mes plus sérieuses méditations. Je sais d'ailleurs que cette fabrication n'est pas la seule qui présente dans certaines manipulations de très-grands inconvéniens; tous les arts où la poussière abonde, sans excepter même celui du meunier et du boulanger, dont les manipulations ne se font qu'avec des matières qui cependant entretiennent notre existence, sont nuisibles à la santé. Enfin, si j'ai fait voir le mal, j'ai montré le remède, en conséquence mon cœur est satisfait, et ma conscience ne me reproche rien.

Ce n'est point assez de brosser le pied des

vases pour les empêcher de coller sur les rondeaux ou les tuiles pendant le coup de feu, il faut encore les soumettre à une opération avant de les encaster; c'est celle du *retouchage*, qui appartient particulièrement à la faïence blanche. Cette opération, quoique simple, est indispensable, en ce qu'il fallait nécessairement que le trempeur tînt la pièce dans la main au moment où il la plongeait dans le liquide ; or les endroits sur lesquels posaient les doigts de l'ouvrier ne peuvent être recouverts d'émail ; et comme ce seraient autant de pièces en déchet, on est obligé, pour éviter cette perte, de les retoucher. Cette opération consiste à remettre du blanc sur les parties qui en manquent : pour cela, on se sert d'un pinceau extrêmement flexible que l'on fait avec le poil de blaireau ou plus souvent avec des cheveux ; on imprègne abondamment ce pinceau de blanc d'émail qu'on délaie en forme de bouillie claire, et l'on retouche tous les points où l'on peut voir le biscuit à nu. Quoique les endroits des *retouches* paraissent toujours un peu raboteux, cela n'empêche pas que la fusion de l'émail ne rende tout parfaitement uniforme ; cependant lorsque les éminences sont trop prononcées, on les diminue avec la lame d'un couteau, pour que les formes sveltes et agréables soient conservées dans les pièces d'un certain prix.

CHAPITRE XVI.

De la cuisson en émail.

Nous voilà arrivés, à travers toutes les manipulations assez nombreuses de l'art de la faïencerie, à celle qui est sans contredit la plus épineuse et la plus importante, c'est la cuisson en émail; c'est en effet l'opération qui décide de la beauté des produits. Les terres les meilleurs, l'émail le mieux composé, et avec les matières les plus pures, seront employés sans succès, si les fours ne sont pas bien construits, ou si le feu est mal dirigé pendant la cuisson. Il n'y a point, dans les manufactures naissantes, d'espoir de prospérité tant que ces deux obstacles ne seront pas levés; j'ai tâché dans le chapitre consacré spécialement à la construction des fours d'aplanir le premier; je vais continuer à indiquer la voie qui doit conduire à surmonter le dernier. Nous commencerons par la cuisson du four rond pour la faïence blanche.

On n'a pas oublié que dans ce four on ne cuisait qu'avec des gasettes, et non avec des tuiles, comme dans les fours carrés : en conséquence, pendant que des ouvriers sont occupés à l'opération du trempage, à l'époussetage, au retouchage, d'autres sont employés à effectuer l'encastement. Nous nous sommes déjà entretenus de cette besogne lorsqu'il a été question de la cuisson en biscuit; mais elle est beaucoup plus difficile dans ce cas présent que dans l'autre, parce qu'ici les pièces de vaisselle étant émaillés, ne peuvent non-seulement être mises les unes sur les autres, mais ne doivent même pas se toucher d'aucune part, attendu qu'elles s'attacheraient et se colleraient ensemble dans le coup de feu par la fusion de l'émail. Ainsi donc, dès qu'un certain nombre de pièces passées en émail ont subi les confections que nous avons indiquées, on les encaste, pour que l'atelier du four ne s'en encombre pas, et que l'enfournement s'en opère plus promptement.

Avant d'introduire les pièces de faïence en émail dans les gasettes, ces dernières doivent être absolument enduites d'une couche assez épaisse d'un fondant quelconque. Assez souvent dans les fabriques on se sert pour cela des fonds d'émail grossier, ou bien on broie toutes les *épluchures* qui sont encroûtées de sable et d'autres matières qui pourraient nuire à la beauté du blanc; enfin, quand on est privé de ces choses, on fait un mélange de deux parties de minium et d'une partie de terre qu'on appelle terre *à four*; on mêle au moyen de l'eau parfaitement ces deux matières, et avec une large brosse on en recouvre les parois intérieures de la gasette, en ayant pris la précaution auparavant de boucher avec un morceau de terre grasse les trous qui doivent recevoir les pernettes, afin de fermer tout accès au liquide dans ces cavités. On sent certainement bien les raisons qui ont forcé les fabricans à prendre cette mesure : en effet, si le fondant qu'on applique à l'intérieur de la gasette se glissait dans les trous dont je parle, les pernettes (fig. 31, pl. 2me) ne manqueraient pas pendant la cuisson de s'y coller avec une telle force, qu'il ne serait plus possible de pouvoir les détacher sans les casser, et alors l'embarras serait grand : car comme on ne peut se servir d'une gasette qui n'est pas percée, on est réduit à essayer de chasser avec un outil la portion de la pernette qui est demeurée dans la cavité; on risque presque toujours de casser la gasette en exécutant ce travail.

On ne peut s'imaginer quel dégât on essuierait si l'on ne prenait pas la précaution d'enduire les gasettes intérieurement d'une couche d'émail ou de fondant. Ceux qui ont eu occasion de lire mon *Art de fabriquer la porcelaine* se ressouviendront probablement de l'article où il est parlé de l'engommage des étuis ; j'ai tâché dans cet endroit de démontrer combien il est urgent de ne point omettre cette opération préalable, afin d'éloigner les graves inconvéniens qui en résultent, dont le principal est le desséchement de l'émail ou couverte. Mais si dans cette fabrication où le coup de feu nécessaire à la cuisson des produits est très-vif, le défaut d'engommage peut nuire essentiellement, c'est encore bien pis dans celle de la faïence, dans laquelle l'intensité de chaleur appliquée est infiniment moindre, et par conséquent où la possibilité d'une fusion à une haute température se trouve interdite par cette seule circonstance; aussi le *ressui* ne pourrait manquer d'avoir lieu sur toutes les pièces qui auraient été cuites en émail dans une gasette non émaillée elle-même à l'intérieur; en voici les raisons :

Tous les manufacturiers en produits de faïence connaissent le *ressui*; il n'en existe pas un seul qui n'ait eu à s'en plaindre bien des fois. Ils savent aussi qu'il est partout le résultat d'un manque ou d'une mauvaise qualité d'engommage; mais ce que beaucoup ignorent, excepté ceux qui sont versés dans les connaissances chimiques, et qui par malheur pour les progrès de cette belle industrie sont réellement fort rares, c'est à quoi attribuer la véritable origine de cet inconvénient. Ce n'est pas assez de savoir ce qu'il faut faire pour empêcher un effet désastreux de naître, car il ne suffit pour cela que de s'y prendre comme on a pu voir un autre le faire; mais ce qui est vraiment essentiel, ce qui fait la base fondamentale sur laquelle on fixe et l'on dirige toutes les opérations, c'est la connaissance parfaite des causes qui ont produit les effets. Alors on ne marche plus en aveugle; on sait à point nommé pourquoi on fait telle chose plutôt que telle autre, et souvent dans l'occasion on se trouve à même d'innover pour arriver plus sûrement ou plus promptement à un but quelconque. Ainsi, par exemple, dans la question qui nous occupe, qui est le ressui, lorsqu'on saura que cette funeste influence n'est due qu'à la décomposition des pyrites de fer sulfurée que les terres éminemment alumineuses contiennent, on fera non-seulement en sorte de les expulser du sein des terres, mais on s'attachera surtout à ne faire usage que de celles qui en contiennent le moins.

L'effet du ressui a donc lieu, comme je le disais tout à l'heure, par la décomposition du sulfure de fer; en effet, dans une gasette non enduite de fondant, le soufre et le gaz acide sulfureux se dégagent aux premières impressions de la chaleur. Ces fluides étant alors dans un état d'isolement qui les rend libres s'attachent aux surfaces des vaisselles; l'acide sulfureux, par son extrême affinité avec les alcalis, s'en empare ou plutôt neutralise leur effet, qui est d'apporter du fondant et un coup d'œil brillant; en même temps ce même gaz acide agit aussi un peu sur l'oxide de plomb et même sur celui d'étain à une température beaucoup plus haute, en sorte qu'il en résulte un tel desséchement dans l'émail, qu'il devient terne au point de paraître *crépis* dans certains endroits qui étaient plus près des parois de la gasette.

Il est aisé de comprendre pourquoi cette circonstance n'a pas lieu lorsqu'on enduit intérieurement la gasette d'une couche épaisse d'émail grossier ou d'un autre fondant quelconque; c'est qu'alors le gaz acide sulfureux des pyrites exerce son action nuisible sur les parties constituantes de cette couche de fondant, et qu'ainsi retenu dans le pourtour de la gasette il ne peut nuire aux vaisselles qui sont placées dans le milieu. Dans tous les cas il faut toujours que les gasettes aient préalablement subi le coup de feu de bis-cuit pendant lequel la terre dont elles sont formées n'a pas laissé que de s'épurer grandement; mais ce n'est pas assez de cela, et les substances nuisibles dont elles sont imprégnées ne peuvent se neutraliser qu'au moyen d'une matière qui s'en empare;

c'est celle que nous avons indiquée en conseillant le fondant.

Il ne serait certainement pas difficile de trouver un procédé qui empêchât ce désastreux effet d'avoir lieu; ce serait d'en détruire la cause dans le sein de la terre même; c'est-à-dire de mélanger avec la terre des substances propres à neutraliser la mauvaise influence du gaz sulfureux. La poudre de verre, le minium, les alcalis seraient susceptibles de remplir cette fonction; mais je crois qu'on ne doit pas y penser: car outre que cela deviendrait infiniment plus cher que la couche d'émail, ou risquerait de rendre la terre des gasettes un peu trop fusible, en sorte qu'un autre inconvénient non moins préjudiciable pourrait en naître; ce serait la fusion de ces ustensiles dans le bas du four où le feu est ardent. Il vaut donc beaucoup mieux s'en tenir à l'engommage.

Toutes les précautions étant prises à cet égard, on encaste les vases dans les gasettes avec le soin extrême de les placer de manière à occuper le moins d'espace possible; mais en faisant en sorte cependant qu'ils ne se touchent nullement entre eux, sur aucun point. Sans cela, autant il y en aura qui se toucheront, autant ce seront de vases en déchet. Aussi quand dans un gasette il reste un vide qui semble ne devoir contenir que très-justement une pièce d'une certaine grandeur, on doit sans balancer en prendre une plus petite en dimension, afin d'éloigner tout accouplement de la part des vases.

On sait, d'après ce qu'on en a déjà dit, que les pièces creuses se posent sur des rondeaux qui ont à leur tour pour appui le talon des gasettes ou la pointe des pernettes, et que les plats et les assiettes sont fixés triangulairement sur ces mêmes pointes de pernettes placées à des distances égales dans la gasette (voyez figure 29, planche 2e.) Dès que l'encastage est avancé, que le nombre des gasettes remplies commence à être suffisant, on en garnit le four. La circonférence est d'abord la partie qu'on attaque en premier lieu; dans les fours ronds, on monte les files ou colonnes à la hauteur de sept, huit, et même neuf gasettes d'émail; cela dépend de la manière dont flamme se dirige vers la voûte supérieure du four. On appelle cuire en huit ou neuf, etc., lorsqu'on est fixé sur le nombre de gasettes remplies de blanc qui peuvent se mettre les unes sur les autres. Cependant quoiqu'un bon four se distingue par la hauteur à laquelle il est susceptible de bien faire entrer l'émail en fusion; on ne peut pourtant pas en introduire passé certaine quantité; l'on doit en effet se réserver assez de place pour contenir le cru en masse convenable, afin d'en avoir suffisamment pour compléter une fournée subséquente en émail.

Dans l'arrangement général des gasettes à l'intérieur du four, il ne faut pas omettre d'en placer vis-à-vis les trous de montre qui sont au-dessus de chaque allandier. Pour cela, on se sert de gasettes percées d'outre en outre sur leur ventre, afin que la barre de fer destinée à pénétrer dans le four pour aller chercher les pots de montre puisse passer sans obstacle ; on prend aussi la plus scrupuleuse attention de ne pas offusquer en quoi que ce soit le trou des carnaux par où la flamme doit s'introduire de la voûte inférieure dans le four. Toutes les colonnes doivent être dans une telle symétrie entre elles, que partout il se trouve des espaces de trente-cinq à quarante millimètres pour permettre à la flamme de circuler sur divers points. On maintient les files de gasettes dans une direction verticale au moyen du placement des *tenons* posés de distance en distance sur l'étendue de la colonne. Cette seule disposition employée avec adresse décide souvent du sort d'une fournée : il n'y a point de doute que si l'on était négligent sur cet article au point d'intercepter le cours naturel de la flamme, il en résulterait un dommage considérable. Premièrement, les vaisselles renfermées dans les parties supérieures du four ne seraient pas cuites, et ce qui deviendrait le plus fâcheux, c'est que les gasettes du bas le seraient trop, et peut-être à un tel point qu'il pourrait bien arriver qu'elles se fondissent et ployassent sous le fardeau. Alors je demande dans quel état se trouverait la fournée. Assurément on aurait tout lieu de se repentir de n'avoir pas mis assez de soins dans l'enfournement; c'est cependant ce qui arrive surtout chez les fabricans qui ne surveillent pas assez leur usine, et qui l'abandonnent aux mains d'individus dont le salaire est toujours au bout de la semaine, quoi qu'il arrive.

Toutes les fois que la dernière gasette d'émail est posée sur la colonne qu'elle termine, on la couvre d'un rondeau dont le diamètre surpasse en grandeur celui de la gasette; ensuite on remet d'autres gasettes jusqu'à la naissance de la voûte, mais dans celles-ci on n'introduit que des vaisselles en *cru*. Quand on a des gasettes de même nature, c'est-à-dire aussi en *cru*, on les place dans cette région du four, en les remplissant également de vaisselles. Assez souvent le dernier étage de la partie supérieure des colonnes n'est composé que de vases creux placés les uns sur les autres à peu près jusqu'au sommet de la voûte. Enfin, lorsque le tout est soigneusement arrangé, que les montres, qui sont des espèces des tasses carrées, garnies d'une anse, sont placées de manière à pouvoir les retirer commodément à volonté, on maçonne la porte du four par où l'on entre pour enfourner et défourner. On emploie pour cette opération de très-grosses briques faites exprès et qui tiennent beaucoup de place, de sorte qu'en peu d'instans la porte se trouve bouchée. Le mortier dont on se sert est tout uniment de la terre à four. On observe en bâtissant provisoirement cette porte de lui laisser un trou vers la partie supérieure, afin de pouvoir discerner le jeu de la flamme dans les divers momens de la cuisson. Ce trou ou lorgnette doit se trouver bouché par une brique mobile qu'on ôte et qu'on remet à volonté.

Pendant qu'on est occupé à boucher la porte, on pèse les diverses matières qui composent le blanc de faïence, on les mélange parfaitement en les passant par un crible, après les avoir un peu humectées pour absorber la poussière, ensuite on transporte la composition sous le four; on l'arrange de l'épaisseur convenable dans le bassin qui a été préparé d'avance pour cet effet, puis on met le feu dans les allandiers.

Lorsque nous avons traité le chapitre de la cuisson en bis-cuit, nous nous sommes permis de renvoyer à celui-ci pour la conduite du feu; ainsi donc ce qui va être dit peut s'appliquer également à une fournée dans laquelle il n'y aurait que du cru, comme à une autre dans laquelle on cuirait de l'émail et du cru tout à la fois, comme dans celle dont il s'agit ici.

Dans le commencement des premiers feux, il faut procéder avec une extrême modération; le peu d'humidité qui a pu demeurer dans les pores du bis-cuit par suite de l'aspiration de l'eau qui sert à délayer l'émail a besoin de s'échapper du four. Or, cela ne peut se faire qu'en traversant la masse du cru pour arriver aux carneaux de la voûte supérieure, et l'on sent facilement combien ce cru doit souffrir de la vapeur qui l'environne, surtout étant encore d'une nature à recevoir sa mauvaise influence; aussi, je le dis avec la plus grande conviction, si l'on n'avait pas l'attention d'aller avec lenteur dans le commencement du feu, on risquerait de n'avoir pas le quart du bis-cuit dans un état propre à pouvoir en tirer parti. D'abord il serait d'un *gauche* effroyable; ensuite les fentes et la casse se feraient voir sur une quantité innombrable de pièces de toutes espèces, et particulièrement de la vaisselle plate.

Cette forme, en effet, est très-susceptible d'éprouver toutes sortes d'avaries, principalement par suite de la nécessité où l'on est d'introduire les pièces les unes dans les autres.

Pour que l'impétuosité de la flamme ne puisse causer le dégât dont je viens de parler, on a soin de ne brûler pour commencer que les bûches de forte dimension, et principalement des *culars*, c'est-à-dire, des morceaux de bois qui constituent les parties inférieures des arbres, et qui, par leur texture serrée et noueuse, sont très-difficiles à fendre. Pour cette raison on ne perd pas un temps toujours précieux en fabrication à chercher à diviser des bûches qui n'en paraissent pas susceptibles, ou au moins qui opposent une grande résistance. On les laisse entières, et l'on en fait usage dans les premiers momens de la cuisson ; car ce bois ne donnant qu'une flamme peu volumineuse, et par conséquent une chaleur moins pénétrante, la vapeur et l'humidité qui peuvent exister à l'intérieur du four s'échappent par l'issue des carnaux sans embarras et sans refoulement, parce que la quantité de calorique n'en fait pas naître une plus grande masse qu'il n'en peut sortir dans un temps donné.

Après cinq à six heures d'un feu lent, on augmente un peu la quantité de combustible ; alors on s'aperçoit que la flamme entre par les carnaux jusqu'au milieu de l'intérieur du four, ce qui prouve que la voûte commence à s'échauffer grandement. On redouble successivement le feu pendant cinq heures, ce qui fait jusqu'ici dix à onze heures. Après ce laps de temps, si l'on a bien conduit l'opération (pour un four rond s'entend), l'intérieur doit paraître d'un beau rouge cerise; à cette époque, on met le bois en travers dans les allandiers. Ce bois n'est plus composé de bûches comme on en a brûlé jusqu'ici; mais au contraire, ce sont des *fendons* aussi menus que possible, afin de donner une flamme haute, large et qui puisse atteindre la voûte supérieure du four, et en remplir toute la capacité.

Cependant il faut encore beaucoup de ménagement quand on commence les grands feux avec le bois fendu; ce n'est qu'en rendant presque insensible l'augmentation des degrés de chaleur qu'on parvient à réussir dans la cuisson en émail. Cette matière est extrêmement sujette à se *griller*, se *picoter*, et même à bouillonner, tous défauts qui s'engendrent par le trop de promptitude dans la conduite du feu, et qui placent les produits dans un choix inférieur et souvent même dans un déchet absolu. On voit donc de combien de soins doit être accompagnée une opération qui décide absolument du sort des vaisselles qu'on soumet à la cuisson. Enfin après quinze à seize heures d'un feu soutenu, mais gradué, on retire une montre à chaque allandier; comme on sait que ces montres occupent une place supérieure dans le four, puisqu'elles se trouvent immédiatement au-dessous de la dernièse gasette d'émail, on doit bien croire que si le blanc est entré en fusion à cette hauteur, les parties qui lui sont inférieures le doivent être à plus forte raison. Aussi dès que les montres indiquent la fusion dont je parle, on cesse de faire activer le feu du côté de l'allandier où cette indication a lieu; on ne fait, pour ainsi dire, qu'entretenir la chaleur sans du tout l'augmenter, de peur d'avoir du trop cuit; et en même temps pour empêcher le refroidissement subit du four. Mais, si l'on voit au contraire que la fusion n'est pas arrivée à son point, on continue l'introduction du combustible jusqu'au moment où l'on juge qu'il faille retirer une autre montre. Le temps qui doit s'écouler entre le tirage de deux montres est toujours indiqué par une fusion plus ou moins parfaite. C'est ici le coup d'œil de la pratique et de l'expérience qui doit être mis en œuvre; mais, pour l'avoir, il faut qu'on ait déjà marché quelque temps dans la carrière.

L'opération de l'enlèvement des montres doit s'exécuter avec la plus grande célérité; pour cela, un ouvrier tire le *tampon* avec une pince, tandis qu'un second est armé de la barre de fer qu'il introduit rapidement dans le four par le trou de montre; il acroche l'anse de la tasse, et la ramène avec promptitude au dehors. Dès qu'elle est sortie, celui qui tient le tampon le remet en place au même instant, puis on pose la montre sur une tuile, ensuite on en prend une autre à l'allandier qui se trouve à côté ou vis-à-vis. Quand on a fait le tour du four, on les examine l'une après l'autre, on les compare ensemble, et l'on voit celles dont la fusion paraît plus avancée; on remarque avec soin l'endroit d'où les montres sont sorties; d'après cela, on règle son feu selon l'indication qu'on en reçoit par la vue des montres, et, en le ménageant ainsi, ou l'activant à propos, on parvient à cuire une fournée de faïence avec la plus grande régularité.

Il ne faut pas surtout, pour épargner quelques heures de temps ou de combustible, cuire le four avec trop de promptitude; car si l'on dit que les ouvrages faits à la hâte sont peu profitables, c'est surtout, dans le cas dont il s'agit, que cette vérité paraît dans tout son jour. En effet, si l'on se rappelle que j'ai dit dans le chapitre consacré aux émaux, que le blanc de faïence sortait quelquefois du bassin sous une couleur très foncée, cela prouve donc qu'il n'est pas suffisamment épuré, et cette condition n'a pu avoir lieu par la pulvérisation ni par le broiement. En conséquence, il faut admettre que le blanc conserve toute son impureté quoiqu'en revêtissant les vases de faïence. Or, si dans la conduite du feu on arrive trop vivement au maximum de chaleur, la superficie de l'émail entre de suite en fusion. Une fois cette condition remplie, il n'est guère possible que les corps volatils qui doivent nécessairement s'évaporer puissent le faire, parce que les pores par où cet effet pouvait s'effectuer se trouvent en quelque sorte bouchés et empêchent l'épuration partielle au même total. On obtient dès-lors un blanc parsemé de veines et de taches noires qui dégradent tellement les produits, que tout espoir d'en tirer parti dans le commerce est tout-à-fait illusoire.

Le trop de feu dans un four à faïence, ou la mauvaise manière de le conduire trop précipitamment, amènent encore une infinité d'autres inconvéniens qu'il est bon de signaler aux manufacturiers qui commencent. Le principal défaut que les vaisselles acquièrent après le noir et le veiné par un feu trop fort ou trop brusque, c'est un *picotement* ou *boursouflement* qui se fait remarquer sur toute l'étendue des pièces. Cet inconvénient est produit par la nature du corps de la faïence qui ne peut supporter une haute température sans éprouver une espèce de demi-vitrification. Dans ce cas, le retrait est beaucoup plus sensible, les pores de la terre s resserrent et l'émail *bouillonne*. Il arrive même, lorsque la chaleur est absolument trop intense que les vases se fondent et tombent sur eux-mêmes pendant la cuisson; alors c'est le pronostic d'une très-mauvaise fournée : non-seulement une grande partie des pièces passées en émail se ressentent de cet excès de chaleur, mais le bis-cuit qui se trouve dans le haut du four en est aussi altéré; il devient trop dense, trop serré, il prend un peu de brillant à la surface, ce qui annonce que sa cuisson surpasse le degré qu'elle doit avoir.

Lorsque le bis-cuit a reçu un coup de feu trop fort, il acquiert deux mauvaises qualités : la première, c'est qu'il ne prend plus aussi bien l'émail au moment du trempage, la texture étant trop compacte ne permet pas à l'eau d'entrer facilement dans les pores, en sorte qu'on est obligé d'épaissir prodigieusement la liqueur d'émail pour que la couche qui demeure sur le bis-cuit après l'immersion soit plus forte. Sans cette précaution urgente le blanc serait trop maigre, la couleur du bis-cuit se ferait voir sans peine au travers. Cet inconvénient serait cause que les vases ne pourraient être rangés que dans un choix inférieur, ou bien il faudrait qu'on les retrempât et qu'on leur fît subir une nouvelle cuisson, ce qui augmenterait infiniment le coût du produit. D'un autre côté, quand le bis-cuit est trop cuit, et que par là, au lieu de recevoir le coup de feu qui lui est propre, il a reçu celui de blanc, il devient inhabile à pouvoir donner une très-belle faïence. Quoi qu'on fasse, et de quelque manière que l'on s'y prenne, jamais l'émail ne se fondra bien sur un pareil bis-cuit; toujours il laissera quelque chose à désirer, soit d'un côté, soit d'un autre. A propos de parfaite réussite d'émail et de bis-cuit, veut-on me permettre de poser une question que je m'efforcerai de résoudre? Y aurait-il de l'avantage de cuire une fournée entière de bis-cuit, et ensuite une fournée entière d'émail?

Le tirage et la bonté d'un four basés sur les proportions indiquées ailleurs, sont les principaux élémens qu'il faut consulter pour donner l'affirmative dans cette question. Certainement, si la cuisson ne s'effectue pas dans les parties supérieures du four, si le bis-cuit n'est, pour ainsi dire, qu'un léger *dégourdi*, si le son, au lieu d'être clair et timbré, est sourd et peu sonore, enfin, si pour faire arriver le cru à son degré, il faut *griller* le bas des files de gasettes, certainement, dis-je, on ferait bien alors de cuire alternativement l'un et l'autre; mais, pour parler avec la franchise qui me caractérise, j'affirme que je ne voudrais point d'un semblable four, et que je me hâterais d'y apporter toutes les corrections dont il serait susceptible. La première qui se présenterait naturellement à mon esprit, ce serait de baisser de sept ou huit centimètres la voûte supérieure, ensuite je ferais élargir les carnaux de la voûte inférieure.

En rectifiant ainsi je concentre d'abord le calorique par l'abaissement indiqué, ensuite je facilite l'entrée de la flamme avec abondance, en sorte que le haut du four ne peut manquer de recevoir toute la somme de chaleur qui lui est nécessaire pour opérer une cuisson convenable.

On voit donc que, au lieu de faire des fournées entières de bis-cuit et d'émail séparément, il vaut mieux modifier les proportions du four. Considérons un moment combien d'inconvéniens peuvent résulter d'un mode de cuisson semblable. Premièrement en supposant que le bis-cuit n'arrive pas à son degré, parce que le four est trop haut, et que, pour préserver les vaisselles placées dans le bas, on se trouve dans l'extrême obligation de cesser le feu avant que le cru ne soit bien *bis-cuité :* je demande alors comment on peut croire que ce même four, parce qu'il ne contiendrait que du cru, puisse plutôt cuire dans le haut sans brûler les pièces du bas, comme dans le cas où il y a de l'émail. Ce serait une grande erreur de le penser, à moins cependant qu'on ne laissât la partie supérieure du four sans qu'il y eût des gasettes, et ce serait là le comble de l'insouciance pour la prospérité de la fabrique. D'un autre côté, admettons qu'on vienne après le bis-cuit à cuire l'émail, il est encore beaucoup plus difficile de se figurer que les vaisselles qui occuperont le haut du four puissent avoir reçu le coup de feu qui leur est propre avant que le bas ne soit tout-à-fait perdu. Or, d'après ces observations puisées dans la pratique, ou il faut un four qui donne des résultats tels que le cru et l'émail se cuisent ensemble, ou il faut l'abattre et le reconstruire. Il n'y a point dans la marche de cette fabrication de milieu à prendre, c'est une réussite parfaite; ou bien c'est un dépérissement progressif qui mine peu à peu la fortune du fabricant, jusqu'à ce qu'il aperçoive toute la profondeur de l'abîme, sans pouvoir quelquefois en sortir. On doit donc se le tenir pour dit : point de bons fours, point de prospérité.

Ce n'est que douze heures après que la cuisson est terminée, qu'on peut démolir la porte par laquelle on entre dans le four pour l'enfournement. Dès que cette porte est ôtée, la chaleur se dissipe promptement, et l'on peut défourner aussitôt que les gasettes peuvent être prises sans blesser les mains par la chaleur qu'elles conservent assez long-temps.

On doit observer beaucoup d'ordre pendant le défournement; il faut y employer assez d'individus pour que rien ne reste en arrière. Les gasettes sont détachées des files par plusieurs ouvriers qui les avancent à d'autres, qui à leur tour viennent les déposer dans l'atelier du four.

Pendant ce temps, on décaste les vaisselles, on relie les gasettes qui en ont besoin, on détache les *pernettes* et les *colifichets*, on remet les gasettes en colonnes, et l'on transporte les marchandises dans les magasins.

L'opération de la cuite de la faïence dans un four carré est beaucoup plus difficile que dans un four rond, et cela parce qu'il n'y a qu'un allandier pour contenir tout le combustible nécessaire à la production de la chaleur. On sent bien qu'alors la cuite doit être plus longue et par conséquent plus coûteuse. Je pense avoir prouvé cette dernière assertion lorsque j'ai parlé de la forme la plus convenable à donner aux fours ; quant à la première, qui est la longueur de l'opération, elle est nécessitée par la grande étendue qu'il faut que la flamme parcoure pour arriver dans le fond de la voûte qui se trouve à l'opposé et à une grande distance de l'allandier.

On commence aussi, pendant les premiers momens de la cuisson d'un four carré, par brûler du gros bois, mais au lieu de le faire, comme dans les fours ronds, pendant neuf à dix heures, on continue le gros bois l'espace de quinze et seize heures, après quoi on pose sur les arcadons de l'allandier le bois fendu ; quelquefois cette pose se fait en travers, d'autres fois en long. Cela dépend de la forme de l'allandier, et beaucoup aussi de l'idée du fabricant. Quoi qu'il en soit, lorsque le moment de charger le combustible est arrivé, on lance à droite et à gauche de la *chambre à feu* des fendons de bois, afin que la flamme puisse s'écarter dans toute l'étendue de la voûte. Cependant, en jetant ce bois, il faut bien prendre garde de n'en pas lancer jusque sur l'émail de faïence qui se trouve dans le bassin, parce que la braise qui se forme peut, par la présence du carbone, faire revivifier l'oxide de plomb et celui d'étain contenu dans la composition. Cette révivification amène fréquemment de fort mauvais résultats, particulièrement celui d'une infinité de points noirs qui se trouvent dans le blanc de faïence. Il est aisé de reconnaître lorsque le plomb s'est réduit pendant la cuisson, car alors le fond du bassin est parsemé de petits grains métalliques d'une forme sphérique, semblables à ceux dont on se sert à la chasse.

Si la cuisson d'un four rond muni de trois ou quatre allandiers s'effectue avec une facilité extrême; si la flamme se distribue également partout; si les cuiseurs exécutent cette opération sans grande fatigue ni peine, il n'en est pas ainsi avec un four carré, surtout si les dimensions en longueur et en largeur surpassent certaines limites, comme, par exemple, celles que nous avons données dans le chapitre de la bâ-

tisse des fours. Alors il faut voir de combien de
labeur est accompagnée cette manipulation;
l'approche d'un volcan enflammé ne serait pas
plus pénible que celle de l'allandier dans les
momens où l'on renouvelle le combustible, et
cela doit se faire presque continuellement dans
certains fours dont le tirage est mauvais; bien
plus, il faut qu'il y ait constamment un ouvrier
très-expert, placé au-dessus du four, et qu'il
soit sans cesse occupé à crier à ceux qui posent
le bois sur l'allandier, de quel côté ils doivent
jeter les petites bûches. Il ne peut les diriger
qu'en fixant attentivement les carnaux de la
voûte superieure; s'il voit qu'il en est qui lan-
guissent et dont la flamme n'approche pas, il
en instruit les cuiseurs en leur désignant les endroits par les mots premier, deuxième, troisième
feu; alors le cuiseur, selon l'indication, fait arriver le combustible où il le croit nécessaire; mais
cette manière de cuire est vicieuse dans les fours,
en ce que le cuiseur, en jetant son bois, ne peut
pas toujours le faire venir où il veut; car, suffo-
qué par l'ardeur du feu, ébloui par ses rayons
resplendissans, il croit lancer au troisième feu,
tandis que le morceau de bois va retrouver le
quatrième et quelquefois le cinquième, où il est
inutile. Alors on a sur quelques points une
trop forte chaleur, qui nuit considérablement
aux produits. L'ouvrier placé au-dessus du four

a beau crier que ce n'était pas là qu'il fallait jeter le bois, les morceaux étant lancés il n'est plus possible de pouvoir les retirer pour les remettre ailleurs. Aussi il est rare qu'une fournée de faïence cuite avec autant de labeur puisse jamais être parfaite.

Voilà à quoi on est sans cesse exposé avec un four carré qui ne tire pas bien, et le nombre de ces fours est grand, parce que cette forme est peu propre à répartir également le calorique dans toute son étendue. En outre, l'état de l'atmosphère contribue pour beaucoup au développement de la chaleur dans certaines parties du four. Quand le temps est lourd, par exemple, que l'horizon est rempli d'une humidité nébuleuse, qu'il n'y a pas de vent, que sa circulation est presque nulle, on peut bien s'attendre dans les fours carrés à avoir les vaisselles du bas dans un état de cuisson un peu au-dessus de ce qu'il doit être, tandis que le haut sera à peine cuit, et qu'une grande quantité de pièces devront repasser au four, ce qui fait une perte réelle. D'un autre côté, si l'on cuit pendant un temps où l'air circule abondamment, ou le vent souffle avec force, alors la flamme se porte tout-à-fait dans le fond de la voûte inférieure, elle n'y séjourne nullement, elle monte avec impétuosité au sommet du four, elle y grille le bis-cuit placé dans cet endroit, et le devant des gasettes n'est pas arrivé à la moitié de sa cuisson, que le derrière ne laisse plus rien à désirer; enfin on peut dire que c'est une chose bien rare que d'avoir un four carré qui aille constamment bien, et qui donne des résultats toujours égaux : aussi les fabricans qui ont des cuiseurs habitués, les gardent-ils avec soin, de peur d'abandonner leurs fours en des mains moins exercées. Mais comment, en considérant tout cela, ne laisse-t-on pas en arrière les fours carrés pour adopter les fours ronds qui ont tant d'avantages? c'est ce qui ne cesse de me surprendre.

La crainte de se jeter dans de nouveaux systèmes, la peur d'essuyer des pertes par un mode de cuisson qu'on veut voir établir ailleurs avant de l'adopter, l'indolence qu'on peut, sans être injuste, reprocher à nos manufacturiers dans cette partie de notre industrie nationale, sont les véritables causes qui rendent si rare l'introduction des perfectionnemens faits dans cet art précieux. On ne peut s'empêcher de convenir qu'en fait de poteries en général, à l'exception de la porcelaine dure, les Anglais sont fort au-dessus de nous; que non-seulement ils ont des fours ronds, mais que ces fours n'ont pas de voûtes inférieures, que de plus ils cuisent au charbon de terre, et qu'ils font des produits, de l'aveu de tout le monde, beaucoup supérieurs aux nôtres. Malgré cela nous ne sortons pas de notre engourdissement, nous nous reposons bénévolement sur une prohibition ennemie de tout progrès, nous nous endormons dans une sécurité parfaite. Mais que demain le gouvernement français, éclairé sur les véritables intérêts du commerce, vienne à lever cette prohibition si impolitique en matière d'industrie, alors nous verrions toute l'étendue de notre fausse position ; nos fabriques se trouveraient indubitablement anéanties; nos produits seraient rejetés avec dédain, il faudrait courir à pas précipités au-devant de l'amélioration, et pendant le temps précieux que nous perdrions en essais, la France serait couverte à nos dépens d'une innombrable quantité de fabrications étrangères qui viendraient prendre la place des nôtres. Et la raison en serait toute simple, c'est que ces produits seraient ou plus beaux ou à meilleur marché. Après avoir exposé et mes doutes et mes craintes, après avoir donné, autant que je l'ai pu, dans le cours de cet ouvrage des idées d'amélioration, je reviens à la cuisson de la faïence blanche et brune, telle que nous la faisons maintenant. Si je ne dis rien de neuf pour le manufacturier consommé dans la partie, e rends au moins public un art qui jusqu'ici n'avait point encore été décrit, je le mets autant que possible à la portée de celui qui veut se lancer dans la carrière, et en cela je pense m'être rendu utile à mes concitoyens.

On doit se rappeler qu'il a été dit en son lieu, que la faïence blanche et brune ca cuisaient presque en partie en *échappade*; cela veut dire que le derrière et le devant du four qui est toujours carré, quoiqu'il paraisse cependant rond, sont garnis de plusieurs rangées de gasettes jusqu'à la naissance de la voûte, et qu'ensuite l'intérieur du four se divise de bas en haut en huit, dix et même douze *planchets*, formés par des tuiles soutenus par des *pillets* plus ou moins hauts, selon la grandeur des vaisselles. D'abord les plats, les assiettes et les couvercles de soupières, s'introduisent toujours dans les gasettes; on en comble le fond du four jusqu'à la hauteur où le blanc et le brun entrent facilement en fusion; après cela, on met pour appuyer les tuiles, des pillets beaucoup plus grands, afin d'y loger davantage de cru, sauf à ne pas boucher les espaces par où la flamme doit passer en venant des carnaux du bas. On doit remplir absolument toute la capacité supérieure du four; cette obligation est recommandée par la bonne économie qui doit régner dans l'enfournement, et aussi par l'urgence où l'on est d'obtenir assez de bis-cuit pour pouvoir fournir à une cuisson d'émail.

Les vaisselles qui sont posées sur les tuiles ont

leur pied appuyé sur un *colifichet*, fig. 30. C'est un morceau de terre formé en triangle, ayant une base plate et un sommet aigu ; c'est sur ce sommet que reposent les pièces qui jamais ne collent, sauf le cas où le brun a été mis trop épais et où le feu a été trop fort. Mais alors même le vase n'est soudé au colifichet que sur trois points bien peu apparens, puisque le champ de la partie supérieure du colifichet est très-mince ; en conséquence, le pied des vaisselles ne se trouve guère endommagé, car avec un seul coup d'*échappotin* on fait disparaître les traces de l'impression du support. Il n'en serait pas ainsi, toutefois, si l'on n'avait pas la précaution de garnir les tuiles de colifichets : alors, certes, toute l'étendue du pied se trouverait attachée à la tuile, et la pièce courrait grand risque d'être perdue en entier, pour peu qu'on fît d'effort pour l'en détacher. Quand cela arrive, et qu'un ouvrier a oublié de poser un support, on introduit à la base du vase un outil en acier dont la pointe doit être large et mince ; on frappe un coup sec sur le manche de cet outil : si la pièce est grande et qu'elle ne s'enlève pas du premier coup, on en recommence un autre du côté opposé, et bientôt elle se trouve dégagée ; mais malgré la facilité avec laquelle on peut faire cette opération, il faut bien faire attention de ne jamais poser les pièces de faïence sur les tuiles, sans qu'il y ait en dessous un colifichet pour support.

Lorsque dans les fabriques de faïence blanche et brune, on en confectionne qui sont tout-à-fait blanches, c'est-à-dire dont l'extérieur n'est pas en brun, on n'a pas l'habitude de les exposer à l'air libre, ou, comme on dit en terme de fabrication, *à même le four*, parce qu'il y a toujours des parties de cendre qui pénètrent dans l'intérieur avec la flamme. Cette cendre s'attache à la superficie des vases en émail, s'y incorpore et amène une infinité de petits points noirs qui détériorent les produits. Pour éviter cet inconvénient, on enferme les vaisselles en blanc dans des gasettes entre les bords desquelles on met un colombin de terre fortement sablée, afin de boucher toutes les issues par où la flamme pourrait entrer. Quant à la manière dont les pièces reposent dans les gasettes, on doit se ressouvenir qu'on a déjà dit qu'elles étaient assises sur des rondeaux; mais ici il n'y a pas de colifichets, on se contente, comme on le fait aussi pour le brun, de brosser parfaitement l'émail qui se trouve appliqué sur le bord intérieur du pied. Nonobstant cette précaution, le blanc de faïence n'est pas aussi sujet à couler que le brun, quoique ce dernier entre cependant plus difficilement en fusion dans le four. En effet, les pièces à remettre au feu le sont toujours, parce que le brun n'est pas assez fondu, tandis que le blanc, sans cependant avoir atteint son degré, pourrait toutefois passer ainsi dans le commerce.

Cet effet est assez difficile à pouvoir être expliqué; car comment se peut-il faire qu'une matière plus aisée à fondre ne coule pas, quand une autre au contraire coule tout en ayant une propriété plus réfractaire? Je crois que l'oxide d'étain, d'un côté, et le sable, de l'autre, qui entrent dans la composition du blanc, contribuent beaucoup à amener ce phénomène; ensuite une autre raison bien péremptoire aussi, c'est que le brun n'étant pas vitrifié avant d'être appliqué sur les vaisselles, l'union des substances qui le constituent ne peut avoir lieu qu'après une certaine effervescence dans la masse. Au moment où le brun est pour entrer en fusion, il s'élève en bouillonnant une multitude de *cloques* plus ou moins grosses; ce n'est qu'après un fort coup de feu que ces cloques se crèvent, laissent échapper le gaz qu'elles contenaient, s'affaissent et s'unissent à la surface de la pièce, en faisant voir un beau brillant. Cet effet n'a pas lieu dans l'émail blanc: celui-ci ayant été fondu précédemment n'a plus, pour ainsi dire, qu'à s'étendre sur l'objet qu'il doit recouvrir; il n'y a par conséquent point de réaction, point de bouillonnement à essuyer. Cela est si vrai qu'il ne s'agirait que de faire vitrifier le brun avant de le broyer pour qu'il se fondît en même temps que le blanc quand on le cuit sur les vaisselles; mais il est également vrai de dire qu'alors il perdrait un peu de l'intensité de sa couleur, et qu'il deviendrait plus coûteux par rapport à la pulvérisation. Le remède au premier défaut serait facile en introduisant une plus forte dose d'oxide de manganèse dans la matière lorsqu'elle serait sous la meule; le second ne pourrait s'éluder qu'en vitrifiant la masse dans un creuset, l'en retirant rouge de chaleur et la plongeant dans des baquets d'eau froide. Je dois convenir que ce parti n'est pas aisé à prendre.

Il y aurait partout une assez grande économie de combustible pour le manufacturier de faïence blanche et brune si l'émail brun entrait en fusion au même coup de feu que l'émail blanc. Dès que ce dernier semblerait assez fondu il serait loisible à l'ouvrier d'arrêter son four, au lieu qu'il doit continuer l'introduction du bois dans l'allandier jusqu'au moment où le brun marque le degré convenable, ce qui n'a lieu qu'au bout de vingt-six, vingt-huit et quelquefois trente heures, pour peu que le four soit grand : tandis que l'émail blanc peut se cuire en vingt-deux ou vingt-quatre heures avec assez de régularité.

Partout ou je trouve l'occasion de mettre en

parallèle les fours ronds et les fours carrés, je le fais avec empressement, afin de démontrer les avantages qui ressortent des uns, et faire remarquer les désavantages des autres. D'après cet aveu, on sait bien que je ne passerai pas l'article de la cuisson, et la différence qui existe entre la longueur du temps que demande cette opération dans ces deux espèces de four, sans en faire mention. En effet on se souvient sans doute qu'il a été dit en parlant des fours ronds qu'on les cuisait en seize ou dix-huit heures; quoiqu'ils continssent autant de marchandises que les fours carrés. N'est-ce pas le comble de l'indolence ou de l'impéritie, de la part de ceux qui ne veulent pas abandonner le mode de cuisson dans les fours carrés? Qu'on me pardonne ces expressions, elles ne me sont suggérées que par mon ardent amour pour l'art que je décris; mais on conviendra sans peine qu'il faut entendre très-mal ses propres intérêts pour ne point abandonner de prime abord une construction de four qui exige dix à douze heures de feu de plus, tout en donnant des résultats moins bons et qui nécessitent un travail et des fatigues dont il faut être le témoin pour les apprécier à leur juste valeur.

Je conçois, tout en condamnant leur erreur, que ceux qui ont déjà des fours carrés inventés dès la naissance de l'art de la faïencerie, à une époque où les combustibles étaient fort communs et à très-bon compte, s'en servent encore aujourd'hui, et ne veuillent point changer leur mode de cuisson, soit par manie ou entêtement, soit par haine de toute innovation, tandis que nos rivaux d'outre-mer marchent à grands pas dans la carrière des perfectionnemens. Mais je crois avoir acquis par mes travaux et mon expérience assez de titres à la confiance de ceux qui commencent de semblables établissemens, pour devoir leur conseiller de ne construire que des fours circulaires, basés sur les proportions indiquées dans le cours de cet ouvrage. J'ai, je pense, assez motivé le choix de cette forme pour me complaire dans l'idée qu'on n'y trouvera de ma part que le désir sincère d'être utile à ceux qui veulent marcher dans la noble voie de l'industrie manufacturière. D'ailleurs il en est des fours ronds comme de presque toute la matière répandue dans ce traité, je n'en suis pas l'inventeur, je n'ai que le faible mérite de l'avoir mis au grand jour de l'impression, d'en avoir commenté les points les plus difficultueux, et tâché de les mettre à la portée de toutes les conceptions, afin qu'on pût en tirer le meilleur parti possible. Je serai trop heureux si mon but est rempli.

CHAPITRE XVII.

De la peinture au grand feu et à réverbère.

Avant d'entrer dans quelques détails sur la peinture à réverbère, je dois dire un mot de celle qui se pratique sur l'émail cru. Les deux espèces de peinture diffèrent essentiellement, bien que, pour le fond, les couleurs qui y sont propres soient à peu près les mêmes, puisqu'elles sont tirées d'un côté comme de l'autre du règne minéral. Cependant leur préparation n'est nullement identique, car dans la peinture à réverbère, les couleurs ne recevant pas un coup de feu très-fort, on est obligé d'y mélanger des fondans pris dans les oxides métalliques fusibles et les sels alcalins, tandis que dans la peinture sur cru on n'en met pas, ou très-peu, attendu que l'intensité de la chaleur doit monter jusqu'à la fusion de l'émail, et qu'alors les couleurs participent du fondant qui y est contenu.

Les couleurs qui servent au grand feu sont le bleu, le noir, le brun, le jaune, le violet, le rouge et le vert. Toutes ces teintes s'obtiennent par la combinaison des métaux, soit avec l'oxigène de l'air, soit à l'aide des acides minéraux. On sait que pour employer le premier moyen on divise autant que possible les substances, on les expose au contact d'une chaleur plus ou moins intense, en laissant circuler à leur surface un air pur toujours renouvelé; bientôt le gaz oxigène s'empare du métal et le convertit en oxide dont la couleur lui est propre. Cette opération, très-aisée à effectuer, est d'autant plus prompte que la matière à oxider est plus étendue, et peut offrir un plus grand nombre de points de contact. On en active aussi considérablement l'oxidation en renouvelant très-souvent les surfaces. Elle doit se faire dans un fourneau à réverbère, dont la flamme puisse se rabattre et lécher continuellement les parties divisées du métal soumis à la calcination.

Quand on prend la voie des acides pour se procurer les oxides métalliques propres à la peinture au grand feu d'émail, on pulvérise les métaux qui en sont susceptibles, tels que l'antimoine, le cobalt, le manganèse, etc.; mais on divise avec une grosse lime ceux qui sont ductiles, qui s'étendent sous le marteau, et qui par conséquent ne peuvent être réduits en poudre par la pulvérisation; tels sont le fer, le cuivre, l'étain, le plomb, etc. Dès que le métal est sous la forme pulvérulente, on en introduit une certaine quantité dans un matras, on verse dessus de l'acide nitrique; à l'instant même on voit se manifester une effervescence assez prononcée, et d'autant plus sensible que l'affinité entre les deux corps est plus grande. Lorsque la dissolution est totalement opérée, on la verse dans une autre dissolution d'un alcali quelconque, mais communément de soude ou de potasse. Sur-le-champ la liqueur se trouble; un précipité plus ou moins abondant a lieu; on laisse reposer, puis on décante l'eau qui surnage, on met le dépôt sur un filtre de papier *joseph* après l'avoir lavé plusieurs fois en grande eau, et l'on sèche à une chaleur douce.

Voilà en peu de lignes la marche ordinaire que l'on suit pour se procurer les oxides métalliques qui servent à colorer la faïence. Celle qui se fait par le moyen de l'oxigène de l'air se nomme *la voie sèche*; celle qui a lieu par les acides s'appelle *la voie humide*. L'une et l'autre sont bonnes sans doute; mais la dernière, à cause de la cherté des acides et de la longueur de l'opération, ne peut être employée que pour des couleurs beaucoup plus fines.

Une chose bien essentielle à observer dans la différence qui existe entre la formation des couleurs destinées à peindre sur émail cru ou sur émail cuit, c'est-à-dire à réverbère, c'est que les premières ne sont jamais vitrifiées avant de les mettre en usage, tandis que les dernières le sont toujours. On en sent probablement la raison; car le coup de feu pour la cuisson des couleurs en troisième feu n'étant que faible, si elle ne contenait pas le fondant nécessaire jamais elles n'entreraient en fusion ; elles seraient sales, ternes et dénuées de tout agrément, elles n'auraient enfin de brillant qu'autant que la température se serait élevée à la hauteur de la cuisson d'émail : mais alors la plupart des couleurs fugaces qu'on emploie pour cet objet, tels que les rouges, les pourpres et les verts de cuivre, se seraient évanouies par le trop de feu. On voit donc ici par cette remarque la disproportion assez grande qui existe quant à la composition des couleurs propres à ces deux espèces de peintures.

Les couleurs qui servent à la peinture au grand feu n'affectent pas toujours une teinte agréable avant leur cuisson. Le bleu, par exemple, n'est presque jamais sous cette couleur quand on l'emploie : comme il se compose d'oxide de cobalt non vitrifié, il est souvent gris et quelquefois d'un noir assez foncé, en sorte que celui qui ne connaît pas cette partie et qui voit le pinceau de l'artiste tracer des fleurs ou des arbustes et d'autres ornemens avec cette couleur, est bien loin de s'imaginer que ces objets seront du plus beau bleu après la cuisson : la force du feu opère ce phénomène. Le vert et le violet sont dans le même cas. Il n'en est pas ainsi dans la peinture à réverbère; là toutes les couleurs sont au ton naturel; je veux dire que le bleu, le violet, le vert, jouissent de la teinte qui leur sont propres.

Nous allons donner la manière d'obtenir les sept couleurs dont nous avons parlé plus haut, et qui servent à peindre la faïence au grand feu; ce sont le bleu, le noir, le brun, le jaune, le violet, le rouge et le vert.

Le bleu vient, comme je l'ai dit, d'un métal qu'on appelle cobalt; il est sous la forme de petits grains cristallisés et brillans. Le meilleur qui existe dans le commerce est celui qu'on expédie de la Suède. Quand on veut convertir ce minerai en oxide on le pulvérise bien fin; ensuite on le soumet à un coup de feu de calcination assez fort, tel que celui de la chambre à feu du four à faïence. Pendant la cuisson, l'arsenic uni au cobalt se volatilise; il ne reste que de l'oxide gris ou noir, dans lequel toutefois il y a un peu de fer et de nikel, deux métaux qui accompagnent toujours le cobalt. On peut les en extraire, mais on n'en a pas l'habitude pour la peinture au grand feu, attendu que l'opération serait trop longue et trop douteuse. On réserve ce raffinage pour des produits plus élevés et plus recherchés; on le fait pourtant pour la faïence en réverbère, mais on sait que, le coup de feu n'étant pas assez fort, si l'on employait l'oxide de cobalt impur et non vitrifié, le bleu aurait un mauvais œil et serait rebutant.

On se contente donc, comme je viens de le dire, de mettre le minerai de cobalt sous le four; on l'en retire après la fournée: si la matière s'est prise en masse, on la pulvérise, on la passe au tamis, et l'on mêle avec la poudre deux fois son poids de sable de Nevers ou un autre sable dans lequel il se rencontre un peu de talc; ensuite on broie le tout dans un petit moulin à bras ou sur une glace de verre avec une molette de même matière: on obtient ainsi une couleur grise, qui devient bleue lorsqu'elle a été posée sur le blanc de faïence et passée au four.

Quand on ne veut pas se donner la peine de faire cette couleur, on l'achète dans le commerce; elle se vend sous le nom de safre. Elle est faite en grand, particulièrement en Saxe; mais souvent elle est sophistiquée par la mauvaise foi: le sable domine tellement alors que la teinte en est considérablement altérée. Quelquefois les fabricans se servent aussi de bleu qu'on nomme bleu d'azur: celui-ci est beaucoup plus beau et ne prête pas tant à la sophistication; mais sa cherté quand on veut l'avoir beau, le porte au-dessus du prix qu'on peut y mettre pour servir à l'ornement de semblables produits, et lorsqu'on descend dans les qualités inférieures, l'intensité du bleu est si faible qu'à peine la couleur paraît-elle; en sorte qu'il vaut beaucoup mieux créer soi-même cette couleur; on y trouvera une économie notable.

Le noir. Cette couleur n'en est pas une à proprement parler, puisque c'est l'absence de toutes celles qui existent; mais, sans avoir égard aux principes de la physique, je la regarderai ici comme une couleur composée, et je dirai qu'on peut l'obtenir directement d'une espèce d'oxide de fer qui tombe par le choc du marteau dans les momens où le forgeron frappe le barreau rouge de chaleur sur l'enclume. On appelle cet oxide de fer des *batitures de maréchaux*. Elles donnent, étant bien lavées, pulvérisées et broyées, un noir assez beau; cependant il laisse encore quelque chose à désirer, car quand il est employé trop maigre, il jaunit et disparaît presque en partie, et lorsqu'il est mis trop épais, sa couleur, quoique intense, n'a pas ce brillant qui convient si bien à l'œil le moins exercé: il faudrait, pour que ce noir fût éclatant, mêler avec lui une certaine quantité de fondant; mais malheureusement alors il retombe dans le premier défaut, c'est-à-dire qu'il devient tirant sur le jaune, et ne remplit plus l'objet désiré.

Le meilleur de tous les noirs qui puisse convenir à la peinture au grand feu est celui qui est composé d'une partie de batitures de fer, une partie d'oxide de cuivre, et une partie de manganèse. Ces trois substances mélangées ensemble, et n'étant pas trop étendues de fondant, forment un noir parfait.

On trouve dans la nature une pierre ferrugineuse noire, et qui contient en même temps un peu de manganèse; elle sert aux charpentiers pour tracer des lignes sur le bois. Cette pierre, de la famille des schisteuses, est très-propre pour entrer comme partie constituante du noir à faïence; pourtant il faut être modéré sur son introduction, car une trop grande quantité amène le terne dans la couleur, défaut qu'il faut toujours faire en sorte d'éviter avec le plus grand soin.

Le brun. C'est du fer que l'on retire tous les bruns : l'oxide de ce métal, fait, généralement parlant, la base de toutes ses couleurs; et comme on sait qu'il est abondamment répandu dans la nature, une multitude de composés qui se trouvent, soit à la surface du sol, soit dans l'intérieur du globe, sont susceptibles de servir à fabriquer des bruns : ainsi la terre d'ombre, la terre de Sienne, tous les différens ocres, peuvent être employés après certaines opérations à former la couleur brune. En parlant ici de brun je n'entends pas celui dont j'ai donné la composition, qui sert au revêtissemens extérieur des vaisselles de faïence, mais bien celui avec lequel on fait des filets sur les plats et les assiettes ou les tasses, le corps et les branches des arbres, ainsi que les queues des fleurs que l'on représente sur l'émail blanc des pièces diverses.

Il faut d'abord mettre calciner sous le four les ocres et les terres avec lesquelles on veut composer le brun; par cette opération ces substances deviennent ordinairement d'un rouge un peu foncé. Si toutefois elles se sont durcies, on les pulvérise, on les lave à l'eau chaude plusieurs fois; ensuite, après qu'elles ont été bien séchées, on les mélange avec un peu d'oxide de fer et de fondant, qui consiste en un huitième du poids de poudre de cristal pesant, c'est-à-dire de celui dans lequel il y a beaucoup de plomb. Les bruns sont loin d'être aussi difficiles à faire que les noirs.

Le jaune. Cette couleur se tire de deux métaux; l'antimoine et le plomb. Nous avons donné la manière de l'obtenir dans le cours de cet ouvrage (pag. 358); j'ajouterai seulement ici qu'au lieu de mélanger la masse jaune avec de l'émail de faïence, on y introduit un sixième de fondant dont il sera question lorsque je parlerai des couleurs à peindre à réverbère.

Le violet. Se fait avec l'oxide de manganèse. Sa description se trouve page 361.

Le rouge. Il se tire du fer. On prend pour cela quelques kilogrammes de beau sulfate de fer,

(couperose verte), qu'on mélange avec un kilogramme de sulfate d'alumine (alun du commerce); on met le tout sur une feuille de tôle, que l'on place sur la calcine après que l'oxidation du plomb et de l'étain est opérée. Je recommande de placer la tôle sur la calcine; c'est pour profiter du feu qui est à ce moment au four à réverbère ou fournette, afin qu'on ne soit pas dans la nécessité d'en faire tout exprès pour cela, ce qui certes rendrait l'opération fort coûteuse. Sitôt que la feuille de tôle est entrée dans la fournette, on voit les deux sulfates entrer en déliquescence; peu à peu l'eau de cristallisation se vaporise et fait place à une matière blanche assez volumineuse; cette matière de parfaitement blanche qu'elle était d'abord, devient, au fur et à mesure que la chaleur lui est appliquée, d'une couleur rougeâtre : l'intensité augmente à vue d'œil; et lorsqu'on remarque que toute la masse est assez rouge et que la teinte est partout égale, on retire la tôle du fourneau, on extrait avec soin les morceaux dont la teinte semble tourner un peu au brun; le reste est versé dans une grande terrine vernisée; on l'édulcore plusieurs fois à l'eau, ensuite on le met sécher à une douce chaleur, et on le broie sur la glace ou dans un petit moulin à bras.

On ne doit mélanger de fondant avec ce rouge que pour peindre sur le cru; seulement s'il était par trop dur et qu'il ne se fondît pas bien sur l'émail, on y ajouterait un peu de poudre de cristal pesant ; mais si au contraire le blanc de faïence était tellement fusible que le rouge semblerait s'identifier et s'extravaser d'une manière très-prononcée, il serait urgent alors qu'on mît une nouvelle dose d'alumine pure, par la raison que cette substance a la précieuse propriété de donner la fixité aux couleurs naturellement fugaces. Cette particularité ne doit point passer légèrement sur l'esprit du fabricant de faïence dans l'établissement duquel on pratique la peinture, car il en a souvent besoin.

Du vert. Cette couleur a aussi été décrite lorsque j'ai donné la composition de l'émail vert avec l'oxide de cuivre. Mais jamais, quoi qu'on fasse, il n'est possible de parvenir à créer un vert qui ait une belle teinte au grand feu avec le cuivre. En effet, on sait que c'est une couleur qui sans être aussi fugace que le rouge, l'est cependant assez pour disparaître en quelque sorte à un coup de feu intense. Dans la peinture à réverbère, elle est mise fort à profit ; car la chaleur ne devant pas monter plus qu'au rouge cerise, cette couleur peut conserver toute sa fraîcheur et son éclat. Cependant jusqu'ici tout le vert dont on s'est servi chez les fabricans de faïence pour cuire au grand feu a toujours été tiré du cuivre. Aussi voit-on que les peintures en ce genre ne sont point du tout agréables; toutefois elles pourraient le devenir, particulièrement sous le rapport du vert, car l'oxide de chrôme peut nous faire obtenir cette couleur d'une grande fixité, puisqu'elle résiste aux fours les plus ardens de porcelaine. Il est vrai qu'elle coûterait quelque chose de plus; mais combien on en serait dédommagé par l'embellissement des produits! Du reste, cette couleur verte étant très-intense et très-fixe, on peut ne l'employer qu'à la légère; c'est-à-dire la mettre d'une minceur extrême; et l'on obtiendra toujours d'excellens résultats.

C'est d'une pierre qu'on appelle chromate de fer qu'on retire la couleur verte dont je parle. Elle est fort commune dans le département du Var. Elle affecte une teinte bleue grisâtre et quelquefois brunâtre. Sa pesanteur spécifique est assez forte. Sa texture est grenue; elle se pulvérise avec beaucoup de facilité et donne une poudre grise un peu rude au toucher. Pour en extraire l'oxide de chrôme on la mélange sous l'état pulvérulent avec un poids égal au sien de nitrate de potasse (nitre du commerce); on rend ce mélange intime en le passant à différentes reprises par un tamis de soie; on l'introduit dans un creuset, qu'on met sous le four à faïence ou dans un fourneau de fusion de laboratoire. Après un bon coup de feu on retire le creuset, on le laisse refroidir, puis on le casse. La matière que contient le creuset est retirée avec soin; elle est pulvérisée une seconde fois, mise dans une casserole de cuivre avec de l'eau en assez grande quantité. On pose la casserole sur le feu; après un quart-d'heure d'ébullition l'eau a pris une teinte de jaune d'or fort éclatant; on retire le vase, on laisse déposer, ensuite on verse la dissolution sur un filtre de papier *joseph*. Lorsque ce liquide est épuisé on remet de nouvelle eau qui est chauffée comme la première fois; puis on filtre encore : si toutefois la poudre restée au fond de la casserole peut de nouveau donner à l'eau une teinte jaune assez prononcée, on recommence l'opération, et on ne l'abandonne que lorsque l'on reconnaît qu'elle n'a plus aucune force de coloration.

On réunit les diverses solutions en une seule; on recueille le marc du fond de la casserole, parce qu'il peut servir à faire de très-beau brun; on la nettoie fort proprement, et l'on y plonge l'eau teinte en jaune : elle est remise sur le feu jusqu'à ce qu'on voie que l'évaporation est très-avancée; arrivée là, on la verse dans un grand vase de verre fait en cône. D'un autre côté, on dissout trois ou quatre onces de mercure selon la quantité de chromate de potasse; cette dissolution achevée, on la verse dans le vase qui contient la liqueur jaune; sur-le-champ on voit un précipité rouge très-abondant, on le laisse déposer quelques heures, au bout desquelles on décante l'eau qui surnage. Le précipité est soumis ensuite à l'action d'une douce chaleur; puis on le met dans une cornue de grès, au bec de laquelle on adapte une allonge plongeant dans une terrine pleine d'eau froide; on place la cornue dans un fourneau de laboratoire, et l'on fait du feu avec le charbon de bois.

Dès que la chaleur commence à se faire sentir, on voit que l'eau qui est dans la terrine bouillonne, et qu'en même temps les parcelles de mercure viennent se déposer dans le fond; plus le feu augmente et plus cet effet devient sensible; en moins d'un quart d'heure si le feu a été bon, il ne se manifeste plus de mouvement, et tout le mercure qui a été employé pour précipiter l'oxide de chrôme se trouve dans l'eau de la terrine, en sorte que de ce côté il n'y a rien de perdu, circonstance qui n'aurait pas lieu si l'on n'avait pris la précaution d'adapter une allonge au bec de la cornue, ou bien si l'on eût mis tout uniment le précipité dans un creuset, comme il arrive quelquefois lorsque la quantité n'en est pas considérable. Mais alors on perd totalement le mercure, qui se volatilise en vapeur très-dangereuse à respirer.

La fin du bouillonnement dans l'eau de la terrine annonce toujours que l'opération est terminée : en conséquence on laisse refroidir la cornue ; après cela, on la retire du fourneau ; puis on y introduit de l'eau qu'on secoue avec force. Par ce moyen, tout l'oxide qui y est contenu en sort avec l'eau ; on recommence plusieurs fois cette introduction afin de n'en pas laisser une parcelle, ce qu'on reconnaît facilement lorsque l'eau ne ramène plus d'oxide avec elle. Cet oxide de chrôme, qui était rouge lorsqu'il était uni avec celui de mercure au moment où on l'a mis dans la cornue, est maintenant du plus beau vert, et d'une finesse extraordinaire ; on le laisse déposer au fond du vase dans lequel on a versé l'eau qui a servi à le ramener ; on décante ensuite, puis on le sèche à une douce chaleur dans une étuve. Cette belle couleur n'a pas besoin de fondant pour être appliquée sur l'émail cru ; elle est de la plus grande fixité au feu, et donne les résultats les plus satisfaisans dans la peinture.

Toutes les couleurs qui servent pour peindre sur l'émail cru sont broyées à l'eau, soit sur une glace de verre soit dans de petits moulins à bras garnis de meules en grès dur : elles doivent être d'une division extrême, afin qu'elles coulent bien sous le pinceau. Les peintres qui exécutent leurs dessins sur les vaisselles ne doivent pas, ce qu'on appelle, avoir un talent transcendant ; une grande dextérité et beaucoup de souplesse dans les doigts leur sont essentielles ; la régularité qu'on remarque dans les objets représentés sur la faïence a sa source dans l'emploi que l'on fait de *ponsifs*, c'est-à dire, de morceaux de papier de différentes dimensions sur lesquels sont tracés avec des piqûres d'aiguille tous les sujets destinés à être peints sur les vases. De cette manière il est impossible que chaque peintre ne soit pas dans les mêmes traits qu'il trouve pointés par le charbon pulvérisé, contenu dans une espèce de petite marotte faite avec du linge d'un tissu non serré ; et qu'on appelle *poncette*. C'est en frappant la tête de cette poncette contre le ponsif étendu sur le fond ou les bords des assiettes et des plats, ou bien sur le ventre des vases, qu'on obtient l'impression en charbon du contour des dessins.

Les pinceaux dont on se sert en cette occasion sont fort longs et pointus ; on les fait avec du poil d'oreille de vache, enfermé dans une petite virole de cuivre, au milieu de laquelle vient s'emboîter une *hampe* ou manche en bois d'ébène. Les peintres ont la main droite, qui tient le pinceau, appuyée sur le genou droit, qui se trouve élevé d'un décimètre plus haut que le genou gauche, attendu que le pied est posé

La couleur la plus difficile à faire de toutes celles qui sont nécessaires à la peinture en troisième feu c'est le pourpre. Le rose n'est pas aisé non plus, et généralement parlant elles sont toutes beaucoup plus difficiles que celles qui conviennent à la peinture au grand feu; parce que, comme je l'ai déjà dit, ces couleurs doivent être unies à des fondants qui soient propres à leur donner du brillant et de l'éclat. Ces fondans ne sont pas tous convenables en particulier à chaque couleur; souvent celui qui convient très-bien à l'une ne va pas du tout à l'autre. C'est donc une étude spéciale et assez longue de la propriété des diverses substances employées dans cette partie, vraiment chimique, qui peut faire faire de notables progrès dans la confection de ces couleurs. On voit pourtant des fabricans n'être munis que d'une grande pratique, parfaitement réussir dans les couleurs propres à peindre en troisième feu : je conviens de cela, mais aussi tout le monde sera d'accord avec moi qu'il a fallu bien du temps à ces manufacturiers pour arriver au point de perfection, au lieu qu'ils y seraient venus plus promptement s'ils se fussent entourés de toutes les connaissances scientifiques que cet art demande.

Comme la couleur pourpre est une de celles qui demandent le plus d'attention, je vais donner ici le moyen de la faire avec succès si l'on opère soigneusement.

On se procure de l'acide nitrique (eau forte du commerce) marquant 36°; on mélange avec cet acide le quart du poids d'acide hydrochlorique (esprit de sel marin); on forme ainsi un autre acide, qu'on nomme hydrochloro-nitrique (eau régale dans l'ancienne nomenclature); on verse cet acide dans un matras à long col qu'on place sur un bain de sable chaud, dont le fourneau se trouve sous une cheminée qui tire bien, pour qu'on soit à l'abri des vapeurs délétères de l'acide ; d'un autre côté on fait en sorte d'avoir de l'or en ruban le plus pur possible; on le coupe par petits morceaux qu'on introduit peu à peu dans le matras. Les quantités respectives d'or et d'acide ne sont pas arbitraires, c'est-à-dire qu'on doit mettre de l'or dans le matras jusqu'à ce qu'on remarque que l'acide hydrochloro-nitrique est parfaitement saturé et ne veut plus en dissoudre. Alors on prend un grand vase conique de verre, on le remplit d'eau distillée ou du moins bien clarifiée, on y verse douze à quatorze gouttes de dissolution d'or. On voit cette eau prendre de suite une assez belle teinte jaune pâle, on remue avec un tube de verre, puis on prend un morceau d'étain qui soit de la plus grande pureté. Certaines feuilles de ce métal qui servent à l'étamage des glaces sont fort bonnes pour cela. On attache ce morceau d'étain à un bout de fil de soie; on le suspend dans le liquide en le faisant circuler de droite à gauche. Après une minute ou deux de circulation de l'étain, on remarque que l'eau devient d'une couleur rose fort agréable, ensuite cette couleur augmente en intensité jusqu'au point de paraître comme du gros vin rouge : alors on ôte le morceau d'étain, car le laisser plus long-temps ce serait risquer d'obtenir du violet au lieu du pourpre. On verse l'eau rouge dans une grande terrine et l'on recommence l'opération autant de fois qu'on le désire, en réunissant le produit de chacune dans la terrine, au fond de laquelle un dépôt se forme au bout de cinq à six heures. On décante l'eau surnageante, et le précipité est lavé plusieurs fois à chaud, puis séché à une très-douce chaleur. C'est le pourpre, qu'on nomme aussi précipité de Cassius, parce que ce chimiste en a fait la découverte : sa couleur est d'un rouge plus ou moins violet, selon qu'on a opéré avec plus ou moins de soin.

Une des premières conditions à observer dans la confection du pourpre c'est d'étendre la dissolution d'or dans une grande quantité d'eau clarifiée ou distillée; sans cela on obtiendra difficilement un pourpre bien rosé; toujours il tirera au violet, et aura totalement cette nuance.

Cette couleur peut comporter une très-grande dose de fondant; on va souvent jusqu'à en mettre quinze et vingt fois son poids. Le fondant qui lui convient; est également bon pour les bleus, les roses et toutes les couleurs tendres qui ne peuvent souffrir les oxides métalliques : il est composé ainsi qu'il suit :

Sable blanc lavé et calciné	2 parties.
Verre de borax	1
Nitrate de potasse cristallisé	1
Craie bien lavée	$\frac{1}{4}$

Pour les couleurs autres que le pourpre, on ne met ordinairement que trois ou tout au plus quatre parties de fondant, sur une d'oxide colorant. Voici maintenant un autre fondant métallique propre aux couleurs rouge, jaune, verte, brune, etc.

Sables talqueux calciné	2 parties.
Verre opaque de plomb	3
Verre de borax	1
Nitrate de potasse	$\frac{1}{2}$

Chaque composition de fondant doit être vitrifiée dans un bon creuset de Hesse, avant de s'en servir; ensuite on la coule dans l'eau, on la pulvérise, et elle est mise dans un flacon à l'abri de la poussière.

Les couleurs en troisième feu s'emploient sur l'émail cuit à l'aide d'un véhicule, tel que l'essence de térébenthine ou l'eau gommée. L'essence convient aux couleurs qui ne comportent point de fondant, et l'eau gommée à celles qui sont vitrifiées, ou dans lesquelles il y a une quantité notable de fondant. Les pinceaux, au lieu d'être, comme dans la peinture sur cru, longs et pointus, sont au contraire pour peindre sur émail cuit, gros et courts ; le poil qui les forme est celui de blaireau ou de chat. Les couleurs sont broyées à la molette, et étendues sur des palettes de verre ou de porcelaine*.

Les pièces peintes se cuisent également dans des gasettes, mais les fours sont beaucoup plus petits que pour cuire l'émail : ils n'ont ordinairement qu'un bon mètre carré et un mètre quarante centimètres de hauteur ; ils ont aussi une voûte inférieure parsemée de carnaux qui donnent passage à la flamme venant de l'allandier de la chambre à feu. L'enfournement et la conduite du feu sont semblables à la cuisson du four à émail, excepté qu'il ne faut pas faire monter la température à un aussi haut degré : d'ailleurs on a des montres que l'on retire dès qu'on croit

---

* Ceux qui désireront avoir des connaissances plus détaillées sur la confection des couleurs, devront avoir recours à mon *Traité de peinture et dorure sur porcelaine*, placé à la fin de l'art de fabriquer ce beau produit de notre sol.

que la fusion est arrivée sur les couleurs; et si cela est, on cesse le feu, car : je le répète, ce n'est pas ici ni pour la terre, ni pour l'émail qu'on cuit, mais bien pour fixer par la fusion et donner du brillant aux couleurs.

Quoique la forme que je viens d'indiquer pour le four à cuire la peinture en troisième feu, soit carrée, cela ne veut pas dire qu'une figure circulaire ne serait pas mieux : au contraire, je pense que toutes les fois qu'on aura pour but de concentrer une certaine somme de calorique, on fera toujours bien de le rassembler dans un cercle élevé et voûté en demi-sphère. Les résultats doivent être, selon toutes les notions de la physique, beaucoup plus avantageux que dans un espace carré; mais je me suis cru obligé de faire voir comment on pratique au moment où j'écris, et en même temps de faire aussi remarquer les coutumes vicieuses qui sont les ennemis mortels de tout perfectionnement. Il faut espérer que le flambeau de la chimie et de la physique pénétrera à la fin dans nos fabriques de poteries : alors, à l'instar de nos rivaux les plus redoutables dans cette utile et belle branche d'industrie, nos manufacturiers raisonneront leur art, et le pratiqueront avec autant d'intelligence que les Anglais, si fiers avec raison de la supériorité qu'ils ont aujourd'hui sur nous dans cette partie; supériorité qu'ils ne doivent qu'à eux, puisque la nature nous a donné avec profusion les matières premières les plus avantageuses aux progrès des arts séramiques, si utiles à toutes les classes de la société.

FIN.

VOCABULAIRE

DE

L'ART DE FABRIQUER LA FAÏENCE.

ACIDE NITRIQUE. Cet acide est liquide, *incolore à l'état de pureté*, mais ordinairement jauni par les matières qu'il tient en dissolution, ayant une odeur assez pénétrante, surtout quand il est concentré. Exposé à l'air, il en attire l'humidité; il est très-corrosif, d'où il résulte qu'il constitue l'un des plus violens poisons qui existent. Dès qu'il se répand une goutte de cet acide sur les doigts, il tache la peau en jaune qui ne disparaît qu'avec le renouvellement de l'épiderme. Cet acide attaque, à l'aide de la chaleur, tous les métaux, excepté l'or, le platine, l'osmium et l'iridium, et forme des dissolutions métalliques dont ces métaux peuvent être retirés au moyen des alcalis. Ce liquide blanc est ce qu'on nomme communément eau forte dans le commerce; l'eau seconde est l'acide nitrique affaibli ou étendu d'eau.

ACIDE SULFURIQUE. Il est blanc, liquide, oléagineux, inodore; il rougit fortement la teinture de tournesol, et noircit tous les corps végétaux qu'il touche. Il attaque presque tous les métaux, hors ceux que nous avons excepté, pour l'acide nitrique; mais, pour qu'il se combine avec plusieurs d'entre eux, il a besoin d'être chauffé jusqu'à 100 degrés et même davantage, il forme alors des sulfates qui ont les métaux pour base. On peut également au moyen de alcalis en retirer les oxides. On nomme cet acide vulgairement huile de vitriol; il peut être considéré aussi comme un poison très-dangereux. C'est en brûlant du soufre dans une chambre de plomb qu'on obtient l'acide sulfurique.

ACIDE HYDROCHLORIQUE, autrefois nommé esprit de sel marin fumant, et dans ces derniers temps acide muriatique, et aujourd'hui hydrochlorique, est un gaz transparent, incolore, très-soluble dans l'eau et répandant dans l'air des vapeurs blanches; il exhale une odeur piquante et malsaine, et rougit fortement la teinture de tournesol. Il s'obtient en traitant le sel marin (hydrochlorate de soude) par l'acide sulfurique; dans cette opération, l'acide sulfurique s'empare de l'alcali et forme un sulfate de soude, tandis que l'acide hydrochlorique se dégageant à l'état de gaz, vient se dissoudre dans des flacons pleins d'eau. Le corps le plus propre à faire reconnaître la présence de cet acide est l'argent. La plus petite parcelle de la dissolution acide de ce métal suffit pour y faire remarquer un précipité blanc insoluble dans l'eau. L'acide hydrochlorique qu'on rencontre dans le commerce est souvent d'une couleur jaune; il la doit à la présence du fer qui se trouve toujours uni au sel marin.

ACIDE HYDROCHLORONITIQUE, anciennement nommé eau régale est dû à l'union des acides nitrique et hydrochlorique dans la proportion d'une partie du premier marquant 36 degrés et 3 du dernier. Ces acides, qui, pris isolément, n'exercent aucune action sur l'or ni sur le platine, acquièrent cependant, lorsqu'ils sont unis, la propriété de dissoudre ces métaux et de former des sels avec eux. Au moment où l'on fait le mélange de ces deux acides, il se produit une effervescence avec dégagement de chaleur, le composé prend alors une assez belle teinte orangée.

Les acides sont des réactifs qui servent dans les analyses chimiques. Par exemple, lorsqu'un fabricant rencontre une terre quelconque, et qu'il veut se convaincre qu'elle n'appartient pas à la classe des terres calcaires, il n'a pour cela qu'une très-simple expérience à faire : elle consiste à verser sur la terre réduite en poudre fine une petite quantité d'acide nitrique ou sulfurique; s'il y a effervescence ou bouillonnement, c'est une preuve que la carbonate de chaux domine; s'il n'y en a point, cela annonce que cette terre ne contient que très-peu ou point de carbonate de chaux. Les acides, à l'aide de la chaleur, dissolvent presque toutes les substances qui entrent dans la composition des terres, excepté le silex.

AFFINITÉ. Ce mot signifie la tendance qu'ont certaines substances de nature différente à se combiner entre elles, et à former ensemble un composé jouissant tout-à-fait d'autres propriétés que celles qu'affectaient les parties constituantes isolées. C'est ainsi que le sel marin, composé par affinité de soude et d'acide hydrochlorique en proportions convenables, est une substance d'une saveur agréable, puisqu'on en fait usage pour rehausser le goût des alimens tandis que les deux corps qui le composent étant séparés, sont des poisons très-dangereux. Lorsque, dans une dissolution métallique par un acide, on verse une autre dissolution d'alcali, on voit sur-le-champ le phénomène de l'affinité; car l'acide ayant une plus grande affinité avec l'alcali que pour le métal avec lequel il est combiné, quitte ce dernier pour se joindre au premier, et laisse le métal en liberté : celui-ci tombe au fond du vase; on dit alors que l'affinité de l'acide pour l'alcali est plus grande que l'affinité de ce même acide pour le métal.

AGRÉGATION. Se dit d'un corps dont les parties s'accumulent les unes sur les autres pour former une masse compacte. *Désagrégation* veut dire désunion des parties qui formaient le volume d'un corps. (Voyez Grès.)

AIGUILLE TRIANGULAIRE (l') est un outil en fer qui a la forme d'un triangle dans son épaisseur. L'aiguille doit être aiguë; c'est par son moyen qu'on fait aux gasettes les trous par lesquels on passe les pernettes qui doivent soutenir les rondeaux ou bien les vaisselles plates.

L'aiguille triangulaire est garnie d'un manche de bois; emmanchée, elle ressemble parfaitement bien à une lime à trois coins, excepté qu'elle est beaucoup plus grosse que ne le sont ordinairement ces dernières.

AIR ATMOSPHÉRIQUE. C'est celui que nous respirons; il forme cette enveloppe extérieure qui s'élève, dit-on, à 15 ou 16 lieues au-dessus de notre sol. Il paraît que plus l'air est éloigné de la surface du globe, plus il devient rare et léger. L'état de l'air atmosphérique contribue puissamment au développement du tirage dans un four à faïence. Sans sa présence dans de certaines proportions, comme nous l'avons dit, le feu languirait et finirait par s'éteindre; aussi faut-il que le fabricant prenne les plus grandes attentions pour que l'entrée et la sortie de l'air dans un four soient dans un rapport tel qu'il puisse suffire pour opérer la combustion rapide et entière du combustible qu'on introduit avec abondance dans les allandiers.

L'ancienne chimie considérait ce fluide comme un corps simple; mais une infinité d'expériences, dont les plus heureuses sont dues au célèbre Lavoisier, ont été faites sur la fin du dernier siècle, et ont démontré que l'air atmosphérique était composé de 79 parties d'azote et de 21 d'oxigène, d'un atome d'acide carbonique et d'un peu d'eau en vapeur. L'oxigène est le principe et l'élément essentiel de la respiration et de la combustion. (Voyez OXIGÈNE.)

AIRE. (l') du four est la partie sur laquelle on pose les gasettes pleines de vaisselles. La principale condition que l'aire exige, c'est d'être parfaitement de niveau.

ALLANDIERS (les) sont les parties du four qui ressortent à l'extérieur. Leur plus grande ouverture est placée en dessus, c'est par-là que l'on introduit le bois; celle qui donne dans le four et qui livre passage à la flamme vient ensuite; la plus petite est placée au niveau du sol. Le nombre des allandiers dépend toujours de la grandeur du four et de l'espèce de combustible qu'on se propose de brûler. Cependant quelque petit que le four puisse être on n'y pratique jamais moins de trois allandiers, en admettant que les fours soient ronds, comme il faut faire en sorte qu'ils le soient toujours, attendu que les fours carrés sont d'un très-mauvais service. Les allandiers sont quelquefois appelés bouches du four.

ALCALIS. Les alcalis sont des substances d'une saveur âcre, brulante, et qui ont la propriété de verdir les couleurs bleues végétales. Les alcalis sont solides et se dissolvent facilement dans l'eau, ce qui offre un grand moyen de les purifier; ils ont une inconcevable tendance à s'unir avec les acides et forment des sels à différens degrés de saturation de la part des acides. Ces alcalis servent aussi à la fabrication du verre; exposés dans un creuset en contact avec la silice à une haute température, ils la dissolvent avec effervescence et donnent un produit vitrifié d'autant meilleur que la chaleur a été plus intense et l'alcali en moindre quantité. Il y a trois espèces d'alcalis : la soude, la potasse et l'ammoniaque.

ALUMINE. C'est une terre blanche, douce au toucher, happant à la langue, infusible à la chaleur la plus forte de nos fourneaux de verreries. Cette terre fait la base de l'alun et de toutes les argiles. Elle est abondamment répandue dans la nature; mais la grande tendance qu'elle a à s'unir avec les oxides métalliques, est cause qu'elle n'est jamais pure; aussi la rencontre-t-on toujours accompagnée d'une grande quantité de silice, d'une plus ou moins grande quantité d'oxides métalliques (et c'est souvent le fer), de carbonate de chaux, etc.

Quoique l'alumine soit absolument infusible lorsqu'elle est seule, cependant étant jointe à la silice en de certaines proportions, elle devient susceptible d'entrer en fusion et forme un corps translucide qui ressemble assez à la porcelaine. C'est sans doute ce phénomène qui aura mis sur la voie de la découverte de la faïence. L'alumine a aussi la propriété de rendre beaucoup plus fixes les oxides colorans sujets à disparaître au coup de feu. Sous ce rapport, elle peut être d'un usage précieux pour ceux qui confectionnent les couleurs propres à peindre sur porcelaine et sur faïence.

ANALYSE. On appelle analyse une opération qui a pour objet la décomposition d'un corps, c'est-à-dire la séparation de ses diverses parties constituantes. On reconnaît qu'une analyse a été bien faite, quand, après avoir opéré sur des corps inorganiques, et en faisant réagir les uns sur les autres un même poids des substances extraites, on fait renaître le même corps avec les mêmes propriétés dont jouissait celui qui a été décomposé par l'analys. On appelle cette seconde opération la synthèse. En conséquence, l'analyse est la décomposition d'un corps, et la synthèse sa recomposition : mais la seconde opération n'est pas toujours praticable, car les matières organiques telles que celles qui appartiennent au règne végétal et animal, ne peuvent se composer de toutes pièces avec les substances que l'analyse a fait reconnaître en elles. Cette impossibilité résulte de la nécessité d'employer la chaleur qui gazéifie ou fait disparaître une partie des corps que l'on met en contact.

Comme les corps que les manufacturiers de faïence ont besoin de soumettre à l'analyse, sont tous du règne minéral, ils peuvent aisément faire l'opération de la synthèse pour s'assurer si l'analyse a été bien conduite, car la synthèse est à l'analyse ce que la preuve est à un calcul arithmétique. Le fabricant ne peut trop se familiariser avec l'analyse; elle est pour lui un guide sûr qui lui fera connaître si une terre est propre à la confection des faïences et gasettes; avec son aide il lui sera loisible de décomposer tous les produits vitrifiés, et d'en déterminer avec précision les parties constituantes, leur nombre et les qualités respectives. Ces avantages devraient certes engager tous les manufacturiers à se mettre à même de bien savoir faire une analyse; je voudrais même qu'ils ne commençassent leur entrée dans la fabrication que par l'étude de la chimie;

bientôt le goût et le besoin de la minéralogie et de la physique se feraient sentir. Une fois entré dans une science, le désir d'en connaître une autre naît naturellement, et comme elles sont enchaînées et se tiennent, pour ainsi dire, par la main, on pourrait espérer qu'en suivant cette marche tous les manufacturiers seraient aussi instruits qu'ils doivent l'être, et que le plus grand nombre d'entre eux ne devraient plus avoir recours à des tiers, lorsque leurs manipulations sont entravées par des manques de réussite dont les causes sont au-dessus d'eux.

ANTIMOINE. C'est un métal blanc-gris très-brillant, mais qui ne peut s'étendre sous le marteau ; au contraire, il se pulvérise avec facilité dans un mortier de fer et donne une poudre grise qui tache fortement les doigts. L'antimoine donne de très-beaux jaunes pour les couleurs sur porcelaine et sur faïence.

APYRE. Cet adjectif s'emploie pour désigner l'infusibilité d'une substance ; c'est ainsi qu'on dit que la silice, l'alumine, la chaux, dans leur état de pureté et isolées, sont des matières très-apyres.

ARGILE. L'argile est une terre qui se rencontre assez abondamment sur plusieurs points du globe à des profondeurs plus ou moins considérables ; elle est onctueuse, douce au toucher ; elle happe fortement à la langue. Lorsqu'elle est bien séchée et qu'on la plonge brusquement dans l'eau, elle l'absorbe avec avidité et sifflement ; elle s'y délaie et forme avec le liquide une pâte d'un si grand liant qu'elle peut se travailler sur le tour à potier et prendre toutes sortes de formes. Elle acquiert par la cuisson une telle dureté qu'elle fait feu par le choc du briquet. Les argiles qui sont blanches semblent être celles qu'on doit préférer pour tous les usages auxquels elles sont appliquées ; cependant il en existe de grises, bleues, de brunes, de noires même, qui après leur cuisson deviennent blanches : alors c'est que leur coloration était due à des substances végétales, animales, ou bitumineuses, qui ont la propriété de se volatiliser par la chaleur. Les argiles au contraire qui, de blanches qu'elles pouvaient être avant leur calcination, sont devenues colorées après l'avoir subie, renferment nécessairement des oxides métalliques qui leur donnent la couleur que le feu développe chez elles. Ces terres sont ordinairement fusibles, et ne sont pas propres à la confection des gasettes et des briques réfractaires qui doivent supporter un grand feu. Outre les oxides métalliques, le carbonate de chaux peut rendre une terre fusible lorsqu'il y domine en trop grande quantité; alors cette terre n'est plus au nombre des argiles, elle trouve son rang dans la classe des marnes.

Les substances qui constituent le plus ordinairement les argiles sont la silice, l'alumine, l'oxide de fer et le carbonate de chaux.

AXE DU TOUR. C'est la verge de fer qui passe au milieu de la roue de volée et qui à sa partie supérieure, est attachée entre les coussinets tandis que l'inférieure repose sur une crapaudine en fer fondu ou en silex dur. (Voyez la Tige du tour.)

AZUR. Il est composé d'oxide de cobalt, de sable et d'alcali. C'est le produit d'une vitrification de ces trois substances; il en résulte un verre presque noir. On pulvérise cette masse, on la passe sous la meule jusqu'à ce que la poudre en soit réduite en bouillie épaisse, ensuite on y introduit de l'eau, puis on décante à différentes époques pour avoir plusieurs degrés de finesse, ce qui constitue les azurs de première, seconde et troisième qualités. L'azur est d'autant plus beau qu'il est plus exempt d'oxide de fer.

BALLE. Les balles sont de petites parties de terre arrangées en forme de petits boulets ronds, de la grosseur calculée sur la grandeur des pièces que le tourneur doit ébaucher. Les balles, pour que les vases aient une grande régularité, doivent être pesées, afin qu'il n'y en ait pas de plus fortes les unes que les autres, ce qui apporte, il est vrai, quelque retard dans le travail. Le tourneur ne fait de balles qu'après avoir bien battu et corroyé la terre ; il les arrange en tas à sa droite sur la table de son tour.

BALLON. Le ballon diffère de la balle en ce que la dernière est destinée pour l'ébauchage d'une pièce, et qu'elle doit toujours être du volume de cette pièce, tandis que le ballon est une masse de terre pesant plus ou moins de 12 à 15 kilogrammes. C'est le marcheur de terre qui fait les ballons : dès qu'il a terminé sa marche, il assemble la matière par morceaux, il en fait des blocs longs qu'on appelle ballons.

BARBOTINE. La barbotine est de la terre de faïence délayée en bouillie plus ou moins épaisse ; elle est absolument nécessaire lorsqu'on veut souder les pieds, les anses ou les ornemens des vases qui sont de plusieurs pièces. Par son interposition entre ces pièces et le corps des vases, la barbotine fait la fonction de soudure et joint les pièces avec une grande solidité, et quelquefois au point que si le vase vient à se casser après la cuisson, la fracture n'a presque jamais lieu dans l'endroit de cette soudure ; mais pour cela il faut qu'elle ait été faite avec beaucoup de soin et que la barbotine ait été introduite jusque dans les plus petites fissures qui pourraient exister. Toutes ces attentions constituent l'art du garnisseur. La chose la plus essentielle à observer dans la barbotine, c'est qu'elle soit faite avec une terre semblable en tous points à celle dont la pièce est composée, c'est-à-dire qu'elle ait la même fusibilité et le même retrait ; sans cette condition d'une extrême rigueur on n'obtiendra jamais que de fort mauvais soudages.

BATTE (la) est un instrument en plâtre qui sert à faire la croûte pour le moulage des assiettes, des plats, des compotiers, etc. La batte ressemble pour la forme à une bouteille à vin qui serait tronquée dans le milieu et dont le goulot représenterait la partie qu'on tient en main pour le maniement : seulement, dans la batte, tout est dans une proportion plus grande.

BATTITURES. Les battitures sont des écailles qui se détachent d'un morceau de fer, lorsqu'on le chauffe au rouge blanc et qu'on le frappe avec un marteau. Les serruriers et les maréchaux font abondamment de ces battitures dans l'exécution de leur travail; elles ne sont autre chose que du fer oxidé dans lequel l'oxigène entre de 24 à 28 pour 100. Cette substance est employée pour obtenir différentes teintes de noir et de brun foncé, dans les couleurs propres à peindre sur porcelaine et faïence, etc.

BATTRE LA TERRE. Cette opération, indispensable pour obtenir des produits avantageux sous tous les rapports, consiste à frapper fortement la terre avec un maillet de bois. Par cette opération on parvient à rendre la terre beaucoup plus malléable et à lui donner un caractère d'onctuosité qu'elle aurait été loin d'atteindre sans cela : aussi arrive-t-il qu'une terre qui quelquefois se montre rebelle à l'ébauchage, y devient propre après avoir été battue.

BANDE DE FER-BLANC (la) est un large cerceau désuni dans un des points de sa circonférence. Cette bande de fer-blanc, avec laquelle on entoure les mères de moules au moment où l'on veut couler ces derniers, sert à retenir le plâtre liquide qui s'échapperait sans elle. Dans son milieu se trouve un petit anneau soudé auquel on attache une ficelle pour fixer la bande de fer-blanc au moule dont on fait usage.

BISCUIT. On donne ce nom à la vaisselle de faïence cuite une fois à un léger coup de feu. Le vase en cru qu'on place au-dessus de l'émail dans la partie supérieure du four donne le bis-cuit après la cuisson. Il faut toujours en mettre une assez grande quantité pour pouvoir fournir une fournée d'émail; cette précaution est de rigueur, car si l'on manquait de bis-cuit pour la fournée qui doit suivre, l'opération ne rapporterait que peu de chose et les frais de combustible seraient les mêmes.

BOIS. (Voyez COMBUSTIBLE.)

BORAX. Le borax est un sel composé d'acide borique, de soude et d'eau ; ce dernier corps y figure plus que pour la moitié de son poids. Lorsqu'on chauffe le borax dans un creuset il se gonfle considérablement, fume, perd son eau de cristallisation, et bientôt il entre en fusion, si le feu est continué, en formant un verre très-blanc, fort léger et jouissant d'un grand brillant. Cet éclat disparaît au bout de quelques jours d'exposition à l'air ; alors le borax devient terne et un peu rude au toucher. Le borax est une substance précieuse par suite du rôle qu'elle joue dans toutes les couvertes, les émaux et les compositions de pâtes dans lesquelles elle peut entrer à la fois comme partie constituante et comme fondant. Le borax sert beaucoup dans la fabrication des couleurs propres à peindre sur porcelaine et faïence.

BOUCHES DU FOUR. (Voyez Allandiers.)

BOULES PYROMÉTRIQUES. Ce sont de petits morceaux de terre réfractaire dans laquelle on introduit un oxide colorant dont la couleur ne se développe qu'à un degré de chaleur connu, degré qui est celui qui convient à la cuisson d'un produit quelconque en poterie ; de sorte que quand on voit que les boules pyrométriques ont acquis la coloration qu'elles doivent avoir, on cesse d'introduire le combustible dans les allandiers. Cette méthode d'apprécier les degrés de chaleur n'a point été jusqu'ici appliquée en France à la cuite de la faïence ; mais elle est très-usitée en Angleterre pour la porcelaine tendre, faïence fine, grès, etc. Les oxides dont on se sert pour la coloration sont ceux de cuivre et de fer ; ils sont très-propres à cet usage, en ce que ces oxides changent de couleur lorsque la chaleur est trop intense, ce qui annonce au manufacturier l'époque précise d'une cuisson parfaite. L'emploi de ces boules semble nous promettre un grand avancement dans la pyrotechnie ou l'art de conduire le feu ; sous ce rapport elles méritent d'être étudiées avec persévérance par nos fabricans.

BRAISE (la). On appelle ainsi un amas de combustible réduit en charbon, qui se rassemble dans le fond des allandiers. Cet amas a lieu particulièrement dans le cas où le four n'a pas assez de tirage, parce qu'alors toutes les parties du combustible ne peuvent se consumer au fur et à mesure qu'il est introduit : le résidu charbonneux se sépare au bas des allandiers et obstrue le passage de l'air atmosphérique. C'est le plus grand inconvénient qu'un four puisse avoir : on tâche d'y remédier en ôtant de temps à autre la braise qui s'accumule de plus en plus. (Voyez le mot DEBRAISER.)

BROYER. C'est une opération qui a pour objet l'extrême division de l'émail ; elle se fait dans les cuvelles munies de meules dont l'une est fixe et inférieure ; et l'autre mobile et supérieure. Le broiement de l'émail est l'une des principales opérations de l'art de fabriquer la faïence.

CADRE (le). C'est un assemblage de barre de bois formant un carré long. L'épaisseur du cadre règle toujours celle de la gasette. Il y a des cadres de plusieurs grandeurs ainsi que des tambours, puisque les uns sont faits pour les autres, mais l'épaisseur est à peu près la même pour tous car les petites gasettes comme les grandes devant supporter un grand feu quand elles tombent dans la partie inférieure, elles doivent avoir la même force, le cadre est un objet indispensable dans la confection des gasettes.

CALLER LA VOUTE. C'est une opération qui consiste à entasser des morceaux de tuiles cuites dans les jours qui peuvent exister à la partie supérieure de la voûte. Rien n'est plus propre à donner une grande solidité à la couronne que cette manipulation ; aussi ne faut-il jamais la négliger.

CALCINATION. C'est une opération qu'on fait subir à certains corps pour en dégager quelques principes tels que l'eau des acides ou des gaz, et leur en faire absorber d'autres tels que l'oxigène et quelquefois pour détruire la force d'agrégation d'un corps dur, comme dans les pétungrès, les silex et les grès. Ce terme de calcination ne s'applique bien qu'aux pierres calcaires lorsqu'on les convertit en chaux quant aux métaux. (Voyez Oxidation.)

CALCINE. On appelle calcine, dans les manufactures de faïence, le mélange d'oxide de plomb et d'étain, en quelque proportion que ce soit, qui constitue l'émail blanc. La calcine est ordinairement composée de 20, 25, et quelquefois 30 parties d'étain sur 100 de plomb.

CALCINER. C'est exposer les pierres et les métaux susceptibles de calcination, à l'action du feu.

CALORIQUE. Le calorique est un fluide impondérable capable de se mouvoir en différens sens, sous forme de rayons ainsi que la lumière. Ce corps tend constamment à se mettre en équilibre, et la plus grande preuve qu'on en peut acquérir, c'est de placer un corps froid près d'un corps chaud : on ne tardera pas à s'apercevoir que le calorique passe de l'un à l'autre avec plus ou moins de vitesse, selon que les deux corps sont plus ou moins conducteurs du calorique. Ce passage se fera jusqu'à ce que les deux corps soient au même degré de température ; alors il n'y aura plus d'émission ni d'un côté ni de l'autre quant à eux. Mais bientôt, si le calorique cesse de leur être appliqué, ils descendront à la température de l'atmosphère, parce que d'autres corps environnans et l'air lui-même auront absorbé à leur tour le calorique qu'ils émanaient, et ainsi de suite jusqu'à ce que l'équilibre soit parfaitement rétabli.

Le calorique joue un rôle tellement important dans l'art de la faïence, qu'il est essentiel de se rendre compte des principaux phénomènes qu'il produit. La principale chose à laquelle il faut faire attention, c'est de ne pas confondre la chaleur avec le calorique, car la première est l'effet, et le second la cause. Le calorique existe, et la chaleur n'est que le résultat de son développement et de sa mise en liberté causée par un frottement quelconque ou par la combinaison intime de plusieurs substances entre elles, ayant une grande affinité l'une pour l'autre; tels sont l'acide sulfurique et l'eau, qui, mêlés ensemble dans de certaines proportions, produisent un dégagement de calorique et par suite la sensation connue sous le nom de chaleur, telles sont encore les combinaisons de l'oxigène avec les principes combustibles des bois et des charbons de terre.

Tous les corps ne sont pas également conducteurs du calorique. Les métaux, en général, jouissent de cette propriété plus éminemment que les terres, et ces dernières plus encore que les pierres et toutes les substances végétales. Quant aux terres qui sont les corps qu'il nous importe de connaître, on peut augmenter en elles la capacité de retenir ou de laisser échapper plus ou moins le calorique. Par exemple si l'on veut avoir des briques qui retiennent opiniâtrément ce fluide à l'intérieur des fours, on doit mettre le moins de ciment possible dans le mélange de la terre avec laquelle on doit les confectionner, ou faire en sorte que ce ciment soit d'une grande finesse; car, en agissant ainsi, on laisse dans la brique moins de pores par où le calorique puisse s'échapper. Cette proportion peut seule contribuer à une économie considérable dans l'emploi du combustible, et mérite en conséquence de fixer l'attention du manufacturier.

CARBONATE DE CHAUX. Sous ce nom de carbonate de chaux, on comprend toutes les pierres calcaires cristallisées ou non; elles ont la chaux pour base et l'acide carbonique pour principe acidifiant. Dans cette classe sont comprises les pierres éminemment calcaires, les craies, les marbres, et une espèce d'albâtre. Le carbonate de chaux est diversement coloré, tel est le marbre que des veines bleues, rouges, vertes, traversent dans tous les sens. Les pierres qui n'offrent aucun avantage pour la fabrication des objets de luxe sont employées à faire de la chaux; c'est en les exposant à une assez haute température dans des fours appropriés qu'on parvient à en chasser l'acide carbonique et à recueillir pour résidu une chaux plus ou moins supérieure, quant à la qualité, selon la nature des principes constituans de la pierre. Il en existe des carrières immenses qui s'exploitent à ciel ouvert dans les environs de la ville de Tournay, en Belgique ; le carbonate qui s'exploite en cet endroit, affecte un gris-bleu foncé assez vif ; il fournit d'ailleurs une chaux qui passe à juste titre pour une des meilleures qui existent.

CARCASSE DU TOUR. Elle est formée de diverses pièces de bois et de planches assemblées entre elles et scellées dans le sol.

CARNAUX. Les carnaux sont des trous carrés pratiqués dans l'étendue de la voûte du four ; ils servent à l'échappement de la fumée et de la flamme qui vient des allandiers. Quand le four tire trop fort, c'est-à-dire quand la flamme ne séjourne pas assez dans l'intérieur et qu'elle s'écoule comme par torrens à travers les carnaux sans augmenter sensiblement l'intensité de la chaleur dans le lieu où sont placées les gasettes, on pose une tuile sur deux petites colonnes plus ou moins hautes qu'on forme de chaque côté des carnaux avec des briques. Par ce moyen on interrompt un peu l'aspiration qui cause le trop de tirage.

CENDRIER. Le cendrier est la partie d'un foyer dans laquelle tombent toutes les cendres qui proviennent du combustible. Les allandiers des fours faits pour consumer du bois n'ont point de cendrier, mais ceux destinés à brûler du charbon de terre doivent nécessairement en être munis, afin que les scories puissent trouver un passage et tomber au-dessous du foyer, et que l'air ait plus de facilité pour s'introduire et alimenter la combustion.

CHALEUR. C'est l'impulsion que le calorique mis en liberté fait sur nos sens ; ses degrés sont mesurables par le thermomètre jusqu'à l'ébullition de l'eau ; passé cette limite, on ne peut plus le faire qu'avec le pyromètre.

CHAMBRE A FEU. C'est la partie basse ou plutôt le dessous de la première voûte du four carré qui servait à cuire l'ancienne porcelaine de Sèvres. Aujourd'hui même encore la plupart des fabricans de faïence à pâte rougeâtre couverte d'un émail blanc rendu opaque par l'oxide d'étain, se servent de ces fours avec le plus grand tort; car ils consument plus de combustible que les fours ronds, et ne donnent point de résultats aussi satisfaisans.

CHEMINÉE. C'est la partie du four qui s'élève dans l'air au-dessus du bâtiment dans lequel le four est construit. Pour que le tirage de la flamme soit actif dans tous les instans de la cuisson de la faïence, il faut que la cheminée du four surpasse en hauteur tout ce qui l'entoure; car si cela n'était pas, les vents pourraient grandement contrarier le tirage. L'ouverture supérieure de la cheminée doit toujours être en rapport avec celle des allandiers et des carnaux, afin que l'aspiration du four soit continue pendant toute la cuisson, en supposant même que le combustible couvrît le dessus des allandiers. Tout l'art de construire un four à faïence consiste dans les justes proportions qu'il faut mettre entre l'entrée et la sortie de l'air, ainsi que nous l'avons dit à l'article COMBUSTIBLE.

CHEMISE. On appelle la chemise du four le dernier rang de briques qui forment l'intérieur. Quelquefois, pour économiser les frais, on se contente de ne mettre en briques que ce seul rang, la voûte et les allandiers. Le reste de la bâtisse se compose de grosses pierres de taille ou de grès. Dans tous les cas, on peut ne construire en briques réfractaires que la chemise et les autres parties que l'on vient de désigner : quant à l'épaisseur des gros murs de circonférence, tant du globe que de la cheminée, ils peuvent être bâtis en briques communes.

CHIMIE. La chimie est la science qui a pour objet l'étude des divers corps de la nature et de ceux qui résultent de leur union ou combinaison deux à deux, trois à trois, etc. Le maître de fabrique ne peut trop se familiariser avec cette science; elle sera pour lui un guide sûr qui le conduira dans l'explication de tous ou presque tous les phénomènes qui s'opèrent sous ses yeux : avec elle, la plupart des causes ne seront plus pour lui des mystères impénétrables; les effets les lui indiqueront aisément et lui feront connaître les changemens et les modifications qu'il doit apporter pour marcher droit au but. Combien de manufacturiers, pour avoir été privés des notions précieuses que donnent cette science et qui sont relatives à la fabrication, ont fait des pertes qu'ils auraient pu prévenir ou du moins réparer s'ils avaient été à portée de ces connaissances; aussi quelque temps qu'on puisse passer à s'instruire, on sera largement dédommagé de cet emploi de ses momens dans les occasions où la science peut être mise en pratique.

CIMENT. Le ciment est de la poudre de gasette pulvérisée avec soin : on a soin, dans les fabriques, de mettre de côté toutes les gasettes qui se cassent dans les cuissons successives, afin d'en faire du ciment. Pour cela, on s'y prend de deux manières. La première se pratique au moyen de la batte sur une pierre dure, et la seconde par les pilons, mus par le mécanisme du moulin. Cette dernière méthode est la plus économique sous tous les rapports, mais il faut apporter une attention extrême à ce que du coffre où se fait cette trituration il ne s'échappe quelques parcelles dans celui qui est contigu, et où se trouvent et se pulvérisent aussi des matières plus précieuses, telle que l'émail, etc. Il est vrai qu'il y a une séparation en travers du coffre; mais nonobstant cela, les plus minutieuses précautions sont indispensables.

CINTRES. Les cintres sont la surface intérieure des allandiers prise dans l'épaisseur des gros murs de circonférence et qui font l'arc. Ces parties du four reçoivent une chaleur considérable par la présence continuelle de la flamme qui sort du combustible, aussi faut-il qu'en ces endroits surtout, il y ait des briques extrêmement réfractaires. Cependant, alors même que cette condition est remplie, les cintres sont les parties qui se détériorent les premières dans les fours à faïence. On doit les reslaurer souvent, afin que les dégradations qui s'augmentent, progressivement n'obligent pas à des reconstructions presque totales.

COBALT. C'est un métal cassant très-difficile à fondre; son oxide, qui est rosé, est très-propre à colorer le verre en blanc. C'est même un caractère distinctif de ce métal qui sert à le faire reconnaître dans les essais minéralogiques au chalumeau. Le cobalt n'est d'usage, dans les arts, qu'à l'état d'oxide. On l'emploie en petites doses pour épurer les masses de verre dans les verreries lorsqu'elles semblent tourner au jaune. Introduit dans les mélanges en plus grande quantité, il donne des teintes bleues célestes qui augmentent en intensité, en proportion du volume d'oxide; l'azur, par exemple, n'est qu'une combinaison de cobalt, de silice et d'alcali. Quand cet oxide est totalement privé du fer et du nickel qui lui sont alliés, il fournit un bleu superbe pour la peinture sur porcelaine et sur faïence. Cette belle couleur, quoique fixe au feu ordinaire, a pourtant le défaut de se volatiliser en partie à une très-haute température; c'est ce qui se démontre parfaitement bien dans la cuisson de la faïence; car si l'on pose des vases dont les fonds soient en bleu de cobalt à côté d'autres en blanc, ces derniers sont nuancés d'une teinte bleuâtre occasionée par la présence du fond bleu contre lequel ils ont été cuits.

COLCOTHAR. On appelait anciennement ainsi le résidu de la calcination du sulfate de fer, qui est composé de fer, d'acide sulfurique et d'eau de cristallisation. Le fer, comme on le sait, est un métal susceptible de fournir plusieurs oxides à différens degrés d'oxidation, ce qui produit des couleurs qui varient du plus beau rouge au noir très-foncé. Le colcothar est l'oxide rouge. Ces oxides sont fort employés dans la confection des couleurs pour peindre la porcelaine et la faïence; on se sert même du colcothar pour la peinture en bâtiment, ainsi que pour le poli des glaces, etc. Il porte fréquemment dans le commerce le nom de rouge d'Angleterre.

COLIFICHETS. Ce sont trois petits colombins réunis par l'une de leurs extrémités et formant trois branches aplaties sur leur surface inférieure, mais pincées avec le pouce et l'index, à leur sommet, afin d'avoir un champ vif et aigu. Le colifichet se fait sur une planche ou sur un rondeau en plâtre : son usage est d'être placé sur les tuiles pour y recevoir le poids des vaisselles creuses en faïence blanche et brune, à l'effet d'empêcher le collage du bas des vases sur la tuile.

COLOMBIN. C'est un morceau de terre plus ou moins gros roulé en forme de baguette, sur une table ou sur une pierre, ou passé par un trou au moyen d'une presse à vis. Les colombins servent à fermer hermétiquement les gasettes les unes sur les autres quand on forme les piles à l'intérieur du four. On appelle aussi colombin l'amas de matière non broyée qui se dépose dans la circonférence de la cuvelle lorsqu'on triture l'émail; de même tous morceaux de terre longs, arrondis ou aplatis, soit pour mettre tour des mères de moules dans le moment qu'on coule le plâtre, soit pour faire les pieds de quelques vases, se nomment aussi des colombins.

COLOMBINER. C'est poser les colombins sur le champ des parois supérieures des gasettes quand on les empile pour effectuer l'enfournement.

COMBUSTIBLE. Sous le nom de combustible on comprend tous les corps simples ou composés qui sont susceptibles de se combiner avec l'oxigène. Les premiers ne sont pas de notre objet, et parmi les derniers nous ne faisons usage que de ceux que l'on désigne par le nom de bois ou charbon de terre qui sont des composés d'hydrogène, de carbone et d'autres substances liquides ou terreuses qui ne peuvent s'enflammer. Les bois qui sont les combustibles généralement employés dans les manufactures de faïence méritent d'être étudiés par le fabricant. Tous sont, il est vrai, composés des mêmes principes, mais ils diffèrent dans leurs proportions, et c'est cette différence qui constitue leur bonté ou leur infériorité ; on en peut dire autant des houilles ou charbons de terre.

COMBUSTION. La combustion a pour résultat le calorique dégagé pendant la combinaison de l'oxigène et du combustible. C'est ce que nous cherchons à fixer dans une capacité donnée pour effectuer la cuisson des produits que nous exposons à son action. Pour que cette condition ait lieu, il faut une réunion de plusieurs circonstances dépendantes l'une de l'autre : 1° fournir sans cesse la quantité de combustible qui sert d'aliment à la chaleur ; 2°, resserrer cette action dans un espace où elle puisse se concentrer ; 3° diriger cette action vers un même point ; 4° permettre à l'air atmosphérique d'entretenir et d'accélérer convenablement la combustion dans les foyers. Si l'une ou l'autre de ces conditions manque, c'est en vain que l'on s'efforcera de faire monter la température jusqu'au degré nécessaire pour la cuisson parfaite de la faïence.

COMPOSITION. On nomme composition, en terme de fabrique, la réunion de plusieurs terres nécessaires pour former une poterie quelconque. Chaque genre a la sienne qui lui est propre, c'est la chose qui constitue ce qu'on appelle le secret du fabricant. A la vue d'un produit, celui qui connait bien son art, peut en quelque sorte deviner la manière dont est faite la composition : tout doit lui servir d'indice : la résistance qu'une pièce offre à la casse, son poids spécifique, sa texture, son grain, sa transparence ou son opacité, son degré d'infusibilité ou de fusion sont autant d'élémens qui le mettent sur la voie. Cependant l'analyse chimique est plus propre à faire connaître d'une manière précise les parties constituantes d'un composé, et c'est à elle qu'il faut avoir recours lorsqu'on veut juger d'une manière incontestable.

Les compositions de terre propres à la fabrication des poteries doivent toujours se trouver dans des rapports tellement en harmonie avec les émaux ou les couvertes qui sont destinées à les revêtir, que les unes et les autres puissent s'identifier si bien et contracter une si parfaite adhérence entre elles par la cuisson qu'elles semblent ne faire qu'un corps. Sans cela les produits seraient ce qu'on nomme trézaillés, ce qui leur ôte beaucoup de leur prix de vente.

COQUE D'ŒUF. C'est un défaut qu'on remarque quelquefois et même assez souvent à certaines faïences. Il provient toujours de ce qu'il n'y a pas d'harmonie entre la terre et l'émail. Ce défaut se manifeste par un aspect un peu terne dans l'émail. Celui-ci fourmille d'une infinité de petits points dans toute la surface des pièces. L'omission de l'engommage des gazettes peut encore produire cet inconvénient; un émail trop dur et un luisant trop poreux le font paraître infailliblement.

COUSSINET. Les coussinets sont deux petites bandes de cuivre emboîtées dans leur milieu de manière à former un canal propre à recevoir l'axe ou la verge du tour qui sert à la confection des pièces de faïence. Ils doivent embrasser la tige dans tous les points de leur largeur, afin qu'elle ne vacille nullement dans sa marche.

CRAPAUDINE. C'est un cube plus ou moins gros en cuivre fondu, dans lequel il y a un trou qui reçoit l'extrémité inférieure de l'axe vertical du moulin ou de la tige du tour à faïence; dans le dernier cas cependant on substitue quelquefois à la crapaudine en cuivre un silex pyromaque dont la cassure est éminemment conchoïde. On choisit pour cela une surface qui présente une cavité qui puisse recevoir le pivot.

CROUTE. Lorsque la terre est étendue en rond sur une épaisseur de 5 à 8 millimètres plus ou moins, on appelle cela une croûte. Cette croûte sert à former les vaisselles en les appliquant sur les moules creux ou en bosse. Il y a deux manières de faire la croûte, la première par le moyen de la batte, l'autre par celui du rouleau et des règles en bois. Toutes deux s'exécutent sur une pierre très-plane.

CREVASSE. Ce sont des fentes qui naissent dans l'épaisseur des gros murs de circonférence lorsqu'on fait de trop grands feux dans les allandiers avant que le four ne soit tout à fait purgé d'humidité. On doit avec soin éviter ces sortes de défauts, en considérant que ce sont autant d'ouvertures qui servent d'issues au calorique, qui se perd au préjudice des pièces de faïence renfermées dans les gasettes.

CULARDS. On appelle culards, en fabrique, les pièces de bois difficiles à fendre et qui appartiennent au tronc de l'arbre et à la partie qui touche aux racines; ces bûches sont mises à part, elles servent à l'aliment des longs feux dans le commencement de la cuisson de la faïence.

CUILLÈRE. La cuillère est une espèce de plateau creux, de bois, attaché à un manche fort court ; elle sert à puiser le liquide broyé des cuvettes lorsque ces dernières n'ont point de chante-pleure.

CUISSON. C'est l'opération par laquelle on termine la fabrication des vaisselles de faïence. On sait, d'après ce qu'on a pu remarquer dans le chapitre spécialement consacré à cette opération, avec quels soins, quelle précision et quelle attention elle doit être conduite ; je n'y ajouterai rien de plus ici, si ce n'est une condition qu'on ne saurait trop recommander, c'est qu'il faut toujours, pour cette partie si essentielle des manipulations, employer des sujets experts dans l'art de conduire le feu.

CUIVRE. Métal rouge très-malléable. En le calcinant avec le contact de l'air on en obtient un oxide plus ou moins noir, qui jouit de la propriété de colorer les matières vitrifiables en vert. Cet oxide de cuivre, mélangé avec celui d'étain, donne un blanc rouge très-agréable et tirant sur le purpurin. Il est grandement employé dans la confection des couleurs en émail, mais il le serait davantage si l'oxide de chrôme, beaucoup étudié depuis peu de temps par plusieurs chimistes s'occupant de couleurs, n'avait pas été reconnu pouvoir remplacer avec succès le cuivre dans la plupart de teintes vertes.

DÉCHET. Le déchet est le plus grand ennemi du manufacturier et la cause destructive de tout établissement dans lequel il a lieu trop abondamment. C'est lui qui constitue la nullité de la valeur des produits; une pièce de vaisselle que ces défauts mettent hors de vente est une pièce en déchet dans toute l'acception du terme. D'après cela, un vase de faïence susceptible d'être apprécié à une valeur quelconque, quelque minime qu'elle soit, n'est pas ce qui s'appelle un déchet, mais un rebut. Cependant la grande quantité de rebut qui peut exister dans un four équivaut à un énorme déchet, et cause souvent la ruine du fabricant si le déchet n'est point compensé par quelques réussites. On ne dit pas: Telle manufacture est tombée pour n'avoir fait que du déchet, mais on peut dire: Parce que les fours n'apportaient que du rebut ou des choix inférieurs.

DÉCOMPOSITION. Ce mot est synonyme d'analyse. (Voyez ANALYSE.)

DESSICATION. La dessication est un passage insensible de l'état mou à l'état solide. Un vase de faïence qui vient d'être ébauché est dans le premier cas; pour qu'il arrive dans le second sans avaries il y a plusieurs précautions à prendre: la principale c'est de ne pas l'exposer tout à coup à un air trop vif, car la déformation ou la perte de la pièce en serait la suite. Pour éviter ces accidens il faut donc, dès que le vase est ébauché, le garantir d'un passage trop brusque d'une température a l'autre, en l'exposant dans un lieu où la dessication puisse s'opérer par degrés insensibles: alors on obtiendra les résultats les plus heureux.

EAU. L'eau est un liquide très-abondant dans la nature; mais il est rare de la rencontrer parfaitement pure, parce que circulant dans le sein de la terre à travers une infinité de crevasses, elle dissout dans son cours les substances qu'elle peut attaquer, telles que des hydrochlorates, des nitrates, des sulfates, etc. Pour l'obtenir à l'état de pureté on doit la soumettre à la distillation ou recueillir celle qui tombe en pluie. L'eau est d'une nécessité absolue dans un grand nombre de manipulations qui ont lieu dans l'art de la faïence. Les eaux dont on se sert habituellement sont les eaux de source. On dit, mais je ne sais jusqu'à quel point on doit y ajouter foi, que les eaux qu'on recueille pendant un orage sont propres à accélérer la fermentation de la terre dans les fosses, et l'on sait que cette fermentation donne à la terre une tenacité et un liant qui la rendent extrêmement facile au travail du tour. L'eau est composée de 88,29 d'oxigène et de 11,71 d'hydrogène. D'après une semblable composition on doit s'étonner que l'eau soit aussi éminemment propre à l'extinction des corps enflammés ; mais il faut s'imaginer qu'elle ne le fait que lorsque son volume est trop grand relativement à celui de la flamme, tandis qu'en petite quantité elle anime et active au contraire la combustion d'une manière très-marquée, témoin l'ardeur avec laquelle un incendie se propage dans les momens où il fait une petite pluie, témoin encore l'eau que les maréchaux introduisent dans leur charbon afin d'animer la combustion au feu de leur forge. On a cependant prétendu que dans le dernier cas l'eau n'avait d'autre but que de former une croûte au-dessus du foyer, de manière à concentrer et par suite augmenter la chaleur. Cette opinion paraît assez probable.

ÉBAUCHER. C'est commencer à former une pièce de faïence sur le tour, à lui donner, mais grossièrement, la tournure qu'on veut qu'elle ait quand elle sera terminée. Un ouvrier qui ébauche avec perfection est plus rare à rencontrer qu'un bon tournassier. La première de ces deux manipulations dépend de la délicatesse de la main et d'une justesse de coup d'œil qu'on possède quelquefois naturellement, mais que le travail le plus assidu ne peut faire acquérir. La seconde ne consiste que dans un léger maniement des outils. Il arrive donc souvent que celui qui excelle dans l'une de ces deux parties peut ne pas arriver à la perfection dans l'autre. C'est pourquoi dans quelques fabriques ces deux opérations, qui ne font qu'un art, se trouvent séparées afin de créer des produits parfaits.

ÉCHAPOTER. C'est ôter avec un outil en acier toutes les éminences d'émail brun qui peut avoir coulé sur l'extrémité du bord des pieds des vases pendant la cuisson. L'outil dont on se sert en cette occasion se nomme *échapotin*. On procède à cette manipulation avec beaucoup de ménagement de peur d'enlever le cercle qui forme le pied des vases. Pour éviter cet inconvénient on ne donne que de petits coups secs et souvent répétés.

ÉMAIL. Ce nom ne se donne proprement qu'à la substance qui recouvre la terre des faïences à pâte poreuse et rougeâtre. Cet émail est composé de sable, de plomb, d'étain et d'un peu d'alcali. C'est l'étain qui lui donne l'opacité et la blancheur; sans cet oxide la composition ne donnerait qu'un verre plus ou moins transparent selon le degré de feu qu'elle aurait subi. C'est donc l'étain qui constitue à proprement parler l'émail de la faïence.

ENCASTER. C'est introduire les vaisselles dans les gasettes avant de les poser en piles dans le four. Il faut exécuter cette manipulation avec beaucoup d'adresse afin que les vases ne se touchent ni entre eux ni contre les parois intérieures des gasettes.

ENFOURNER. Ce mot s'applique à l'arrangement des gasettes dans le feu, à la manière de les placer à des distances égales ou bien souvent inégales selon que le tirage du four pousse la flamme plus sensiblement d'un côté que de l'autre; cette opération demande beaucoup de soins et une grande pratique: elle décide toujours du succès de la fournée. En parlant de cette pratique je dois dire que celle qu'on a acquise dans la cuisson d'un four peut n'être pas profitable pour un autre parce que chaque four diffère dans son tirage. Ainsi quoiqu'on sache très-bien conduire l'enfournement et le feu dans un four, il peut arriver qu'on éprouve un peu de difficulté avec un nouveau si l'on veut suivre strictement son ancienne méthode. Pourtant lorsqu'on possède à un certain degré la connaissance de cette partie difficile des manipulations et que l'on veut raisonner les différences des fours, on arrive au bout de quelques fournées à une réussite complète.

ENFOURNEUR. Nom qu'on donne à celui qui enfourne.

ENGOMMER. C'est appliquer avec un pinceau ordinaire une couche de terre blanche réfractaire mélangée avec un peu d'émail dans l'intérieur des gasettes. Sans cette précaution les vases que l'on cuirait dans une gasette qui n'aurait pas encore été exposée au grand feu deviendraient tous absolument ternes et d'un mauvais œil.

ÉPONGE. C'est une production marine qui a la propriété d'absorber l'eau dans une multitude de tubes capilaires dont elle est parsemée. On s'en sert beaucoup dans l'art de l'ébaucheur et du mouleur. En appuyant légèrement l'éponge contre les pièces elle leur donne un certain poli ou si l'on veut, un uni qu'elles n'auraient pas si l'on employait les doigts. Les meilleures éponges sont celles dont les cavités sont en plus grand nombre et le plus rétrécies possible.

ÉPOUSSETER veut dire nettoyer les vaisselles en biscuit, leur ôter la poussière des cendres du four et de celles qui se trouvent dans l'atelier. Cette manipulation se fait à l'aide des espèces de brosses qu'on forme avec des joncs qu'on retire d'après les nattes qui enveloppent les soudes d'Amérique et qui nous sont expédiées en balles. Les époussetoires ressemblent aussi à des espèces de petits balais.

Epousseter est synonyme de brosser, c'est-à-dire que cette opération a pour objet d'ôter l'émail qui se trouve au pied des vases avant que de les passer au four, afin d'empêcher que pendant la fusion ils ne s'attachent aux rondeaux ou aux tuiles sur lesquels ils sont posés. Nous avons recommandé en son lieu les précautions qu'il était urgent de prendre pour faire cette opération, attendu la mauvaise influence que la poussière de cette composition peut exercer sur l'économie animale.

ESSAI. On appelle essai toute opération en petit qui a pour but de s'assurer de l'excellence d'une composition quelconque. Le manufacturier ne saurait trop se familiariser avec ce genre d'opération ; elle est très-propre à lui faire faire de grands progrès dans la carrière des innovations : mais il ne faut pas qu'il s'en rapporte à un seul essai, au contraire ce n'est qu'après les avoir multipliés, diversifiés et répétés jusqu'à l'infini, et s'être bien convaincu que les résultats sont fixes et invariables, qu'il doit se résoudre à pratiquer en grand ce qui lui a réussi en petit. La négligence dans ces sortes d'opération ou plus souvent le trop de promptitude à prononcer sur un essai avant de l'avoir poussé assez loin, causent parfois bien des tourmens au manufacturier qui s'est laissé aller à la confiance. Le fabricant doit également prendre garde de croire trop tôt qu'il a réussi, et de se rebuter trop facilement parce que ces premiers essais sont infructueux. Dans le premier cas il essaie en grand des opérations coûteuses et dont la réussite n'est que problématique ; dans le second il s'expose à manquer une découverte que d'autres avec plus de persévérance et de recherches ne manqueront pas de faire. Car ou il se laisse dépasser dans l'exécution des procédés que des recherches bien suivies font découvrir ou il se ruine en les employant sans avoir prévu toutes les conséquences. Il en est de même dans un grand achat de matières premières. On ne doit le terminer qu'après avoir reconnu qu'elles possèdent toutes les propriétés qu'on leur attribue. Enfin je termine cet article en disant que les essais sont aux manufacturiers ce qu'est la pierre de touche aux orfèvres et bijoutiers.

ESTEQUE. L'estèque est un outil en cuivre, en fer ou en ardoise, dont les tourneurs en porcelaine, en faïence et même en poterie, se servent lorsqu'ils ébauchent les différens vases et vaisselles. La configuration de cet outil est toujours calculée sur la forme, soit intérieure soit extérieure, de la pièce pour laquelle ils doivent servir dans l'ébauche. Cet instrument est d'autant plus précieux dans l'art du tourneur en porcelaine et en faïence que c'est sur lui qu'est basée la grande régularité qui donne tant de prix aux pièces confectionnées, qu'on supposerait qu'elles ont été faites toutes de la même main; mais il faut pour cela que les estèques soient sur le même modèle.

ESSUIE-MAIN. C'est la petite planchette clouée contre le champ de la table du tour; c'est à elle que l'ébaucheur a recours lorsque ses mains sont trop imprégnées de barbotine; il se les nettoie à cet instrument.

ETAIN. Métal blanc assez sonore et dont la flexibilité ne peut se démontrer sans qu'un craquement assez singulier ne parte du métal. C'est un des métaux qui s'oxident le plus aisément au contact de la chaleur. L'oxide qu'on en obtient est blanchâtre, infusible et possède la propriété de troubler toutes les compositions. Cet oxide entre pour 20 à 25 pour cent dans l'émail propre à couvrir la faïence blanche à terre poreuse. La dissolution hydrochlorique mélangée en certaines proportions avec la dissolution d'or donne la belle couleur pourpre de Cassius, qui est un mélange d'or métallique et d'étain tous deux en poudre très-terne.

FENDILLER. On dit qu'une couverte en émail se fendille lorsque les vases, plusieurs jours après leur défournement, se couvrent d'une multitude de petites fentes, ce défaut vient souvent de ce que la pâte des produits est trop poreuse, ou de ce que l'émail est trop fusible ou mieux encore parce qu'il manque d'harmonie entre ces deux corps.

FEU. Voyez CALORIQUE.

FILE. Lorsque les gasettes sont mises les unes sur les autres dans le four, et qu'elles forment des espèces de colonnes cylindriques, on appelle cela des *files* ou *piles*. Il y a beaucoup d'art à arranger les files convenablement dans l'intérieur du four; tantôt elles doivent être presque contiguës, tantôt elles ont besoin de laisser entre elles certains espaces qui permettent à la flamme de circuler dans toute l'étendue du four. Savoir poser une file bien droite, savoir l'appuyer de manière à ce qu'elle demeure dans la même position pendant le plus grand coup de feu, est la condition la plus propre à faire distinguer un bon enfourneur.

FOUR. C'est une tour demi-sphérique à la partie supérieure, ayant trois ou quatre ouvertures à la base destinées au passage de la flamme. Le four est sans aucun doute l'instrument le plus important d'une manufacture de faïence. Sa construction est assujettie à des règles fixes puisées dans la physique. Ces règles doivent être ponctuellement suivies si l'on veut obtenir des résultats satisfaisans. On en a exposé quelques-unes dans le cours de cet ouvrage.

FOURNEAU A RÉVERBÈRE. C'est un fourneau dont la flamme est arrêtée par un dôme placé au-dessus et à peu de distance de l'aire, ce qui la force à retomber sur elle-même et à planer sur les matières qu'elle doit échauffer. C'est particulièrement pour opérer la calcination que le fourneau à réverbère est employé.

GACHER. Dans les arts de la poterie on dit *gâcher* les terres pour exprimer leur lavage et leur passage au tamis de crin ou de métal; mais ce mot ne convient bien qu'au plâtre : en conséquence gâcher le plâtre c'est mêler avec la poudre qui provient de la calcination et du battage de la pierre à plâtre, une certaine quantité d'eau, comme à peu près son volume, de la bien délayer et de l'employer à l'état liquide.

GARNISSEUR. C'est celui qui attache et soude les

anses, les boutons, les pieds et tous les ornemens qui décorent les vases de faïence. L'art du garnisseur demande un coup d'œil juste et beaucoup de précision.

GARNITURES. Ce sont toutes les pièces détachées qu'on soude au moyen de la barbotine à la surface des différens vases.

GASETTE. La gasette est une pièce de terre creuse, cylindrique, dans laquelle on introduit un rondeau pour y déposer les vases de faïence qui doivent être soumis à la cuisson.

Les gasettes sont tantôt rondes et tantôt ovales, selon que le commande la forme des objets. Leur usage est indispensable dans les manufactures non-seulement de porcelaine, mais encore dans les fabriques de faïence commune. Le but qu'on se propose en renfermant les vases dans les gasettes c'est de les préserver du contact de la flamme et plus encore de celui de la poussière et des cendres qui s'échappent des allandiers dans les momens où l'on introduit le combustible.

GAZ. On nomme gaz les fluides aériformes, tels que l'air que nous respirons, qui n'est qu'un mélange de deux gaz, azote et oxygène.

GERÇURE. Voyez Fendiller.

GIRELLE. La girelle est un disque de bois ayant à peu près la grandeur de la tête du tour; elle s'applique au moyen d'un colombin avant de commencer l'ébauche. Le tourneur doit avoir des girelles de plusieurs épaisseurs selon le type des pièces qu'il doit ébaucher.

GLAISE. Les fabricans de Paris appellent ainsi une terre figuline très-grasse qui se rencontre aux environs de la capitale, à Vaugirard, à Vanvres, à Arcueil, etc.

GRAIN D'ORGE. C'est le nom qu'on donne à l'extrémité inférieure de la tige du tour à faïence. Cette expression signifie que cette extrémité n'est ni aiguë ni obtuse, c'est-à-dire qu'elle tient un certain milieu. On dit une tige de tour terminée à grain d'orge.

INCOMBUSTIBLE. Lorsqu'un corps n'est pas susceptible de brûler on dit qu'il est incombustible; telles sont les terres, les pierres.

INTERVALLES. Ce sont les espaces qui se trouvent entre les gasettes lorsqu'elles sont posées en colonnes dans le four; ces intervalles doivent être plus ou moins grandes selon que la flamme qui part des allandiers se dirige plus ou moins bien d'un côté ou de l'autre. Il faut une grande pratique dans la cuisson d'un four avant d'acquérir la bonne méthode du placement des gasettes. Les intervalles se nomment quelquefois entre-deux.

ISSUES DE LA FLAMME. Voyez Carnaux.

JAUNE DE NAPLES. C'est un composé d'oxide d'antimoine, de minium, de sable, ou de carbonate de chaux. Il est fixe au feu. Les manufacturiers de faïence s'en servent pour faire des fonds jaunes sur leurs productions. Lorsqu'on compose avec soin cette matière en petit, elle devient très-propre à former un beau jaune plus ou moins foncé pour la peinture sur porcelaine et sur faïence en troisième feu.

LANTERNE. On appelle lanterne l'assemblage des fuseaux et des plateaux autour de l'axe qui font mouvoir les meules par le moyen d'une grande roue. Plus les lanternes seront petites et plus le mouvement des meules sera vif. Ordinairement une lanterne a de huit ou dix fuseaux; un plus grand nombre donnerait trop de lenteur au tournoiement des meules, et un plus petit procurerait un accroissement de poids sensible.

LAISSER PRENDRE LES MEULES veut dire mettre les meules dans un tel état que rien au monde ne pourrait les faire bouger dans les cuvelles. Cela arrive lorsqu'on arrête les meules trop long-temps pendant que les matières sont encore en gros grains. On ne saurait trop prendre de précautions pour empêcher cette fâcheuse circonstance, car elle fait perdre un temps considérable dans les moyens qu'on emploie pour y remédier. Il paraît qu'on évite jusqu'à un certain point cet arrêt en accélérant avec vigueur le mouvement du moulin et ensuite l'arrêtant tout à coup.

LAVER LES TERRES. C'est les délayer dans des cuviers avec une grande quantité d'eau ; ensuite passer cette eau, qui est chargée des parties les plus légères, par un tamis. On dit aussi gacher les terres.

CRU (Le). On appelle cru dans les fabriques de porcelaine et de faïence tous les produits qui ne sont simplement que séchés. Ainsi les vases qu'on encaste et qu'on enfourne au-dessus de l'émail sont des vases en cru.

MANGANÈSE. C'est un métal qui n'est d'usage qu'à l'état d'oxide. Mis en petite dose dans les creusets de verreries, il nettoie le verre en s'emparant par son oxygène des matières jaunes qui lui donnent de fausses teintes : introduit en plus grande quantité il donne aux compositions vitrifiables une couleur violette assez foncée. C'est avec cet oxide, de la brique pilée et du minium que les fabricans de faïence font le brun qui couvre leurs produits à l'extérieur.

MANDRIN. C'est un instrument en terre de faïence qu'on place sur la tête du tour ; il a la forme d'un cône tronqué vers sa base ; il sert pour poser la pièce et la maintenir convenablement, afin que le tournassier puisse commodément exécuter son travail.

MARCHER LA TERRE. Cette manipulation se fait sur un carré en planches bien jointes. Elle a pour motif de donner à la terre plus de liant et de souplesse.

MARCHEUR. On appelle ainsi celui qui marche des terres dans les fabriques.

MARNE. C'est une terre calcaire qui est plus ou moins blanche, souvent parsemée de veines jaunes. Elle se délaie fort bien dans l'eau et forme une pâte assez tenace. Elle entre en quantité notable comme partie constituante des faïences blanches recouvertes d'un émail opaque. Cette terre se reconnaît facilement par sa grande fusibilité et par son effervescence avec les acides.

MARTEAU A PIQUER. C'est celui dont le moulinier se sert pour piquer et retailler les meules lorsqu'elles ne mordent plus, c'est-à-dire quand la matière reste trop long-temps à se broyer. Les deux pointes de ce marteau doivent être en acier très-bien trempé.

MATRICE. On appelle ainsi le premier modèle d'un moule ou plutôt celui sur lequel on fait tous les autres de la même espèce. Dans les fabriques on doit avoir grand soin des matrices, car elles coûtent beaucoup.

MESURE. La mesure sert à la régularité des pièces dans l'ébauchage. Elle est en baleine et implantée horizontalement dans un cône de bois, divisé par un trait de scie dans le milieu. Le tourneur place sa mesure sur la table de son tour; elle change de situation à sa volonté; il la hausse et la baisse selon que lui commande la forme, la longueur et la hauteur de la pièce qu'il ébauche.

MEULES. Les meules servent à broyer l'émail. Chaque cuvelle du moulin en contient deux, dont une inférieure et l'autre supérieure. La première est fixe, la seconde est mobile. C'est donc en imprimant un mouvement circulaire de la seconde sur la première qu'on exécute le broiement de l'émail. Les meules sont ordinairement en grès très-dur.

MODELEUR. Ouvrier qui confectionne les modèles de moule dans la fabrique.

MONTRES (Les) sont des petits pots de faïence garnis d'un manche; on les fait cuire en bis-cuit comme les autres vases, on les passe également en émail et on les met dans des gasettes placées exprès pour les recevoir à l'intérieur du four. On en retire un au moment où l'on juge le feu assez intense pour que la fusion de l'émail soit déjà avancée : on voit à quel point il en est, et si l'éclat et le brillant du blanc sont parfaits, on cesse le feu; si au contraire il paraît encore terne, on continue jusqu'à ce que la température ait amené la fusion désirée.

MOULIN. Le moulin sert au broiement de l'émail par le moyen des meules et à la pulvérisation des matières par le moyen des pilons ou bocards. Quand on fait construire un moulin il ne faut rien épargner pour qu'il le soit de manière à pouvoir donner les meilleurs résultats. Le diamètre du cercle que le cheval doit parcourir mérite d'être mis au rang des premières conditions de la bonté du moulin, ou plutôt, pour parler plus juste, de la facilité de son mouvement. Cependant si le mécanisme était destiné à marcher par la vapeur, la question changerait un peu ; mais toujours est-il vrai que plus la roue qui devra recevoir les premières impressions de la force motrice aura un grand diamètre et plus le mouvement sera léger et doux.

MOULINIER. On nomme ainsi l'ouvrier qui est sans cesse occupé dans le moulin, dont les soins s'étendent au tamisage des matières, au vidage et remplissage des cuvelles, au piquage des meules, au graissement des lanternes et des fuseaux, etc.

MOULEUR. Le mouleur dans une fabrique est celui qui ne fait que mouler les pièces qui ne peuvent se tourner ; telles sont celles qui ont une forme ovale.

OXIDATION. C'est combiner l'oxygène avec un corps quelconque.

OXIDES. On appelle oxide la combinaison d'une base avec l'oxygène de l'air. Ceux que le manufacturier de faïence a le plus particulièrement besoin de connaître sont les oxides métalliques, parce qu'il peut en tirer un grand avantage dans la confection des couleurs. Tous ces métaux sont plus ou moins oxidables : le platine, l'or et l'argent le sont moins que le fer, le plomb et l'étain. On peut, quand on veut, retirer l'oxygène de l'oxide et faire reparaître le métal sous sa forme primitive. C'est ce qu'on appelle une révification.

OXYGÈNE. C'est un gaz incolore, éminemment respirable, très-propre à la combustion, existant dans l'air atmosphérique à peu près pour un cinquième. Les chimistes du milieu du XVIIIe siècle l'appelaient air déphlogistiqué ou *air vital*.

PASSER EN ÉMAIL. C'est plonger les vases de faïence dans un liquide qui est l'émail broyé. Il y a deux manières de passer en émail, savoir par immersion et par aspersion. La première est généralement employée dans les fabriques de faïence blanche.

PASTON. Le paston sert à l'ébauche des petites pièces ; c'est un morceau de terre de faïence arrangée en cône sur la tête du tour. Le tourneur tire alternativement les vases dans la masse de la partie supérieure du paston. De cette manière les balles sont inutiles, car le paston en tient lieu d'une infinité.

PEINTURE A RÉVERBÈRE. On appelle improprement peinture à réverbère ce qu'on devrait nommer peinture en troisième feu, attendu que la faïence avant d'aller au four à réverbère a déjà reçu et le coup de feu du biscuit et le coup de feu de la cuisson de l'émail. Cette peinture est assez recherchée quand elle est bien faite et que le blanc qui lui sert de fond est bleu et éclatant. Elle est d'autant plus avantageuse pour le fabricant qui la fabrique dans son établissement qu'il se trouve à même d'écouler des pièces qui resteraient dans son magasin ou qui ne pourraient être vendues que dans les choix inférieurs, tandis qu'étant peintes, les feuilles, les fleurs ou autres ornemens cachent les défauts qui peuvent exister à la superficie de l'émail. Le troisième feu qu'on fait subir à la faïence pour cuire les couleurs sur l'émail est peu intense ; il ne va pas au-dessus de la chaleur rouge cerise, parce que ces couleurs comportent des fondans qui hâtent leur fusion.

PEINTURE AU GRAND FEU. La peinture au grand feu est celle qui se fait sur l'émail cru et qui se cuit avec lui. Les couleurs qu'on emploie dans ce genre de peinture ne sont pas aussi fines ni aussi épurées que celles avec lesquelles on peint en troisième feu. Ces dernières sont mélangées avec des fondans; les premières n'en ont pas, ou au moins très-peu. Il y a des manufactures où l'on peint au grand feu sans le faire à réverbère, et d'autres dans lesquelles ou fait beaucoup de réverbères sans pratiquer nullement la peinture au grand feu d'émail.

PERNETTE. On appelle ainsi un petit morceau de terre ayant la forme d'un triangle et servant à soutenir les rouleaux dans les gasettes. On en fait très-grand usage dans l'art de la faïence blanche et brune.

PILLETS (nes) sont de petites colonnes en terre destinées à soutenir les tuiles quand on cuit en échappade dans les fours carrés. Il existe des pillets hauts et bas, selon la grandeur des vases qu'on veut introduire sur les tuiles. Le tour français est très-propre à la confection des pillets en colonnes.

PLATRE. C'est la chaux sulfatée calcinée, c'est-à-dire qui a perdu son eau de cristallisation par le feu. Il en existe des carrières considérables aux environs de Paris. Le plâtre est très-utile dans une manufacture; il sert à faire les moules de toutes espèces: mais celui qui convient le mieux pour cela se nomme par les ouvriers exploiteurs *plâtre à Jésus*.

PONTON. C'est l'assemblage de planches bien jointes, servant à marcher la terre.

PONCETTE. On appelle poncette une petite marote de toile dont la tête est remplie de charbon de bois bien pulvérisé. C'est en frappant avec la tête de la poncette sur le ponsif étendu dans le fond de l'assiette ou du plat de faïence qu'on marque les dessins en noir pointés. Il faut pourtant faire attention de ne pas trop frapper de la poncette, parce qu'alors ce charbon traverse le ponsif en trop grande abondance et empêche le pinceau de glisser commodément.

PONSIF. C'est un morceau de papier sur lequel est dessiné le coutour des dessins qu'on veut représenter sur les vaisselles de faïence. Ce ponsif est ensuite piqué à la pointe de l'aiguille à coudre. Le ponsif est d'une nécessité absolue dans la peinture sur émail cru, comme dans celle à réverbère ou en troisième feu ; car sans lui il n'y aurait pas cette grande régularité qu'on voit avec tant de plaisir sur sur tous les dessins : chaque peintre ayant un coup de pinceau différent, l'un ferait un peu plus petit, l'autre ferait un peu plus grand, ce qui ne peut avoir lieu avec le secours du ponsif.

POTERIE. On peut comprendre sous ce nom générique de poterie tous les produits de l'industrie qui sont faits avec les terres au moyen du feu : ainsi depuis la vaisselle la plus grossière en y comprenant la brique et la tuile, jusqu'aux objets précieux qui figurent sur la table des souverains, tout peut être compris dans la classe des poteries. D'après cela la porcelaine doit être mise au rang de la poterie, mais occupant la première place comme étant la plus belle, la plus fine, la plus soignée et la plus chère. Vient ensuite la faïence blanche, enduite d'une couverte cristalline ; telle est celle qu'on appelle improprement terre de pipe ou faïence anglaise, tandis qu'on la fabrique au milieu de la France. Après cette poterie on peut considérer à peu près sur la même ligne celle qu'on fabrique en grande quantité à Paris et dans ses environs, qui est à pâte rougeâtre et recouverte d'un émail blanc opaque. La faïence brune vient après ; et toujours en descendant on rencontre la poterie proprement dite, dont les produits sont les marmites, vaisselles, etc. On voit encore plus loin la poterie de grès, pots à beurre, creusets, fourneaux, vases à fleurs, carreaux, tuiles, briques, etc., etc. Tous ces arts séramiques et pyrotechniques, si différens l'un de l'autre, se tiennent cependant quant au fond des connaissances abstraites : aussi celui qui professe l'un ou l'autre de ces arts et qui en possède parfaitement la théorie peut raisonner et s'entendre fort bien sur les autres ; quelques parties seulement des manipulations lui seraient étrangères, parce que dans ces sortes de choses avant de connaître il faut avoir vu.

PRÉCIPITÉ DE CASSIUS. C'est le précipité pourpre que l'on obtient par les dissolutions de l'or et de l'étain. On le nomme précipité de Cassius parce qu'il est le premier qui l'ait fait.

PYRITES. Ce sont de petites parties de fer sulfuré qui se rencontrent toujours, mais plus ou moins abondamment, dans les argiles plastiques, même les plus réfractaires. Comme ces pyrites peuvent nuire essentiellement par leur présence à la beauté de la terre, il faut prendre le plus grand soin de les en détacher par l'épluchage.

PYROMÈTRE. C'est un instrument qui sert à mesurer les degrés de chaleur.

PYROTECHNIE. Ce nom dérive du grec, et signifie l'art du feu.

RAYONS. Les rayons dans les ateliers sont des barres de bois posées horizontalement de distance en distance et clouées sur d'autres barres ou poteaux mis dans une position verticale. Les rayons sont extrêmement utiles dans les manufactures, en ce que c'est sur eux que repose toute la marchandise en cru. De beaux et de nombreux rayons sont une très-bonne chose dans un établissement de faïence.

RÉACTIFS. Substances propres à faire reconnaître d'autres substances dans les opérations d'analyses chimiques. Les réactifs dont le manufacturier de faïence a le plus particulièrement besoin sont les *acides nitrique, sulfurique*, et *hydrochlorique*; ensuite de l'*amoniaque liquide*, de la *potasse caustique*, de l'*eau de chaux*, de *baryte*, de *soude*, de *sous-carbonate de soude*, de la *teinture de tournesol*, de *noix de galle*, de *l'hydrocyanate ferruré de potasse*, etc. On a déjà vu l'emploi de quelques-uns de ces réactifs dans l'analyse que nous avons faites des argiles. (Chap. II, page 37.)

REBUT. On appelle rebut dans les fabriques les objets qui ont peu de valeur parce qu'ils sont atteints de défauts que le feu mal administré ou le manque de soins dans la confection leur a communiqués. Entre le rebut et les pièces en parfaite réussite se trouvent encore assez fréquemment deux choix, qui sont le second et le troisième. Ce dernier fait perdre le manufacturier ; le second le récupère à peu près de sa mise de fond, et le premier le fait gagner. On voit donc qu'il faut que le premier surpasse de beaucoup les autres pour que la prospérité d'un établissement puisse avoir lieu. C'est ce qui arrive quand les fours sont bien construits et surtout bien conduits, que les terres et les émaux sont bien appropriés et que le directeur et les ouvriers ont les talens requis.

RÉFRACTAIRE. Veut dire très-difficile à fondre. Cette condition doit exister dans la terre propre à la confection des gasettes qui servent à cuire la faïence.

REMONTER LES MEULES. C'est introduire sur le dessus des meules une certaine quantité de plomb afin de les rendre plus pesantes lorsqu'elles sont devenues trop minces. Cette opération mérite d'attirer l'attention du fabricant ; elle est propre à lui faire faire des économies.

RENVERSOIRES. Vases de plâtre dans lesquels on fait dessécher les pâtes liquides. Ils sont d'un grand secours, et l'on doit en avoir une forte quantité, surtout quand les travaux se succèdent rapidement.

RETRAIT. C'est une diminution de volume dans un corps. Les terres qui sont exposées au feu présentent ce phénomène d'une manière sensible. Cette disposition dans les argiles les ont fait adopter pour la confection d'un instrument propre à mesurer les degrés de chaleur, et qu'on appelle pyromètre.

RONDEAU. Disque en bois ou en plâtre, d'un diamètre plus ou moins grand, qui sert à l'ébauche des pièces. On fait aussi des rondeaux en terre, mais ceux-ci sont destinés à entrer dans les gasettes, et c'est sur eux que l'on place les vases que l'on veut mettre au four. Ils doivent être travaillés avec une terre aussi apyre que celle avec laquelle on fait les gasettes.

ROUE DE VOLÉE. Celle que le tourneur frappe en glissant avec son pied pour faire mouvoir son tour. Ce dernier ne reçoit de la chasse que par le moyen de la roue de volée.

SABLE. Le sable est un corps abondamment répandu à la surface du globe; il compose des bancs considérables. Il est souvent coloré en jaune, en gris et en rougeâtre par l'oxide de fer. Les sables blancs sont plus rares dans la nature; cependant de tels sables se trouvent sous les roches, dans la forêt de Fontainebleau, dans la butte d'Aumont, près Senlis, à Etampes, à Lonjumeau, etc.

SAFRE. Oxide de cobalt, mélangé de sable siliceux. Lorsqu'on veut que l'émail de faïence ait un petit coup d'œil bleuâtre, on introduit dans sa composition un peu de safre: mais il faut se modérer dans cette introduction, sans cela cette teinte dégrade les produits.

SILICE. Terre blanche rude au toucher, inattaquable à tous les acides (le fluorique excepté), mais se dissolvant très-bien dans les alcalis en fusion et formant un verre parfaitement transparent. Le quartz, les silex et les sables sont composés presque en totalité de silice. Ils en contiennent jusqu'à 98 pour cent. La silice dissoute dans une grande quantité d'alcali forme ce qu'on appelle la liqueur des cailloux; elle peut en être précipitée par un acide: alors elle ressemble au dehors à de la gélatine.

SILEX. Le silex est une pierre très-répandue à la surface et dans le sein du globe: il en existe une très-grande quantité; celle que les minéralogistes appellent silex pyromaque est la pierre que tout le monde connaît et qu'on appelle pierre à briquet, avec laquelle on se procure le feu dans les besoins domestiques. Le silex pyromaque se rencontre particulièrement dans les bancs de craie en rognons isolés et dispersés dans la masse. Il sert beaucoup dans les fabriques de faïence blanche, dite *terre de pipe*. Il entre pour un septième et quelquefois davantage dans la composition de la pâte. A cet effet on le calcine, on le pulvérise et on le moud sous des meules de grès, tantôt avec de l'eau et quelquefois sans eau. Cependant il est bon de dire ici en passant que cette dernière méthode est très-dangereuse, parce que la poussière qui s'exhale continuellement pendant cette manipulation étant respirée par ceux qui y travaillent, fait que les ouvriers occupés à cette manœuvre éprouvent, au bout d'un très-court espace de temps, une mort prématurée. Il faut espérer que ceux qui conservent encore cette funeste manière de réduire le silex en poudre l'abandonneront enfin (quoiqu'elle soit plus économique,) à la vue de tant d'individus qui ont déjà été victimes de cette malheureuse méthode dont l'ouvrier, faute d'instruction, ne peut prévoir les conséquences.

SOUDE. La soude est un alcali qu'on retire par incinération de certaines plantes qui croissent sur les bords de la mer. On l'appelle aussi alcali minéral, parce qu'il s'en trouve des masses considérables à l'état de muriate, qu'on exploite au sein du globe et qu'on désigne sous le nom de *sel gemme*. Ce sel n'est qu'une combinaison de soude et d'acide hydrochlorique; c'est cela qu'on appelle sel marin ou de cuisine (chlorure de sodium). La soude est d'un grand usage dans les arts : elle sert comme fondant dans la verrerie et comme mordant dans la teinture ; les savons concrets sont faits par le moyen de la soude ; elle entre comme partie constituante et fusible dans la pâte de porcelaine tendre. Les soudes sont de différentes qualité, selon les pays d'où elles viennent. Celles qui paraissent les meilleures sont celles d'Espagne : on les expédie d'Alicante, de Carthagène et de Malaga. La soude d'Alicante est préférable; elle contient depuis 33 jusqu'à 40 pour cent de sous-carbonate pur : aussi convient-elle particulièrement aux vitrifications et à la porcelaine tendre.

SULFATE DE FER. Ce sel est vert. Il porte dans le commerce le nom de *couperose*, il est dû à la combinaison du fer avec l'acide sulfurique. On s'en sert pour précipiter l'or qui doit servir à décorer la porcelaine.

TABLE DU TOUR. Assemblage de planches bien jointes, sur le dessus de la carcasse du tour. Contre le champ de cette table les coussinets sont appliqués pour recevoir la tige en fer ; c'est aussi sur elle que l'ébaucheur place sa mesure afin d'avoir de la régularité dans les pièces.

TALON. Rebord ou angle droit rentrant, servant à poser le rondeau dans le fond de la gasette.

TAMBOUR (Le). Insturment sur lequel on moule les gasettes. Il consiste en deux disques de planche, dont l'un est troué pour le passage de la main, et l'autre tout-à-fait plein. On cloue sur les deux disques de petites bandelettes étroites et minces de bois de sapin, en sorte que le tambour figure assez un tonneau qui serait parfaitement cylindrique. Son diamètre doit toujours être un peu plus petit que la troisième partie de la longueur du cadre qui sert à faire la croûte propre à former la gasette ; sans cela il ne serait pas possible de pouvoir souder l'étui ou, si l'on veut, la gasette sur le tambour.

TAMPON. Brique qui sert à boucher les trous par lesquels on retire les montres.

TÊTE DU TOUR. Elle est en bois ; garnie à sa base d'un écrou taraudé sur l'extrémité de la tige, en sorte que la tête du tour peut aisément s'ôter et se remettre à volonté. C'est sur la tête du tour qu'on pose la girelle pour ébaucher les vases.

TIGE DE FER. Axe du tour qui soutient la roue de volée, et dont l'extrémité inférieure repose sur un silex tandis que la supérieure est emboîtée dans les coussinets. On donne aussi ce nom à la barre de fer avec laquelle on retire les montres.

TOUR. Le tour est la réunion de diverses pièces qui ont été décrites dans le cours de cet ouvrage. Il est indispensable dans l'art du faïencier ; sans lui nous serions réduit au moulage à la main.

TOURNASSIN. Outil qui sert à tournasser.

TOURNEUR. Ouvrier qui confectionne les pièces de faïence sur le tour.

TOURNASSER. Achever les pièces sur le tour avec le tournassin.

TOURNASSEUR. Celui qui tournasse.

TOURNASSURES. Espèces de petits copeaux qui retombent par l'action du tournassin.

TOURNETTE. Petit tour sans roue de volée. Elle est surmontée d'une grosse tête en plâtre qui sert à lui donner de la chasse. On en fait un grand usage pour le moulage des assiettes et des plats en faïence blanche dite terre de pipe. Dans l'atelier des peintres et des doreurs sur porcelaine il existe aussi une tournette ; mais celle-ci a la tête en cuivre ; elle est très-utile, et je dirai même indispensable pour faire les filets en or. Elle fait obtenir une grande correction dans le travail.

TOURILLONS. Morceaux de fer arrondis enchâssés dans les extrémités des arbres verticaux et horizontaux du moulin à broyer ; ils servent à les maintenir dans une position convenable.

TRÉZAILLER. Une faïence qui trézaille fait voir l'un des plus grands défauts qui puissent déprécier ce produit : ce sont une multitude de petites fentes qui se croisent dans tous les sens, et qui semblent indiquer que les pièces sont prêtes à se diviser en morceaux au premier choc. Un refroidissement trop prompt ou bien un désaccord entre la composition de la terre et celle de l'émail peuvent amener cette imperfection, d'autant plus visible qu'elle est bien souvent difficile à corriger.

TROU DE MONTRE. Trou qu'on pratique dans l'épaisseur des gros murs de circonférence ; c'est par là qu'on retire les montres, pour s'assurer du degré de chaleur qui existe dans l'intérieur du four.

TUILES (Les) sont des plaques de terre qui ont une grandeur et une largeur déterminées d'après l'espace qui sépare les carnaux du four carré, propre à cuire la faïence blanche et brune. Elles ont les coins échancrés, afin qu'étant assemblées elle forment un vide à chaque angle pour que la flamme puisse s'élever de bas en haut. Les tuiles sont des matériaux précieux en fabrication; on doit donner à leur confection tous les soins possibles, surtout après qu'elles ont été cuites une fois. Il ne faut pas omettre de les enduire du côté qui fait face aux vases, d'une couche d'émail grossier. Sans cette précaution, les vaisselles seraient en risque d'être desséchées pendant plusieurs fournées, et jusqu'à ce que la terre qui forme ces tuiles soit parfaitement épurée par le feu.

VALENDRÉ. Se dit des vases devenus gauches par l'action du feu. Ainsi une pièce déformée dans sa rondeur est une pièce valendrée.

VENTS. Les ouvriers appellent vents les bulles d'air renfermées dans la terre. Ils les font disparaître en battant cette dernière avec force; et c'est avec raison, car les vents amènent dans les produits des défauts capitaux, tels que des pustules, des cloques, etc.

VOUTE. Partie supérieure du four. Elle est parsemée de plusieurs trous, qu'on appelle *carnaux* ou issues de la flamme. La voûte est la partie du four qui est la plus fatiguée: aussi doit-on prendre toutes les précautions possibles pour qu'elle soit d'une grande force, afin d'éviter les accidens.

FIN DU VOCABULAIRE.

TABLE

DES CHAPITRES.

	Pages.
Discours Préliminaire.	v
Introduction.	1
Chap. Ier. Des terres propres à la faïence blanche.	9
II. Manière de faire l'analyse des terres.	37
III. Des terres qui conviennent à la faïence brune.	50
IV. De la manière de mélanger les terres et de les gâcher.	57
V. Des fours propres à cuire la faïence.	81
VI. De la recuisson des fours à faïence.	123
VII. Des combustibles propres à la cuisson de la faïence.	129
VIII. Des gasettes, des tuiles et des rondeaux.	136
IX. Des tours propres à tourner la faïence.	192
X. De l'ébauchage des pièces et de leur dessiccation.	210
XI. Du tournassage.	237
XII. Des moules, du moulage et de la garniture.	251
XIII. De la cuisson en bis-cuit.	275
XIV. Des émaux propres à la faïence.	291
XV. Du trempage des vaisselles.	363
XVI. De la cuisson en émail.	378
XVII. De la peinture au grand feu et à réverbère.	412
Vocabulaire.	437

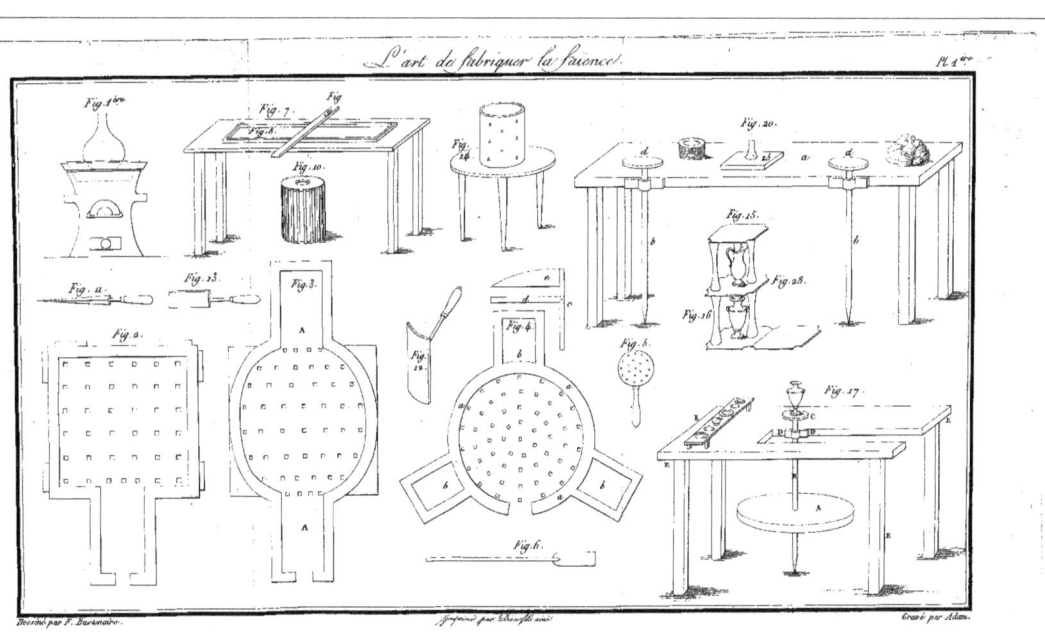

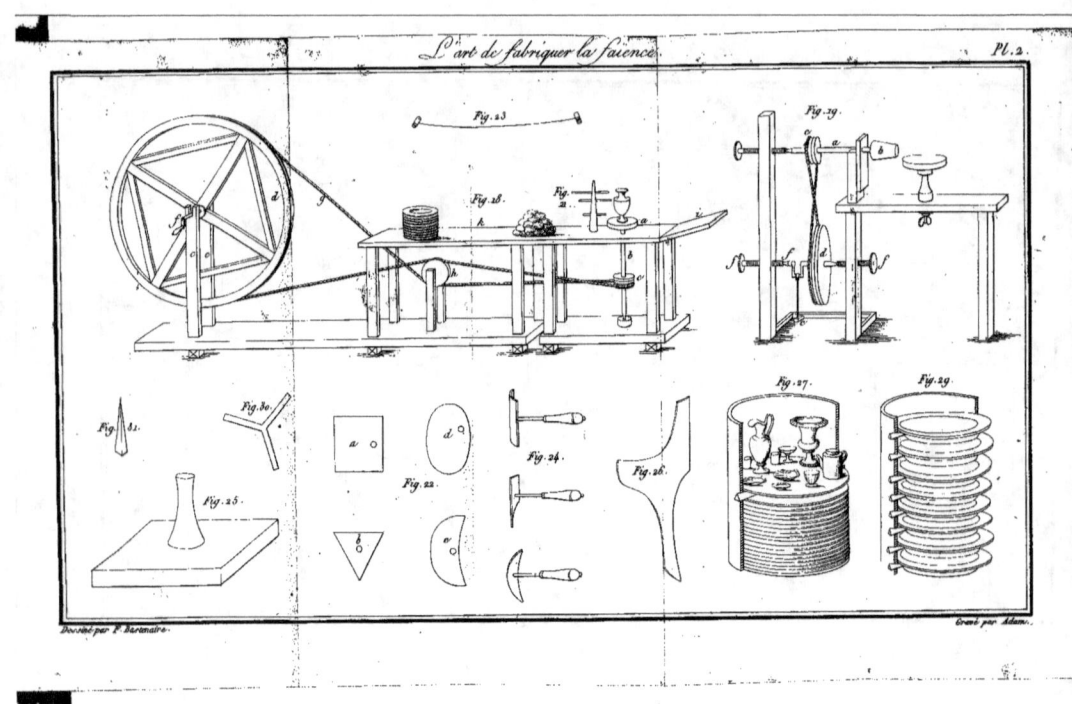

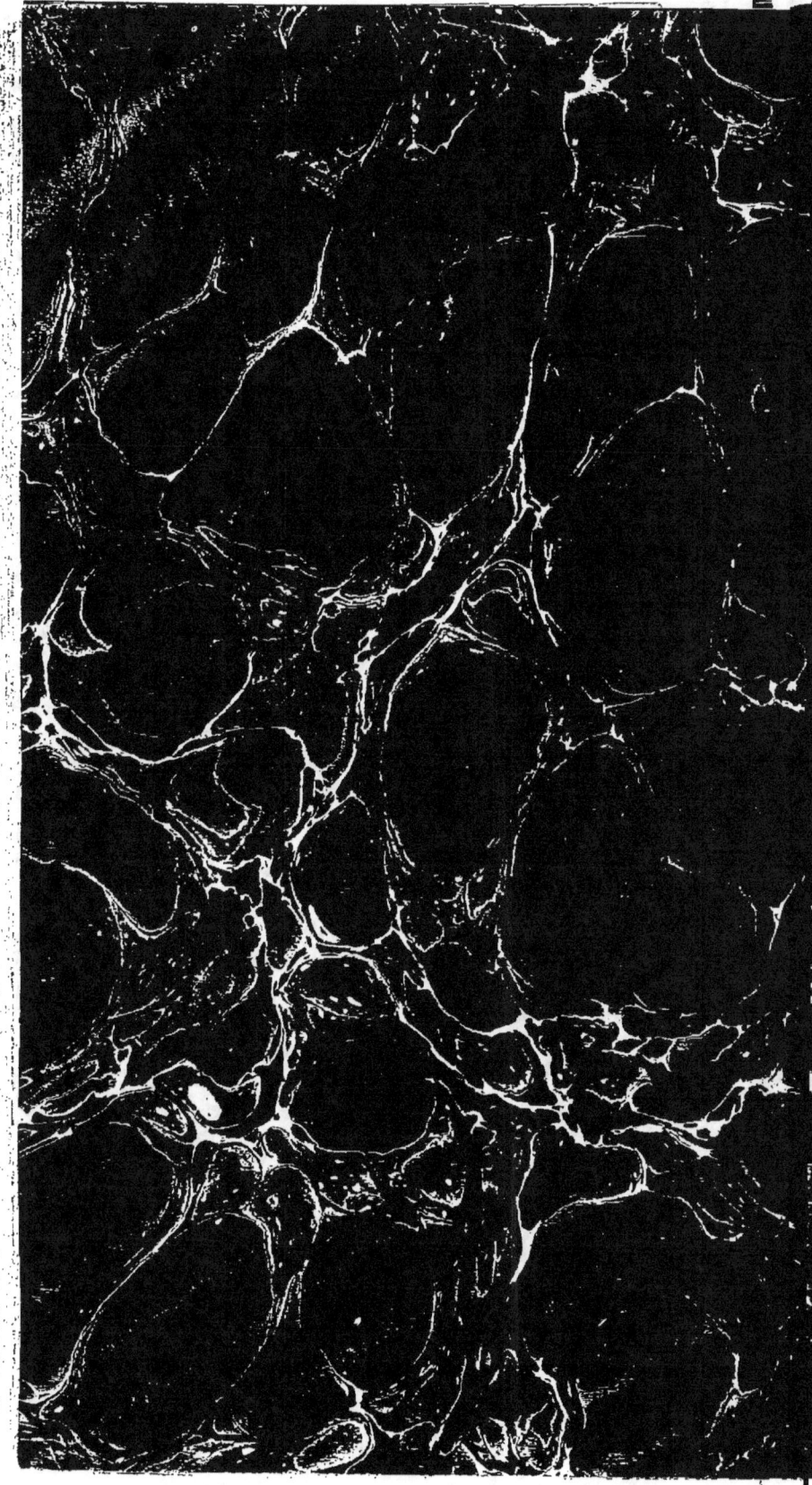

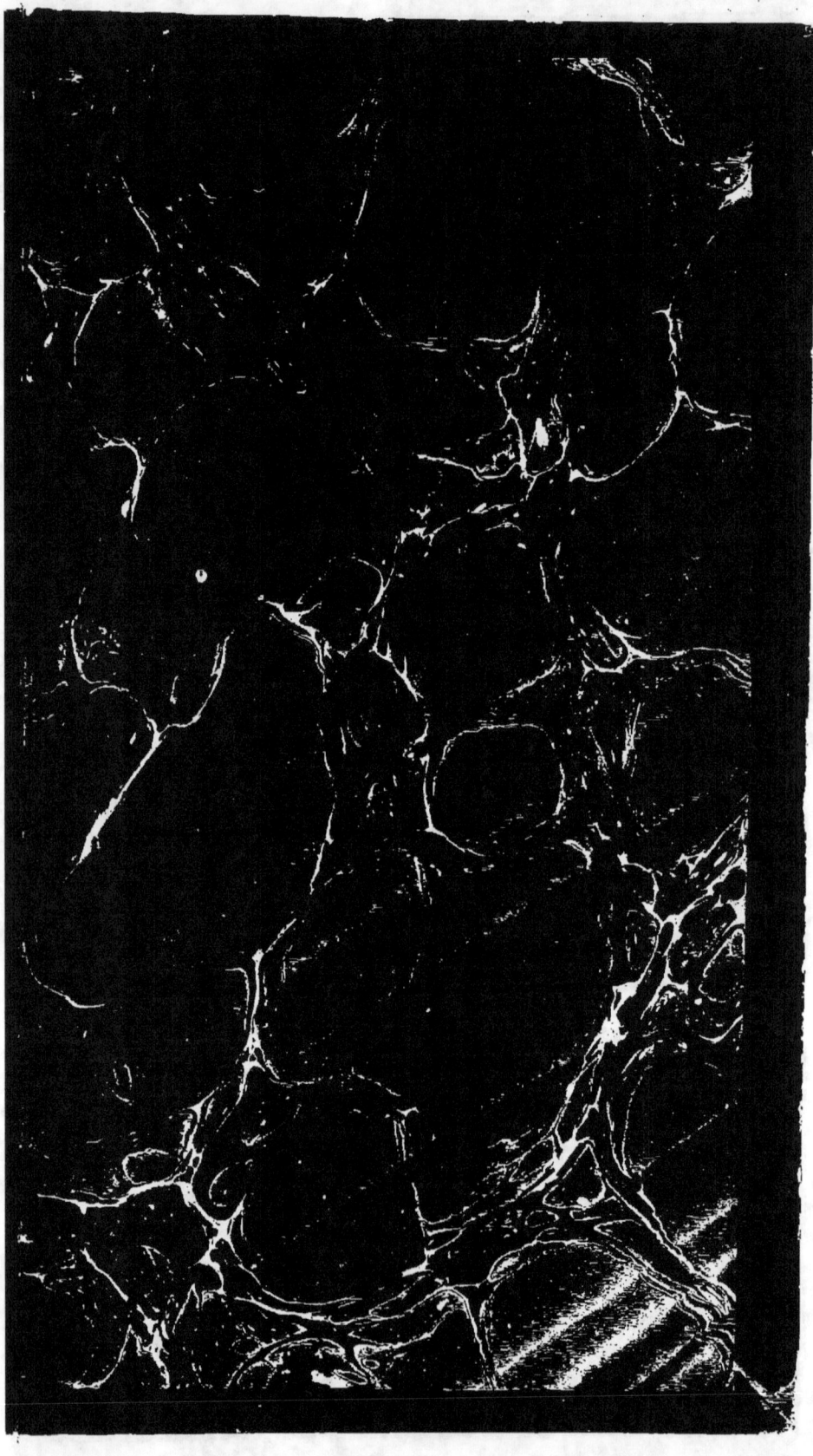

www.ingramcontent.com/pod-product-compliance
Lightning Source LLC
Chambersburg PA
CBHW050149230526
45470CB00001B/23